Toni Riethmaier mit Felicia Englmann

# INSIDE Saudi-Arabien

Mein Leben als Deutscher in einem der verschlossensten Länder der Welt



riva

**Bibliografische Information der Deutschen Nationalbibliothek:**
Die Deutsche Nationalbibliothek verzeichnet diese Publikation in der Deutschen Nationalbibliografie. Detaillierte bibliografische Daten sind im Internet über http://dnb.d-nb.de abrufbar.

**Für Fragen und Anregungen:**
info@rivaverlag.de

Die Schilderungen in diesem Buch beruhen auf wahren Begebenheiten. Um die Persönlichkeitsrechte von Dritten zu wahren, wurden jedoch die Namen geändert.

Originalausgabe
1. Auflage 2017


Nymphenburger Straße 86
D-80636 München
Tel.: 089 651285-0
Fax: 089 652096



Redaktion: Andrea Blendl
Umschlaggestaltung: Maria Wittek
Umschlagabbildung: Toni Riethmaier, Tatiana Veselova/shutterstock.com, afby71/istockphoto.com, ESB Professional/shutterstock.com, Valentin Agapov/shutterstock.com
Innenabbildungen: pavalena/shutterstock (S. 11), Treter/shutterstock (Illustrationen)
Satz: Helmut Schaffer, Hofheim a. Ts.
Druck: GGP Media GmbH, Pößneck
Printed in Germany

ISBN Print 978-3-7423-0068-3
ISBN E-Book (PDF) 978-3-95971-468-6
ISBN E-Book (EPUB, Mobi) 978-3-95971-469-3

*Weitere Informationen zum Verlag finden Sie unter*
www.rivaverlag.de
Beachten Sie auch unsere weiteren Verlage unter
www.m-vg.de

# Inhalt

# Vorwort

Flammen lodern über dem Swimmingpool. Junge Frauen in hautengen Minikleidern tanzen zu Elektrosounds, gekonnt gemixt von den besten DJs des Landes. Jungs stehen an der Bar und schäkern mit Mädchen. In einer Ecke küsst sich ein Paar. Hinter einer roten Kordel thront der Hausherr auf einem Podest, vor seinem roten Sofa ein Tisch voller Whisky- und Wodkaflaschen, hinter ihm ein Leibwächter der königlichen Garde. Um Mitternacht zündet eine Pyrotechnikshow, die in der Glaskuppel des Palastes funkelt. Diener öffnen Champagnerflaschen. »Happy New Year!«, rufe auch ich in die Nacht. Es ist Silvester 2012 in Dschidda, Saudi-Arabien, und wir feiern im privaten Stadtpalast eines Ministers und Prinzen aus dem Herrscherhaus der Al-Saud. Ein paar hundert handverlesene Leute sind gekommen, Saudis wie Ausländer, und in ihren Augen spiegeln sich jetzt die Sterne des Feuerwerks. Männer, Frauen, Jungs, Mädchen, alle umarmen sich und wünschen sich ein gutes neues Jahr. Ich bin glücklich. Der Start ins Jahr 2013 könnte nicht schöner sein.

An diese Silvesterparty werde ich mein Leben lang denken. Ich ahnte da noch nicht, dass das die Party aller Partys war, das größte Fest, das ich in Saudi-Arabien feiern sollte. Zehn Jahre lang habe ich dort gelebt und gearbeitet, von Januar 2006 bis zum Winter 2016. Keines davon habe ich bereut. Ich habe ein Land kennengelernt, von dem kaum jemand etwas weiß, habe Wandel erlebt und hinter die Schleier der Frauen geblickt. Ich habe einheimische Freunde gewonnen, bin übers Ohr gehauen worden, habe die Wüste durchfahren und versucht, Pizza ohne Schinken zu backen. Im strengsten und verschlossensten, im unbekanntesten und daher vielleicht fremdesten Land der Welt habe ich Wunderbares und Absurdes erlebt, Erschreckendes und Anrührendes, Stinknormales und Menschliches. Saudi-Arabien ist ein Land der Extreme, und das in jeglicher Hinsicht: Wenn der Staat zürnt, dann gibt es Tote. Wenn gefeiert wird, dann so, dass man schier abhebt. Wenn gehandelt wird, dann richtig und mit allem. Manchmal ist Saudi-Arabien viel exotischer, als man es sich vorstellt, und manchmal war ich beinahe enttäuscht, wie unkompliziert und gewöhnlich alles laufen kann. Saudi-Arabien, das ist Orientzauber und staubige Straßen, das ist Muezzinrufe und ein Parkhaus voll Luxusautos, das ist Partyszene und Geschlechtertrennung.

Ich habe gern in Saudi-Arabien gelebt, trotz aller Widersprüche, obwohl ich oft genug genervt, gelangweilt und gestresst war. Für mich waren es zehn gute Jahre mit guten Freunden, einem spannenden Job, sehr anständigem Gehalt und interessanter Freizeit. Ich habe das Land nie als rückständig erlebt oder erleben wollen, sondern bin neugierig und offen dort angekommen, und ich wollte wissen, wie es wirklich ist, dieses magische Königreich, von dem man vor allem Schauergeschichten und Märchen hört. Der Alltag und die vielen Begegnungen zeigten mir, dass Saudi-Arabien einzigartig ist, aber durchaus welt- und zukunftszugewandt. Dass es nicht grundsätzlich schlimm ist, dort zu leben, sondern das Leben sehr gut sein kann. Auch für Ausländer. Auch für Frauen.

Ich leitete ein großes italienisches Restaurant in der Millionenmetropole Dschidda am Roten Meer und eröffnete später im Auftrag der Betreiber eine Filiale in einer der hochmodernen Universitäten der Stadt. Alte oder junge Leute, Saudis oder andere Expats, durch die Arbeit und in der Freizeit lernte ich die unterschiedlichsten Menschen kennen, ihre Lebensweisen, ihre Ansichten, ihre Wünsche und Träume. Ich wollte nicht für immer bleiben und behielt daher eine innere Distanz zu dem Land. Es wurde nie meine zweite Heimat und sollte es auch nie werden. Ich bekam das Angebot, dort zu arbeiten, und blieb, solange das Leben für mich dort funktionierte. Schon während der Lehre als Hotelfachmann stand für mich fest, dass ich im Ausland arbeiten würde. Ich bin reiselustig und neugierig, ich habe keine Angst vor dem Fremden, sondern will es kennen- und verstehen lernen. Es kann nichts Menschliches so fremd sein, dass man es nicht versteht oder nicht damit auskommen kann, finde ich. Keiner kann so exotisch sein, dass einen Menschlichkeit nicht verbindet.

Ich bin ein pragmatischer Mensch, und allein mit dieser Einstellung kann man lange Zeit in Saudi-Arabien leben, denke ich. Die Verhältnisse sind, wie sie sind, als Einzelner kann man nichts bewirken, und sich dagegen aufzulehnen, wird nichts ändern. Dass die strengen Regeln und Gesetze auch für mich gelten, war mir klar. Wie sehr man sie aber missachten kann, ohne sich dabei ernsthaft zu gefährden, lernte ich erst mit der Zeit. Auch das gehört zum Pragmatismus in Saudi-Arabien: Man muss die Gesetze kennen, aber ebenso die Wege, die daran vorbeiführen. Politik interessiert mich durchaus, ich bin aber nicht in dem Sinne politisch, dass ich mich aktionistisch engagiere. Meine politische Meinung behalte ich gern für mich, und ich kann gut damit leben, wenn es andere auch tun oder wenn andere eine ganz andere Meinung haben als ich, ein anderes Weltbild und eine andere Religion. Leben und leben lassen, das ist meine Devise, und ich akzeptiere immer erst einmal das Dasein des anderen mit allem, was für ihn dazugehört. Wenn ich alles immer so haben wollte, wie es zu Hause ist, bräuchte ich nicht ins Ausland zu gehen. Gerade das Fremde, das andere, die neuen Erfahrungen aber sind es, die mich zum Reisenden machen, genau deswegen arbeite und lebe ich gern im Ausland. Über andere Kulturen und Lebensweisen zu urteilen ist nicht meine Sache, finde ich. Ich möchte das andere erst einmal kennenlernen, um mir meine Meinung zu bilden.

Die zehn Jahre in Saudi-Arabien waren die extremsten meines Lebens. Ich habe dort die wildesten Partys gefeiert und die bitterste Einsamkeit gespürt, die besten Freunde gefunden und die größte Hitze kennengelernt. Es ist ein Land der Extreme, in vielerlei Hinsicht. Bei meinen Besuchen zu Hause und auch jetzt, seit ich wieder hier bin, stellen mir viele Leute Fragen über mein Leben in Saudi-Arabien. Hattest du da nicht ständig Angst? Laufen da Terroristen auf der Straße herum? Werden Frauen in der Öffentlichkeit geschlagen? Hast du schon einmal bei einer Hinrichtung zugesehen?

Daher habe ich meine Erfahrungen aufgeschrieben und versuche, die häufigsten Fragen zu beantworten und damit auch die häufigsten Missverständnisse auszuräumen. Saudi-Arabiens größtes Problem ist die Verschlossenheit des Landes. Sie führt dazu, dass nur wenige Leute sich eine eigene Meinung bilden und ihre eigenen Geschichten erzählen können. Gute Nachrichten oder Alltägliches hört man nicht aus dem verborgenen Königreich, dafür jede Menge Märchen von Ölscheichs, Kamelen und reichen Prinzen. Hinzu kommen Schreckensgeschichten von eingesperrten Frauen, verprügelten Dienstmädchen, ausgepeitschten Bloggern, vom Fahrverbot für Frauen und öffentlichen Hinrichtungen. All das sind Facetten des Lebens in Saudi-Arabien, doch auch dies sind Extreme. Das ist so, als würde man denken, in ganz München wäre jeden Tag Oktoberfest.

Ich versuche hier, vom Alltag zu erzählen, vom echten Leben in einem der verschlossensten Länder der Welt. Wenn man dort lebt, vor allem lange, erscheint dieser Alltag gewöhnlich und wird zur Normalität. Erst zu Hause fällt einem auf, dass es plötzlich keine Muezzinrufe gibt und die Menschen alle sehr bunt und individuell angezogen sind. Was anfangs exotisch ist, wird Normalität, auch das lernte ich in Saudi-Arabien. Trotzdem versuchte ich immer, hinter diese Normalität zu blicken und dem Alltag seine wundersamen, erstaunlichen, erschreckenden und befremdlichen Momente abzugewinnen. Von all dem handelt dieses Buch.

*Dank sagen möchte ich meiner Familie, meinen Freunden, Verwandten und Bekannten in Deutschland und weltweit. Außerdem meinen Wegbegleitern in Saudi-Arabien, den Arbeitskollegen, Partnern, Gästen, Besuchern – eben all jenen, ohne die das Buch nicht entstanden und nur halb so spannend geworden wäre.*

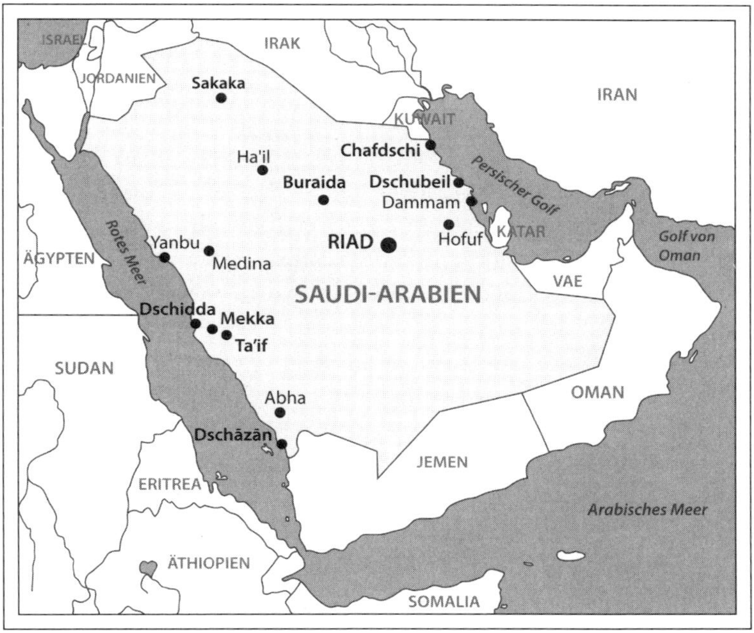
ISRAEL
IRAK
JORDANIEN
Sakaka
IRAN
KUWAIT
Chafdschi
Ha'il
Persischer Golf
Dschubeil
Buraida
Dammam
Rotes Meer
KATAR
Hofuf
Golf von Oman
Yanbu
RIAD
ÄGYPTEN
Medina
VAE
SAUDI-ARABIEN
Dschidda
Mekka
Ta'if
SUDAN
OMAN
Abha
Dschāzān
JEMEN
ERITREA
Arabisches Meer
ÄTHIOPIEN
SOMALIA

# Big City Life

## Leben in Dschidda und Riad, den zwei größten Städten Saudi-Arabiens

Dschidda chayr«, Dschidda ist etwas Besonderes, sagen die Leute in Saudi-Arabien. Die Metropole am Roten Meer gilt als die liberalste Stadt des Landes. In Dschidda darf man Dinge, die anderswo verboten sind – das glauben die Leute in anderen Städten, Gemeinden und Dörfern des Landes, aber auch die Einwohner von Dschidda selbst.

Für mich als Europäer war Dschidda natürlich auch etwas Besonderes, als ich im Dezember 2006 dort ankam, um in meinem neuen Job zu arbeiten. Viel mehr, als dass die Stadt vergleichsweise entspannt sein sollte, wusste ich da auch noch nicht über meine neue temporäre Bleibe. Ich fand heraus, dass Dschidda auf den ersten Blick unscheinbar ist und so ziemlich aussieht wie jede Großstadt auf der Arabischen Halbinsel: moderne Hochhäuser mit verspiegelten Fassaden, etwas ältere hohe Betonwohnblocks mit Außenklimageräten an jedem zweiten Fenster, Familienhäuser mit Erdgeschoss, erstem Stock und Betonmauer drum herum. Dazwischen ziemlich stark befahrene Straßen.

Es schien mir, als hätte die Stadt eine westliche Benutzeroberfläche, in der sich auch Fremde leicht zurechtfinden könnten. Wie dünn diese Oberfläche ist, lernt man erst mit der Zeit, und natürlich, wenn man sich etwas Mühe gibt. Die Stadt Dschidda ist eine durch oberflächliche Geschäftigkeit und Beton verschleierte Schönheit, die ihre Reize erst nach und nach preisgibt.

Sich in Dschidda zu orientieren ist ziemlich leicht. Die Stadt liegt langgezogen in einer Küstenebene am Roten Meer. Im Osten erheben sich Berge, das Hijaz-Gebirge. Das historische Stadtzentrum, es heißt Al-Balad, liegt an einer Bucht. Wenn man sich an Meer und Bergen orientiert, kann man sich schon gar nicht mehr allzu schlimm verfahren. In Dschidda leben knapp vier Millionen Einwohner. Die Stadt ist groß, aber man hat nie das Gefühl, dass sie überlaufen ist, da es kein echtes Zentrum gibt, zu dem alle hinströmen, weil es dort etwas zu erleben gibt.

An dem Küstenstreifen haben sich schon vor 2500 Jahren ein paar Stämme niedergelassen. Der Ort blieb dann aber auch fast 2500 Jahre lang eine eher kleine Hafenstadt. Sie war Handelszentrum, Hafen für Pilger und Verwaltungszentrum der Region. Auf den Hafen gründet sich der Ruf von Dschiddas Weltläufigkeit, immerhin kamen hier seit dem Mittelalter außer Kaufleuten auch Muslime aus der ganzen Welt an, um nach Mekka und Medina weiter zu pilgern. Sie brachten Exotik ferner Länder ebenso wie im 21. Jahrhundert den westlichen Lebensstil. Dschidda ist es also gewohnt, dass Menschen mit anderen Sitten, Essgewohnheiten und Kulturen dort auftauchen und in Fettnäpfchen treten. Was in der Hauptstadt Riad schon ein Affront ist, kann in Dschidda noch mit einem Schulterzucken quittiert werden, das hat sich so etabliert. In Dschidda etwa gibt es viele Shishabars oder Cafés mit Shishaservice, in denen man gemütlich abhängen und dampfen kann – in Riad sind Shishalokale verboten. Erst außerhalb der Stadtgrenze darf wieder gedampft werden.

Den heutigen Staat Saudi-Arabien und die Königsherrschaft der Familie Al-Saud gibt es ja erst seit dem 20. Jahrhundert, vorher kannte die Region keine eigene Staatlichkeit. Stämme und deren Anführer, die Scheichs, prägten die gesellschaftliche Struktur in der gesamten Region. Anfang des 15. Jahrhunderts übernahm das Osmanische Reich die Herrschaft über große Teile des heutigen Staatsgebiets, Dschidda stand von 1517 an unter osmanischer Herrschaft. Die Herrscherdynastie Al-Saud nahm da bereits ihre Anfänge, allerdings in einer anderen Region der Arabischen Halbinsel. Nach dem Zerfall des Osmanischen Reichs gehörte die Stadt zum arabischen Königreich Hejaz, das sich an der Küste des Roten Meeres von Jordanien bis zum Jemen erstreckte. Die Al-Saud bekämpften die Herrscher von Hejaz, und 1925 unterwarf sich Dschidda der Herrschaft von Abdulaziz Ibn Saud (1878–1953). Dieser ließ sich 1932 zum König ausrufen und ist damit Begründer des heutigen Königshauses.

## An der Tanke links: Orientierung in Dschidda und anderen Städten

Trotz seiner langen Tradition und Geschichte ist Dschidda eine hochmoderne Stadt. Ihre Straßen sind fast durchgängig im Schachbrettmuster angelegt. Breite, vielspurige Hauptstraßen trennen die Viertel voneinander. Oft kann man nur über eine Fußgängerbrücke von einem Viertel ins nächste gelangen. Die Viertel selbst sind wieder von einem rechtwinklig angelegten Straßennetz durchzogen, in sich aber verkehrstechnisch nahezu geschlossene Systeme, da es von den Hauptstraßen nur wenige Zufahrten in die Viertel gibt. Meistens laufen schmälere Versorgungsstraßen parallel zu den Hauptstraßen, in die man nur alle paar Kilometer einfädeln kann. Von diesen Versorgungsstraßen geht es dann weiter in die einzelnen Straßen. Diese haben zwar Namen, aber die merkt sich niemand, da man sich nicht anhand von Straßennamen orientiert. Je kleiner die Straße, desto eher ist das Straßenschild nicht da, abgefallen oder der Straßenname wird nach jeder zweiten Kreuzung anders geschrieben. Damit kommt man nicht weiter. Nur die Hauptstraßen tragen Namen, die man sich merkt, oft die von Königen, historischen Persönlichkeiten oder Städten. Hausnummern sind unbekannt. Dschidda versucht seit Jahren, ein System von Straßen und Hausnummern einzuführen, das funktioniert aber nicht wirklich. Die Detail-Orientierung erfolgt anhand der Hauptstraßen und dann anhand von Landmarken, also Orientierungspunkten wie Tankstellen, Einkaufszentren oder markanten Kreisverkehren, Geschäften oder Lokalen. Es erleichtert die Orientierung und jede Ortsbeschreibung, dass in den meisten Kreisverkehren und an der Corniche Kunstwerke stehen. Manche sind noch aus älterer Zeit und aus sonnengebleichtem Beton, viele sind wirklich spektakulär. Da gibt es etwa einen frei stehenden Steinklotz, in dem auf allen Seiten bunte alte Autos stecken, als wären sie schwerelos in den Klotz geschwebt und der aus Butter. Es gibt das meterhohe Fahrrad, die eiserne Faust, den riesigen, nachts leuchtenden Globus, den steinernen Bücherstapel, den gigantischen Zirkel. Kunst im öffentlichen Raum ist typisch für Dschidda und zeigt sich in den unterschiedlichsten Skulpturen. »Beim gelben Flugzeug links« ist also kein Witz, sondern eine echte Hilfe.

Ein Navi ist in Saudi-Arabien also nur dann sinnvoll, wenn man weiß, wo man hinwill: Es findet Einkaufszentren oder andere Punkte, die als Destinationen verzeichnet sind. Adressen findet es nicht. Die erreicht man mit Wegbeschreibungen wie dieser: »Du fährst die King-Fahd-Road nach Norden, bis du links auf der anderen Seite die blaue Adrees-Tankstelle siehst, da fädelst du dann rechts in die Versorgungsstraße ein, dann fährst du weiter bis kurz bevor die große Toyota-Werbung kommt, da dann rechts und so lange geradeaus, bis du am Fußballplatz bist. Da parkst du dann, und wir treffen uns bei dem Imbiss mit dem orangefarbenen Schild. Ruf mich an, wenn du da bist.« Wenn man niemanden kennt, verliert man sich in der Stadt schnell, denn ohne solche Wegbeschreibungenentdeckt man nur das Offensichtliche. Immerhin lernte ich dieses System kennen, wenn mir mögliche Lieferanten den Weg in ihre Showrooms beschrieben, damit ich dort aus Teller- und Tassensortimenten das Richtige auswählen konnte. Jetzt wusste ich auch, warum die Post in Dschidda nicht nach Hause kommt, sondern an ein persönliches Postfach geht: Nicht einmal die Briefträger kennen sich gut genug aus, um jeden zu finden, und eine Wegbeschreibung anstatt einer Adresse auf einen Brief oder ein Paket zu schreiben wäre zwar möglich, aber nicht sinnvoll. Dschidda ist eine hochmoderne Millionenstadt ohne Adressen – daher braucht jeder Bürger ein Postfach.

In den Stadtvierteln gibt es allerlei Einbahnstraßen, was nicht heißt, dass die Autofahrer sich immer daran halten. Sie suchen sich die kürzesten Wege oder folgen einfach nur einer Beschreibung, denn wenn man von dieser abweicht, kann man gleich wieder zum Ausgangspunkt zurück und es noch einmal von vorne versuchen. Bei den Hauptstraßen sind Einbahnstraßen selten, aber links abbiegen kann man nicht immer dann, wenn man gerne möchte. Oft muss man bis zur nächsten Hauptstraßenkreuzung fahren, umkehren und dann wieder ein, zwei Kilometer zurückfahren. Besonders nervig ist das, wenn man die Abfahrt in eine der Versorgungsstraßen verpasst hat, dann kann man nämlich zwei Mal auf diese Weise wenden. Das erscheint zunächst absurd, hilft aber tatsächlich, Staus durch Linksabbieger zu verhindern und spart im Endeffekt Zeit.

Dschidda ist absolut autofreundlich, wie viele arabische Städte. Das liegt auch an der Hitze. Als Fußgänger oder gar Radfahrer legt keiner gern und freiwillig lange Strecken zurück. Die öffentlichen Verkehrsmittel werden vor allem von Gastarbeitern oder Pilgern genutzt, sind aber im Gegensatz zu den Straßen und Parkplätzen nicht gut ausgebaut. Man fährt Auto, erst recht, wenn man wie fast alle Saudis Familie hat. Frauen und Kinder werden chauffiert, am besten bis vor die Tür des Ziels, ob das der Supermarkt, der Schneider oder der Friseur ist. Spätestens in der zweiten oder dritten Reihe findet sich ein Parkplatz. Bei großen Supermärkten wie Carrefour gab es immer große Parkhäuser, denn wenn Saudis einkaufen, dann mindestens einen ganzen tiefen Einkaufswagen voll, dessen Inhalt dann in einzelnen Rascheltüten in den Wagen gepackt wird. Für kleine Einkäufe gibt es ja den Miniladen unten in den Wohnhäusern. Weiter als bis dahin geht man nicht zu Fuß.

## Hafenstadt mit Tradition

Dschidda ist eine Wachstumsmetropole, daher sind Arbeitskräfte aus dem Ausland dort immer noch wichtig. In den zehn Jahren, die ich in Dschidda lebte, ist die Stadt etwa um eine halbe Million Menschen gewachsen. Die Stadt lebt vom Hafen und damit vom Handel. Früher waren es Gewürze, Schildpatt, Weihrauch und Sklaven, die dort gehandelt wurden, heute werden im Hafen von Dschidda Waren aus aller Welt umgeschlagen. Es ist der größte und bedeutendste Hafen am Roten Meer; von dort aus führen die Handelsrouten des 21. Jahrhunderts nach Süden Richtung Afrika und nach Norden durch den Suezkanal ins Mittelmeer. Dschidda ist das wichtigste Warendrehkreuz am Roten Meer; auch der internationale Flughafen trägt dazu bei. Dieser wiederum bringt muslimische Pilger ins Land, von denen in Dschidda die Hoteliers, Gaststätten und Busunternehmer profitieren. Selbstverständlich ist auch das Erdöl ein wichtiger Wirtschaftsfaktor in Dschidda, wie im ganzen Land. Als Industriestadt steht die Metropole aber hinter den großen Raffineriestädten Janbu und Jubail. Am Stadtrand von Dschidda wachsen immer neue Wohnviertel, Compounds für die Gutverdienenden und Containersiedlungen für diejenigen, die am härtesten arbeiten, die Work Camps. Die Stadt dehnt sich weiter und weiter Richtung Norden entlang der Küste aus, aber sie wächst auch in die Höhe. Der Großteil der Stadt ist im Grunde langweilig: Wohn- und Geschäftshäuser an brausenden Straßen.

Verwinkelte Gassen, bunte Straßenmärkte oder traditionelle Teehäuser, wie man sie klischeehaft von einer arabischen Stadt erwartet oder vielleicht beim Marokkourlaub gesehen hat, gibt es in Dschidda nur vereinzelt. Es gibt sie auf der Arabischen Halbinsel fast nirgendwo mehr. Fortschrittlichkeit bedeutet dort, alte Gebäude abzureißen und neue, bessere zu errichten, bis auch die nicht mehr zweckmäßig sind und abgerissen werden. Historische Altstädte, wie wir sie in Deutschland hegen und pflegen, sind die absolute Ausnahme und finden sich vor allem im Jemen, im Süden der Arabischen Halbinsel, einem Land, das in der arabischen Welt als rückständig gilt. Die Wertschätzung für historische Bauwerke ist erst in den 1990er- und 2000er-Jahren entstanden, als die Einheimischen sich angesichts der vielen Zuwanderer und auch Besucher auf ihre eigenen Wurzeln besannen. Vorher verwehte die Vergangenheit im Sand, wurden Gebäude und Stätten aufgegeben und aufgehoben wie die Zelte in der Wüste, wenn ein Stamm weiterzog. *Heritage*, das eigene kulturelle Erbe, schien bis dahin immateriell und auch nichts mit alten Häusern zu tun zu haben, die dem Fortschritt im Weg standen. Den kulturellen Wert der verfallenden alten Kaufmannshäuser im Altstadtviertel Al-Balad erkannte Dschidda also erst kurz vor knapp. Hier wurden und werden jetzt die wenigen verbleibenden historischen Häuser und die mächtigen Tore der 1947 größtenteils abgerissenen Stadtmauer liebevoll renoviert und gepflegt. Seit 2014 gehören sie zum UNESCO-Weltkulturerbe. Da es außer Mekkapilgern aber keinen internationalen Tourismus gibt, mangelt es dieser Sehenswürdigkeit an Besuchern.

Wie in anderen Städten der Region und ganz der Tradition entsprechend werden zehnstöckige Betonblocks, die in den 1970er-Jahren gebaut wurden, nach und nach durch moderne Wolkenkratzer mit Stahl-Glas-Fassade ersetzt. Hochhäuser sind aber eher Prestigeobjekte denn Notwendigkeit. Noch gibt es genug freien Baugrund in der Stadt und im Umland. Die unbebauten Grundstücke sind meist nur provisorisch eingezäunte Sandflächen, die gern als wilde Parkplätze genutzt werden, als Bolzplatz für die Jugendlichen der Umgebung oder für die indischstämmigen Nachbarn als Cricketfeld. Es gibt sie auch neben dem modernsten Wolkenkratzer. Außerhalb des Zentrums sind die Häuser eher niedrig, meist so um die vier bis fünf Stockwerke hoch. Ganze Viertel bestehen auch aus Einfamilienhäusern mit Erdgeschoss und erstem Stock. Insofern ähnelt Dschidda anderen modernen Städten der Region wie Dubai oder Abu Dhabi, wie Kuwait City oder Doha. Während die Wolkenkratzer spektakuläre Formen annehmen können, sind die Durchschnittshäuser auch von funktioneller, unauffälliger Gestalt. Gebäude aus den 60er- und 70er-Jahren stehen neben ähnlich hohen Neubauten, und meist sind die Fassaden dieser Gebäude weiß oder grau. Die Villeneigentümer wagen sich manchmal vor und gönnen sich einen gelben oder pinken Fassadenanstrich. Weiß hat sich aber allein schon wegen der Hitze und Sonne bewährt. Daher sind auch die meisten Wolkenkratzer verspiegelt oder haben eine Doppelfassade, die gleichzeitig Schatten spendet und Luft zirkulieren lässt. Einige Häuser, ältere wie ganz neue, haben schattenspendende Holzfensterläden, wie sie auch in Süditalien oder Griechenland üblich sind, Standard sind aber kleine Fenster oder komplett verspiegelte Fassaden.

Wer baut, muss immer mit Gedanken an die unerbittliche Sonne bauen, damit Bewohner oder Angestellte nicht geröstet werden. Balkone gibt es daher auch eher selten, und wenn, werden sie oft als Outdoorabstellraum für ausgediente Fitnessgeräte, kaputte Fernseher, Putzutensilien oder anderen Krempel genutzt. Wer baut, muss auch undurchsichtig bauen, wenn im Haus Frauen leben oder arbeiten sollen. Auch daher kommen die vielen verspiegelten Fensterfronten, die meterhohen Mauern um die freistehenden Häuser und die abweisend wirkenden, schmucklosen Fassaden: Passanten sollen und dürfen keine Blicke auf die Bewohnerinnen werfen oder erhaschen können. Nur in Privathaushalten können sich Frauen und Mädchen frei und unverschleiert bewegen, daher werden diese vor Blicken und Aufmerksamkeit abgeschirmt. Was sich hinter den glänzenden Fassaden abspielt, bleibt komplett verborgen, natürlich nicht nur optisch.

Die Skyline Dschiddas verändert sich jedes Jahr, denn geplant und gebaut wird schnell, um mit dem Boom der eigenen Stadt mitzuhalten. Obwohl so viele Häuser und Wohnblocks sehr neu sind, hat sich bei diesen Neubauten bereits eine typisch saudische Bauform entwickelt: Das Erdgeschoss ist für Autos reserviert. Tiefgaragen zu bauen wäre zu teuer, der Wagen soll aber in der Nähe der Wohnung und unbedingt im Schatten stehen. Daher beginnen die Wohngeschosse erst über dem Parkgeschoss. Außerdem befindet sich im Erdgeschoss die Lobby mit dem Sicherheitsmann und, ganz wichtig, der Bagala, dem Kaufmannsladen.

Diese praktische Einrichtung kannte ich schon aus Dubai: Große Wohnhäuser haben im Erdgeschoss einen kleinen Laden, in dem die Bewohner alles für den täglichen Bedarf finden. Marmelade, Nutella, Brot, etwas Obst, Cola, Schokolade, Toilettenpapier – auch ich fand dort alles, was ich im Alltag brauchte. Wenn man ehrlich ist, ist das ja nicht viel. Diese kleinen Läden machen Expats, die nicht lange bleiben, das Leben sehr leicht. Niemand muss sich anstrengen, das Nötigste zu bekommen, niemand muss für irgendetwas weit fahren, suchen, sich Mühe geben. Dass die Schokolade beim Bagala immer geschmolzen oder zumindest sehr weich ist, gehört ebenso zur Tradition dieser kleinen Läden wie die lustigen Gespräche, die man mit dem Verkäufer führt. Egal, wie oft man in den Hypermarkets einkauft, bei seinem Bagala ist doch jeder Hausbewohner Stammkunde.

## Leben in Dschidda: Flucht vor der Sonne

Bei meinen ersten Ausfahrten erschien mir die Stadt so, als gebe es einfach überall freie Parkplätze und fast nirgends Menschen auf der Straße oder in den Geschäften. Während meiner ersten Zeit in Dschidda hatte ich gegen 17 Uhr Arbeitsschluss, danach ging ich einkaufen oder erkundete mit dem Auto die Stadt. Ich dachte, dass zu dieser Zeit eigentlich viel los sein müsste, weil andere auch aus dem Büro kamen. Meistens war ich bis 18 oder 19 Uhr unterwegs, dann fuhr ich nach Hause und schüttelte den Kopf, dass in Dschidda einfach nichts los war. Die meisten Menschen sind aber zwischen 20 und 23 Uhr auf den Straßen, dann ist auch in den Malls der meiste Betrieb, dann sind die Lokale voll und Kunden strömen in die Geschäfte. Das hängt auch damit zusammen, dass dann beide Abendgebete absolviert sind und man endlich ohne lästige Unterbrechung shoppen und ausgehen kann. Ich verlagerte meine Freizeit also ebenfalls in die späteren Abendstunden. Dschidda ist eine Stadt, die erst abends richtig wach und lebendig wird und vor dem Einbruch der Dunkelheit eine ganztägige Hitzesiesta hält.

Anders als in Dubai oder Abu Dhabi sind die Menschen in Dschidda nicht bunt gemischt, auch wenn etwa ein Drittel der saudischen Bevölkerung aus ausländischen Arbeitskräften besteht. In anderen Metropolen der Region sind dies bis zu 95 Prozent der Stadtbewohner.

Dass die Expats in Dschidda nicht so sehr auffallen wie anderswo liegt an der Mode: Frauen, egal welcher Herkunft, tragen die Abaya und das schwarze Kopftuch oder sogar den schwarzen Gesichtsschleier. Bauarbeiter sieht man selten in den Einkaufsmeilen, da sie weit außerhalb untergebracht werden. Saudische und andere arabische Männer, also auch Ägypter, Libanesen oder Somalier mittleren Alters tragen meistens die Thoub, das weiße lange Hemd. Jüngere Männer sieht man dagegen schon öfter in Jeans und T-Shirt. Diese Mode ist fast wie eine Uniform. Es fällt sogar schon auf, wenn ein Mann zur Thoub nicht das typisch weiß-rote Tuch auf dem Kopf trägt, sondern eine Baseballkappe. Der Konformitätsdruck ist dadurch sehr hoch, und man muss schon selbst- oder modebewusst sein, um sich anders oder individuell zu kleiden. Ich fand erst später heraus, dass es mit der Uniformität der Kleidung genauso ist wie mit vielen anderen Dingen in Saudi-Arabien: Man wahrt oberflächlich den schönen Schein, dass alles so ist, wie es die Regeln oder auch die Gesetze wollen. Somit stimmt der Gesamteindruck. Die Details dürfen dann durchaus abweichen, solange alles andere auf Linie ist. Man kann als Mann die neuesten und teuersten Turnschuhe anstelle von Sandalen tragen, um sich dezent modisch zu geben, oder als Frau den aktuell modischsten Abaya-Schnitt und sogar mal einen der unteren Knöpfe öffnen, um einen Knöchel darunter hervorblitzen zu lassen. Zu Hause macht dann ohnehin jeder, was er will, denn nicht einmal die Staatsgewalt und die Religionspolizei blicken hinter die verspiegelten Fassaden und die hohen Betonmauern.

Dschidda ist eine Stadt des Für-Sich-Bleibens. Privathäuser und Privatwohnungen sind von der Außenwelt abgeschottet; es gibt keinen Blick hinein und man wird auch nicht ohne weiteres in Privathaushalte eingeladen. Man klingelt nicht beim Nachbarn, um nach einer Tasse Zucker zu fragen. Lieber fährt man ins nächste Viertel, um den Zucker beim Bruder zu holen.

Ein Straßenleben mit spielenden Kindern und Alten, die auf wackeligen Stühlen vor den Häusern sitzen, gibt es vor allem in Einwanderervierteln. Die Wohnungen dort sind klein, oft müssen sich viele Menschen einen Schlafraum teilen. In Vierteln mit vielen indischen oder afrikanischen Einwohnern verlagert sich das Leben daher auf die Straße. Man quatscht mit den Nachbarn, man sitzt auf der Bank vor dem Haus, die Kinder rennen zwischen den geparkten Autos herum, Spatzen suchen nach Brotkrümeln. Man trifft sich an der Imbissbude oder im Kramerladen. Solche Straßenszenen, bunt und lebendig, sind der Kontrast zu den hochmodernen Hochglanzvierteln der Stadt. Sie sind auch der Kontrast zum abgeschotteten Leben der saudischen Bevölkerung, die sich genau von dieser Einwandererszene abgrenzt. Ein Teil der Verschlossenheit kommt daher, dass man unter sich bleiben und möglichst wenig mit den vielen Expats, den Einwanderern und Gastarbeitern, zu tun haben möchte. Aber gerade durch die Expats kommt Vielfalt in die Stadt, die ich als Expat sehr genossen habe. Die Internationalität Dschiddas entsteht genau durch diese Zuwanderer. Die Pilger und ausländischen Geschäftsleute kommen und gehen, die Zuwanderer bringen etwas aus ihrer Welt mit und bereichern das Stadtleben, ob das den Einheimischen nun gefällt oder nicht.

Im Stadtviertel Obhur, nördlich des Zentrums, sah ich bei meinen Ausflügen viele private Strandklubs, die mit leuchtender Schrift Vielversprechendes verkündeten: Crystal Beach Resort, Coral Beach ... Dort konnte man vermutlich baden. Aber alle diese Beachklubs hatten verschlossene Türen. Die öffentliche Strandpromenade, man benennt sie in arabischen Ländern mit dem französischen Namen Corniche, ist kein Badeplatz, sondern eine Flaniermeile. Ab dem späteren Nachmittag, vor allem aber abends zieht es die Leute zu Spaziergängen dorthin. Es gibt Kioske, die Eis, Süßigkeiten und Getränke anbieten, in kleinen Parks Schatten spendende Bäume und Kinderspielplätze.

An der Corniche zeigt sich deutlich, dass es für Boden in Saudi-Arabien nur drei Möglichkeiten gibt: Entweder man betoniert oder pflastert den Boden oder man pflanzt Rasen, Blumen oder Bäume, die dann laufend mit langen, dauerhaft verlegten Schläuchen bewässert werden. Wo weder Pflaster noch Rasen sind, kommen Sand und Staub aus dem Untergrund hervor. Aus jeder Ritze, die nicht versiegelt wird, schleicht sich Sand heraus. Jede Baumscheibe, die nicht mit Mulch oder Kieseln abgedeckt wird, ist eine Sandkuhle. Der Staub kriecht sogar aus Bruchspalten in Betonplatten. Es ist auch in den schicksten Vierteln nicht möglich zu vergessen, dass man sich in der Wüste befindet.

Vielleicht kommt daher die Beliebtheit von Springbrunnen. Einen größeren Luxus gibt es in der Wüste nicht. Daher ist die große Fontäne, ebenfalls an der Corniche gelegen, besonders beliebt. Die Stadt hat wenige Sehenswürdigkeiten, diese imposante Wasserfontäne namens »König-Fahd-Brunnen« ist eine davon. Sie erinnert an die Fontäne in Genf, ist aber um ein Vielfaches größer und seit vielen Jahren der höchste Springbrunnen der Welt. Dass sie mit Meerwasser betrieben wird, beruhigt das Gewissen. Nachts ist die Fontäne beleuchtet und weithin sichtbar; wie ein riesiger weißer Geist schwebt sie über dem Wasser.

Dass in Dschidda wirklich alles erlaubt ist, stimmt natürlich nicht. Dass vieles durchgeht, auch wenn es nicht erlaubt ist, das stimmt schon. Die Sitten in Dschidda sind immer noch streng – selbst im Vergleich zu anderen Metropolen der Region wie Abu Dhabi in den Vereinigten Arabischen Emiraten oder Muscat im Oman. Von den Partycitys Dubai oder Manama in Bahrain ganz zu schweigen. Aber durch den Strand und die Strandpromenade kommt schon eine gewisse Entspanntheit in die Stadt, das Meer bringt Lebensqualität, und mit der gelockerten Stimmung sind auch die Sitten etwas lockerer. Das merkt man vor allem im Vergleich zur Hauptstadt Riad.

## Riad, die herbe Schönheit

In der Hauptstadt ist Saudi-Arabien so streng, wie man es sich vorstellt, und Ausrutscher werden nicht nur von Polizei und privaten Sicherheitsfirmen, sondern auch von Mitbürgern geahndet und angeprangert. In Riad ist es immer ein paar Grad heißer als in den Küstenstädten der Arabischen Halbinsel. Daher ist auf den Straßen noch weniger Leben und noch mehr Autoverkehr. 6,5 Millionen Menschen leben dort, es ist die mit Abstand größte Metropole der Arabischen Halbinsel, und mit Abstand die langweiligste. Wenn man denkt, dass in Dschidda wenig los ist, sollte man nach Riad fahren und lernen, was »nichts los« wirklich bedeutet. Man versteht dann auch, warum die Leute aus Riad gern einen Wochenendtrip nach Dschidda oder gleich nach Dubai oder Manama unternehmen. Weil man in Riad außer Arbeiten, Einkaufen und Wohnen nichts unternehmen kann.

In Riad sitzen die Ministerien und Behörden, die Zentralen der großen Firmen, die Banken, die ganze Verwaltung und natürlich der Hof. Denn hier liegt das Stammland der Herrscherfamilie Al-Saud. Die Oasensiedlung Diriyya, heute ein verlassener Vorort von Riad, ist der Herkunftsort der Könige. Seit der Antike leben in den Oasen in der Gegend des heutigen Riad Bauern; Beduinen und Siedler anderer Stämme kamen und gingen. Seit 1824, als die Al-Saud einen Begriff von Staatlichkeit bekamen, ist das heutige Riad ihre Hauptstadt. Von der bewegten Historie ist kaum etwas zu spüren. Die Stadt erscheint wie ein Raumschiff, das in der Wüste gelandet ist, und hier scheinen die Straßen niemals groß genug. Sogar auf achtspurigen Straßen gibt es Staus. Die Straßen sind breiter, die Leute ernster und sogar die Skulpturen in den Kreisverkehren dezenter als in Dschidda. Die Leichtigkeit der Hafenstadt ist hier nicht zu spüren.

Die Leute sind noch förmlicher, als sie mir in Dschidda erschienen. In Dschidda lächelt auch mal jemand zurück, den man anlächelt, in Riad zieht man stolz die Augenbrauen zusammen. Die Männer im öffentlichen Raum treten sehr ernsthaft auf und präsentieren sich, je ernsthafter sie sein wollen, umso mehr im Einheitslook. Wirken die weißen Gewänder schon in Dschidda wie Uniformen, verstärkt sich der Eindruck in Riad, denn hier gibt es kaum noch Variationen. Die Männer tragen eine weiße Thoub mit Knöpfen und einer aufgenähten Tasche, dazu die typisch saudische Schamach, die aussieht wie ein rotes Palästinensertuch. Diese wird mit einem doppelten schwarzen Ring (Agal) auf dem Kopf fixiert. Dazu trägt man Lederhalbschuhe mit schwarzen Kniestrümpfen oder, noch konservativer, Sandalen. In Dschidda geht man als Mann in Sandalen einkaufen oder an die Corniche, in Riad sind Sandalen noch anerkannter Teil des Businessoutfits. Die Leute in Dschidda lächeln gerne ein wenig über die konservativen Sandalenträger und finden auch teure Sandalen ein wenig uncool. Emiratis, Omanis und Kataris tragen ja sogar bei Staatsbesuchen Sandalen, in Saudi-Arabien darf es dafür der Halbschuh sein. Der König gibt mit seinen Outfits die jeweils angesagte »Uniform« vor, und es ist Konsens, dass man gut angezogen ist, wenn man sich kleidet wie der König. Das geht bis zur Barttracht. Der seit 2015 amtierende König Salman ibn Abd al-Aziz sowie sein Amtsvorgänger waren und sind für eine Kombination aus Schnauzer und Kinnbart bekannt, die eifrig kopiert wird. Araber aus anderen Ländern würden diese Barttracht schon deshalb nicht wählen, weil sie »typisch Saudi« ist, genauso wie das rote Tuch auf dem Kopf. Modische Hemden in anderen Farben als weiß sind in Riad selten. Wer ein blaues Hemd trägt, ist schon fast ein Punk.

Der Konformitätsdruck der Hauptstadt wirkt sich auch auf die Frauen aus. Nirgendwo auf der Welt sind die Frauen in der Öffentlichkeit tiefer verschleiert als im ultrakonservativen Riad. Der schwarze Gesichtsschleier, der nur die Augen freilässt, der Niqab, war nahezu Standard, als ich 2008 das erste Mal geschäftlich in Riad war. Die Abayas, die schwarzen Kutten, sind in der Hauptstadt besonders lang und weit. Modische Schnitte sieht man fast nie. Viele Frauen tragen sogar blickdichte schwarze Strümpfe und schwarze Stoffhandschuhe. In Dschidda ist es genau anders – da versuchen die Frauen und Mädchen, sich möglichst modisch zu kleiden und auch einmal eine Haarsträhne blitzen zu lassen, so war mein Eindruck.

Wie Dschidda hat auch Riad kein Stadtzentrum, das Kern des öffentlichen Lebens wäre. Das ehemalige Zentrum Diriyya ist eine Ruinenstadt, die man besichtigen kann, aber wer nicht gerade auf Lost Places steht, findet dort nichts Interessantes. Im übrigen Riad auch nicht. Man kann in den Park gehen, in ein Restaurant oder ein Einkaufszentrum. Das Wahrzeichen der Stadt ist ein Wolkenkratzer mit zwei markanten Spitzen, die mit einer Brücke verbunden sind, das Kingdom Centre. Darin gibt es Büros, ein Hotel, Apartments, ein Einkaufszentrum, eine Aussichtsplattform in der Verbindungsbrücke und viele Parkplätze. Böse Zungen sagen, die preisgekrönte Architektur des Turms erinnere an einen Flaschenöffner. Andere wiederum sehen darin verblüffende Ähnlichkeit zur Festung Barad-dur, dem dunklen Turm des bösen Zauberers Sauron in den *Herr der Ringe*-Filmen. Es fehlt nur das flammende Auge. Saudis verstehen beim Kingdom Centre, das lange Zeit das höchste Gebäude des Landes war, aber keinen Spaß.

In Riad feiert Saudi-Arabien seine eigene Größe. Die Hauptstadt ist auch ein großes Repräsentationsprojekt. Die hoch aufragenden Wolkenkratzer, die schiere Breite der Straßen, die ordentlich gepflanzten Palmen, die bunten, in Mustern gepflanzten Blumenrabatten, das sorgfältig restaurierte Fort und die auf Hochtouren laufenden Klimaanlagen zeigen die Fortschrittlichkeit des Landes. Das Luftwaffenmuseum feiert das Heldentum der Royal Saudi Air Force.

Das weitläufige Nationalmuseum präsentiert archäologische Funde ebenso wie religiöse und politische Ausstellungen, etwa über die Mission des Propheten Mohammed und über die »Vereinigung des Königreichs« unter den Al-Saud. Das Nationalmuseum ist ganz typisch saudisch: Egal, worum es geht, ohne die Religion oder das Herrscherhaus läuft nichts. Auch nicht in der Archäologie.

Monumente wie die Fontäne in Dschidda oder eben das Kingdom Centre tragen die Namen der Herrscher und oft auch monumentale

Transparente oder Mosaike mit deren Porträts. Es ist unmöglich, nicht täglich an das Herrscherhaus zu denken, selbst dann, wenn man keine Nachrichten liest oder hört. In jedem Gebäudefoyer hängt ein Porträt des Königs, des Kronprinzen und des regionalen Herrschers. Immerhin in dieser Hinsicht ähneln sich Dschidda und Riad – man vergisst nie, wer das Sagen im Land hat.

# Kleine Landpartie

## Das andere Saudi-Arabien

Das Land Saudi-Arabien besteht aus drei Elementen: Meer, Wüste und Städte. Fast die ganze Zeit hält man sich in Letzteren auf. Ich war aber auch neugierig auf die anderen und unternahm Ausflüge aufs Land. Ich kam allerdings nicht weit, denn man kann als Ausländer nicht einfach so im Land herumreisen. Man sollte Urlaubstrips in entlegene Dörfer und Regionen bei den Behörden der jeweiligen Bezirke anmelden, durch die man fahren will. Es kann sein, dass man dann Begleitschutz von der Autobahnpolizei bekommt, bis man an der nächsten Bezirksgrenze ankommt und ein weiteres Polizeiauto übernimmt. Das System dient angeblich der Sicherheit von Reisenden und Touristen, es dient aber vor allem dazu, dass sich Ausländer im Land nicht frei und unbeobachtet bewegen können. Innerhalb des eigenen Wohnbezirks und der angrenzenden Region aber ist das möglich, und diese Chance ließ ich mir nicht entgehen. Der Bezirk Dschidda ist immerhin ziemlich groß.

Hinter der Stadtgrenze beginnt die Wüste, und es geht im Grunde nur in drei Richtungen: nach Norden und Süden entlang der Küste und nach Osten auf zwei Autobahnen über die Berge in Richtung Riad. Der Ausflug in diese Richtungen endet für Nichtmuslime aber ziemlich bald, denn dann beginnt der Bezirk Mekka, in den Nichtmuslime nicht hineindürfen. Große Schilder warnen schon frühzeitig und verweisen auf Umgehungsrouten.

Die Dörfer und Siedlungen entlang dieser Straßen haben exotische Namen: Braber heißen sie und Asfan oder Al-Lith. Die Namen könnten aus einem Märchenbuch stammen, die Kulisse ist aber nicht märchenhaft, sondern ernüchternd. Niedrige Betonbungalows, dazu eine Moschee, eine Tankstelle, ein Imbiss, eine Autowerkstatt, manchmal eine Krankenstation, das war's auch schon. Dazwischen Staub und noch mehr Staub. Die kleineren Orte in Saudi-Arabien haben nichts vom Großstadtglitzer, keine spiegelnden Fassaden, keine Blumenrabatten.

Das echte Leben ist sehr sandig und sehr trist. Viele der Gebäude haben auch schon bessere Zeiten gesehen, Autowracks stehen irgendwo herum. Auch durch den Staub wirken viele Gebäude etwas heruntergekommen. Bau- und Investitionsruinen stehen wie vergessenes Gepäck in der Landschaft. Die Ruine eines abgebrannten Bürogebäudes, das ich 2008 entdeckt hatte, stand 2016 immer noch genauso da. Es ist wie mit Riads ehemaliger Altstadt Diyayya: Wenn man ein Haus oder eine Siedlung aufgibt, lässt man es einfach stehen und zieht weiter oder baut nebendran etwas Neues. Das Alte überlässt man sich selbst.

Aus der Stadt herauszufahren und in eines dieser Dörfer abzubiegen ist ein wenig wie innerhalb von einer Stunde aus der Ersten in die Zweite Welt zu reisen. Hier ist sie weg, die westliche Benutzeroberfläche, hier ist der sandige Alltag zu finden. Hier spielen allerdings auch saudische Kinder auf der Straße.

Dass alle Saudis reich sind, stimmt nämlich nicht. Es gibt eine sehr breite Mittelklasse und auch eine Unterschicht der Habenichtse, bei denen vom Ölreichtum des Landes wenig mehr ankommt als die kostenlose Gesundheitsversorgung und die Schulbildung für die Kinder. Die Leute müssen sehen, wie sie über die Runden kommen, und ja, es gibt in Saudi-Arabien Armut. In diesen Dörfern, aber auch in den Städten leben Leute von Almosen und Lebensmittelspenden, weil sie den Anschluss an die Gesellschaft verpasst haben oder vom Fortschritt abgehängt wurden, weil sie keine Berufsausbildung absolviert haben und von Landwirtschaft, Kleinhandwerk, Kleinhandel oder Hilfsarbeiten nicht mehr leben können. Das ist die Schattenseite der glitzernden Malls und der Shoppingvergnügen – in den Dörfern haben die kleinen Läden größtenteils zugesperrt. Endlich eine Gemeinsamkeit zwischen Saudi-Arabien und einigen Regionen in Deutschland.

## Kein einziger See, dafür ein Sandmeer

Aufs Land zu fahren bedeutet in Saudi-Arabien immer auch, in die Wüste zu fahren. Wenn die gepflasterten Gehsteige und bepflanzten Gärten enden, übernimmt der Sand. Die Landschaft wird sepiafarben, sie wird manchmal auch goldschimmernd, rötlich oder strahlend weiß. In der Gegend um Medina prägt dagegen dunkles Vulkangestein die Landschaft. Oft sieht man sie wie durch einen leichten

Unschärfefilter, weil Staub in der Luft hängt. Struppige Grasbüschel und kleine, dürre Büsche ducken sich hier und da. Die Wüste ist nicht immer die Wüste mit den spektakulären hohen Sanddünen, dieses Sandmeer, wie man sie aus Filmen kennt. Die Wüste ist manchmal auch bretteben und langweilig wie ein staubiger Hinterhof. Eine längere Fahrt auf den schnurgeraden Straßen macht einen dumpf im Kopf.

Saudi-Arabien ist mit seinen 2,15 Millionen Quadratkilometern sechsmal so groß wie Deutschland oder etwa so groß wie Mitteleuropa inklusive Polen. Das ganze riesige Land besteht aus Wüste. Es gibt in Saudi-Arabien keinen einzigen See oder Fluss und keinen Wald. In den Oasen, wo das Grundwasser bis an die Wurzeln der Pflanzen reicht, wachsen Palmen, und wenn die Oasenbauern aus dem Brunnen Wasser schöpfen und damit die Beete bewässern, gibt es auch etwas Obst und Gemüse.

In dem ganzen riesigen Wüstenkönigreich leben nur etwa 32 Millionen Menschen, weniger als halb so viele wie in Deutschland. Große Teile des Landes sind nicht einfach nur dünn besiedelt, sie sind komplett unbewohnt. Die große Wüste im Süden, die Rub al-Chali, heißt daher seit Urzeiten »Leeres Viertel«. Hierhin führt keine Straße, kein Weg. Angeblich kann es in diesem Teil der Wüste bis zu 60 Grad heiß werden. Dieses Wüstengebiet – es ragt auch in die Nachbarländer Jemen, Oman und die Vereinigten Arabischen Emirate hinein – ist größer als Frankreich.

Für Saudis ist die Wüste, die wir als Europäer nur interessiert bestaunen können, Sehnsuchtsort, Seelenlandschaft und Identitätsquell. Man mag nicht in der Wüste leben, aber jeder mag die Wüste, und das nicht, weil einem nichts anderes übrig bleibt oder nichts anderes da ist. Die Wüste ist der Ort, dem die Städte abgetrotzt wurden, und der Ort, an dem die Vorfahren der heutigen Saudis gelebt und die Grundlagen der saudischen Kultur geschaffen haben. Mit Kamelen hat man diese Wüste bezwungen und ihr in den Oasengärten Lebensmittel abgetrotzt. Während man im klimatisierten Haus auf dem Sofa sitzt, schwadroniert man vom einfachen, harten Leben in der Wüste, als es noch aufs Wesentliche ankam und man arabischer war als heute. Die Wüste und das traditionelle Leben darin werden verklärt und in so genannten Heritage Centres und bei Ausflügen nachgespielt. Da sitzt man dann auf Teppichen im Sand und fühlt sich ein wenig wie die Ahnen, und vielleicht ist noch ein Falkner da, dessen Vogel man für eine Minute und ein Selfie auf die Hand nehmen und sich ganz wie ein Beduine fühlen kann.

## Beduinen: verklärt und belächelt

Im echten Leben gelten Beduinen allerdings als die Dorftrottel des Landes. Das Bild, das man von ihnen hat, ist ein Klischee. Beduinen werden als dümmlich und rückständig angesehen, bauernschlau und nicht an das moderne Leben angepasst. Beduinen meinen, so das Klischee, dass man Frauen immer noch für Kamele kaufen kann, sie schlurfen in Sandalen herum, tragen unordentliche Turbane und staubige, ungebügelte Hemden, fahren alte, rostige Autos und finden sich in der Stadt nicht zurecht. Sie legen im Lokal die Füße auf den Stuhl, essen mit den Fingern und halten Kamele als Haustiere.

Tatsächlich sieht man es den Leuten manchmal direkt an, wenn sie vom Land kommen, vor allem, wenn sie in der Stadt Auto fahren. Stadt-Saudis mögen diese Mitmenschen belächeln, aber sie beneiden sie insgeheim auch ein wenig. Weil die Beduinen mehr Freiheiten haben als die Stadtmenschen und sie die Städter an die gute alte Zeit erinnern, als die Saudis noch die Herren der Wüste waren.

Wie meistens bei guten alten Zeiten waren die aber gar nicht so rosig. Vor den Ölfunden war die Gegend des heutigen Saudi-Arabien bettelarm. Es gab bis ins 20. Jahrhundert keinen Staat in dem Sinne, wie er im Westen bekannt ist, sondern viele kleine Emirate und Scheichtümer mit lokalem Herrschaftsgebiet. Im Norden der arabischen Halbinsel regierten die Kalifen und später das Osmanische Reich. Am Arabischen Golf und an der Südküste bauten die portugiesischen Seeleute einige Forts, das britische Imperium setzte sich später an den Küsten fest. Das heiße, trockene Binnenland war für die Europäer zunächst unbezwingbar, die heiligen Stätten in Mekka und Medina für sie verboten.

Dass es in anderen Gegenden der Welt große Reiche, mächtige Fürsten und staatliche Organisation gab, blieb den Stammesfürsten auf der Arabischen Halbinsel jedoch nicht verborgen. Schon im 18. Jahrhundert begannen die Al-Saud von den Oasen in der Mitte des Landes aus ihre Mission, die Beduinen (genau, die Dorftrottel, schon damals) zu vereinen, zu unterwerfen und ihnen eine strenge Form des

Islams anzuerziehen. Diese ist der Wahhabismus, benannt nach dessen Begründer, dem Religionsgelehrten Muhammad ibn Abd al-Wahhab. Auch er kam wie die Al-Saud aus der Region der heutigen Hauptstadt Riad und lehrte in Diriyya, der heutigen Ruinenstadt. Der Religionserneuerrer und der damalige Emir gingen einen Pakt ein, der bis heute hält: Das Herrscherhaus Al-Saud und der wahhabitische Islam gehören zusammen, beide zusammen sind weltliche und religiöse Basis der saudischen Königsherrschaft. Der erste so gegründete religiöse Staat hielt bis zur Eroberung durch die Osmanen 1818. Nach vielen Kriegen, Eroberungen, Verlusten und Allianzen rief Abd al-Aziz ibn Saud schließlich am 23. September 1932 das Königreich Saudi-Arabien aus. Der 23. September ist seitdem der Nationalfeiertag und heute der einzige Tag im Jahr, an dem in Saudi-Arabiens Städten richtig die Post abgeht und die Leute bis tief in die Nacht auf den Straßen feiern. Was die Beduinen und die Leute auf dem Land an dem Tag machen, bleibt ihr Geheimnis.

»Bedu!« als Schimpfwort meint einen Dorftrottel vom Land. Dass sie selbst von Beduinen abstammen, haben die Saudis selbstverständlich nicht vergessen. Auch in den hochmodernen Metropolen erinnert vieles an die nomadischen Kamelhirten, die noch vor 50 Jahren durch die Wüsten zogen. Die Tücher auf den Köpfen etwa – schon die Beduinen schützten sich mit Tüchern vor der Sonne. Die Gesichtsschleier der Frauen, ob Tuch oder goldene Maske, sind Erbe der Wüste, denn auch diese schützten vor Sonne und Sandsturm. Die goldene Maske, die Battoulah, wird nur noch sehr selten getragen; es sind ältere Damen und Landfrauen, die sie noch gelegentlich aufsetzen. Dabei ist die Gesichtsmaske nur mit Goldblech oder goldenem Stoff belegt, die eigentliche Maske ist aus feinem Leder. Die schwarzen Ringe, mit dem die Männer ihre Kopfbedeckung fixieren, waren einst Fußfesseln für Kamele. Da Kamele gern weglaufen oder auf Futtersuche gehen, banden ihnen die Nomaden abends die Füße zusammen, um morgens nicht die Herde zusammensuchen zu müssen. Tagsüber trugen die Männer dann die Fesseln aus festem Seil auf dem Kopf, so zumindest die folkloristische Überlieferung.

Ihrem Ruf als Landeier werden die Beduinen nicht einmal gerecht, wenn sie in die Stadt kommen. Klar erkennt man manche an der Kleidung, das ist aber bei mir zu Hause in Franken nicht anders, wenn die Männer aus den kleinen Dörfern mit ihren buntkarierten Kurzarmhemden nach Nürnberg kommen. Das muss ja nicht schlecht sein. Schlechte Erfahrungen mit den saudischen Landbewohnern habe ich jedenfalls keine gemacht, weder in der Stadt noch bei Ausflügen. Ich musste bei uns im Restaurant vielleicht mal jemanden bitten, die Füße vom Stuhl zu nehmen, aber was das Benehmen angeht, sind mir die Männer aus Riad deutlich öfter negativ aufgefallen. Während die Leute vom Land durchweg versuchen, sich in der Stadt anständig zu benehmen, glauben Leute aus Riad gern, dass man in Dschidda alles darf, weil in Dschidda alles liberaler ist. Bei nackten Füßen auf dem Stuhl hört dann aber bei mir als Gastronom der Spaß auf.

# Das Leben als Expat

## Es kommt darauf an, in welcher Schublade man steckt

Das Leben als Expat kenne ich schon. Ich habe schon in Singapur, Dubai, auf den Malediven und im chinesischen Shenzhen gelebt und gearbeitet. Expat ist in der modernen Arbeitswelt jemand, der für ein paar Jahre ins Land kommt, um dort zu arbeiten, und definitiv irgendwann wieder nach Hause geht. Das Wort Expat ist die Kurzform von *Expatriate* und bedeutet »der aus seiner Heimat heraus ist«. Der Expat ist kein Auswanderer beziehungsweise Einwanderer oder Arbeitsmigrant. Er ist ein Auswanderer auf Zeit, als hochqualifizierte Fachkraft von einer Agentur oder einem ausländischen Arbeitgeber angeworben oder auch von seiner Firma ins Ausland entsandt. Das tun alle großen, internationalen Konzerte, und wer dort Karriere machen will, der muss für ein paar Jahre in die Expatmühle, um Erfahrungen zu sammeln. Das sind die Leute, die man vielleicht aus dem erweiterten Bekanntenkreis kennt, weil sie für einen Autohersteller mal zwei Jahre in den USA oder Südafrika waren, für ihre Consultingfirma in Brasilien gearbeitet oder für den Maschinenbaukonzern ein Werk in Indien aufgebaut haben. Europäische Expats sind also diejenigen, die ziemlich weit oben in der Nahrungskette stehen. Auch ich gehörte zu dieser Gruppe, denn ich wurde von einem Headhunter angeworben, um als Führungskraft nach Saudi-Arabien zu gehen.

Dazu gehören in Saudi-Arabien, wie auch anderswo, Luxus und Statussymbole. Ich bekam vom Arbeitgeber einen Dienstwagen und eine sehr große möblierte Dienstwohnung zugesagt, außerdem wollte sich der Arbeitgeber um alle Visumsformalitäten kümmern. Dazu kamen bezahlter Urlaub und Flugtickets für Heimatbesuche. Das Rundum-sorglos-Paket für Expats ist nahezu selbstverständlich, wenn man zum Arbeiten nach Saudi-Arabien kommt. Das Land ist so abgeschottet, dass man nicht einmal zum Vorstellungsgespräch dorthin eingeladen wird, geschweige denn die Möglichkeit hat, dort hinzureisen und sich eine Wohnung zu suchen oder ein Auto zu kaufen. Als ich 2006 beschloss, das gute Angebot anzunehmen und nach Saudi-Arabien zu gehen, war sogar im Internet kaum etwas über Dschidda zu finden. Ein paar Expat-Foren gab es, aber auch dort stand wenig über das, was mich erwartete. Wer als europäischer Expat nach Saudi-Arabien geht, muss sich auf das verlassen, was einem Leute erzählen, was man anderswo gehört hat und was in Büchern steht. Auch deshalb locken saudische Arbeitgeber westliche Fachkräfte mit guten Angeboten, ob es nun ein Rettungssanitäter ist, ein Arzt oder eben ich, ein international erfahrener Restaurantleiter.

Wenn ich zu einem neuen Job ins Ausland gehe, komme ich grundsätzlich mit kleinem Gepäck. Die Wohnungen, die einem Arbeitgeber stellen, sind meistens möbliert, und der Schnickschnack findet sich ja von selbst, und auch der Rest ergibt sich. Mit wenig Zeug abreisen und mit viel Zeug zurückkommen, das hat sich für mich bewährt.

Ich bin eher der praktische Typ und brauche im Alltag nicht sehr viel. Daher kam ich mit nur zwei Koffern und einem Handgepäcktrolley in Dschidda an, und die waren in der neuen Bleibe schnell ausgepackt. Zwei Anzüge, Hemden und T-Shirts, Schuhe, Freizeitkleidung, Waschbeutel, nur die Basics hatte ich dabei. Außerdem meine eigene Bettwäsche, das ist mir wichtig, weil es mir ein Stück Vertrautheit in fremder Umgebung gibt, und mein eigenes Kissen, mit dem ich auch im schlechtesten Bett gut schlafen kann.

Meine Wohnung war so funktional eingerichtet, dass ich anfangs gar nichts neu dazukaufen musste. Sogar ein Fernseher und eine Stereoanlage standen schon bereit, als ich durch die Tür kam. Die Möbel waren günstig, aber nagelneu, und was braucht man mehr als Sofa, Tisch, Stühle, Bett, Schrank? In den ersten Wochen hatte ich gar kein Bedürfnis, aus dieser Unterkunft ein Zuhause zu machen. Ich brauche nicht unbedingt Kram, um mich wohlzufühlen; dafür bin ich zu oft umgezogen. Wer weniger hat, muss auch weniger aufräumen. Zum Putzen kam jede Woche ein Putzmann in die Wohnung, das war sehr praktisch. Die Wohnung war deutlich hochwertiger als die, die mir mein Dubaier Arbeitgeber damals zur Verfügung gestellt hatte. Die hatte ich mir mit zwei Familien teilen müssen, und die Einrichtung war auch nicht gerade top gewesen. Den arabischen Standard kannte ich also schon, und war positiv überrascht. Hier, als Führungskraft, hatte ich für mich nun drei Schlafzimmer, Wohnzimmer, Esszimmer, Küche, zwei Badezimmer, Waschküche und ein kleines Zimmer für eine Hausangestellte. Dass ich noch verheiratet war, als ich meinen Job in Dschidda antrat, kam mir zugute, denn der arabische Familiensinn zeigt sich auch bei Dienstwohnungen. Mit Ehefrau bekommt man automatisch eine große Wohnung, denn es wird davon ausgegangen, dass selbstverständlich Kinder dazukommen werden. Dabei war meine Ehefrau in Deutschland geblieben und wollte erst nachkommen, wenn ich die Lage sondiert hatte. Sie war aus Singapur mit mir nach Nürnberg gekommen und hatte wenig Lust, schon wieder in ein fremdes Land zu ziehen, in dem sie nicht arbeiten und, wie sie fürchtete, nur zu Hause sitzen durfte. Vielleicht war die Wohnung auch deshalb so groß – die Ehefrauen ausländischer Fachkräfte halten sich hauptsächlich in den eigenen vier Wänden auf. Doch selbst, als wir uns dann scheiden ließen, durfte ich in der großen Wohnung bleiben.

## Die soziale Kommode: Expats werden in Schubladen gesteckt

Ich wohnte im sechsten Stock eines doppeltürmigen Betonklotzes im zentralen Stadtteil Sharafiyah. Alle im Haus arbeiteten für meine Firma und kannten sich teilweise schon aus dem Betrieb. Ich war der einzige Deutsche im Haus und blieb schon deshalb meistens allein. Wie in anderen Ländern auch sind die Expats meistens nach Nationen oder zumindest Regionen getrennt unter sich. Man sucht häufig intuitiv nach Kontakt mit Landsleuten, das ist gut gegen Einsamkeit und erleichtert vieles im Alltag. Der Erfahrungsaustausch fällt leichter, denn Leute aus demselben Land haben in der Fremde oft dieselben Sorgen und Probleme, wenn diese aus kulturellen Unterschieden herrühren. Zudem gibt es diese Probleme dann untereinander nicht, denn man versteht sich zumindest auf Basis der gleichen Herkunftskultur.

Gerade Inder und Filipinos, Pakistanis und Bangladeschis, die größten Expat-Gruppen, bleiben in Saudi-Arabien am liebsten untereinander. Die indischen Expats treffen sich beim Cricket – entweder vor dem Fernseher oder tatsächlich auf dem Sportplatz. Man geht mit der Clique oder der Familie zum gemeinsamen indischen Lieblingsimbiss, kauft in kleinen indisch geführten Läden und lässt im Fernseher indische Kanäle laufen. Man geht zum indischen Friseur, kauft Lebensmittel auf dem indischen Markt. Gesprochen wird die Sprache der jeweiligen Herkunftsregion und Hindi mit denen, die aus einer anderen Region Indiens kommen. Die Kinder gehen auf indische oder sogenannte Internationale Schulen. Diese gehören aber nicht wie die Deutsche Schule zum Schulsystem eines bestimmten Landes, sondern es sind Privatschulen, die nach britischem oder US-amerikanischem System unterrichten. Wenn es ein Problem gibt, findet man unter den Freunden und Bekannten sowie den Bekannten der Bekannten jemanden, der jemanden kennt, der mit einem Saudi befreundet ist. Die meisten dieser Expats sprechen Arabisch, wenn sie länger im Land bleiben und Muslime sind. Hindus, Christen oder Buddhisten sind eine kleine Minderheit, auch bei anderen Expat-Nationalitäten.

Die Gemeinde der Filipinos ist ebenfalls stark abgeschottet. Man sieht eigentlich nicht, dass Inder und Filipinos etwas gemeinsam unternehmen. Das geht schon beim Sport los: Während für Inder, Pakistanis und Bangladeschis Cricket der Lieblingssport ist, begeistern sich Filipinos für Basketball. Man sieht nie Inder mit Filipinos gemeinsam Cricket oder Basketball spielen. Auch für Filipinos gibt es dieselbe Infrastruktur wie für Inder oder auch Nigerianer, mit eigenen Läden, Dienstleistern, Schulen. Die Sprachen, Länderküchen, Vorlieben, das alles ist voneinander weit entfernt, und weil schon Saudi-Arabien so fremd ist, schafft man es vermutlich nicht, sich in der Fremde nochmals anderen Fremden anzunähern, sondern sucht das Vertraute, um nicht seelisch orientierungslos zu werden. Es hilft gerade in einem Land mit so strengen Gesetzen, Regeln und sozialen Normen, wenn zumindest in der eigenen Nachbarschaft und im Bekanntenkreis weiterhin die Regeln des Heimatlandes gelten. Was bei einer indischen Party in einem indischen Wohnhaus passiert, bleibt in diesem indischen Wohnhaus. Wenn eine indische Frau auf dem Dach eines indischen Hauses in Sari anstatt in Abaya die Wäsche aufhängt, kräht danach kein Hahn. Wenn sich westliche Jugendliche beim Sommerfest in der europäischen Siedlung küssen, geht das durch. Die Gemeinschaft der Expats gleicher Herkunft bietet sozialen Schutz in einem Land, dessen Gesetzen und Normen man sich oft genug schutzlos ausgeliefert sieht.

Das klingt nach Ghettos und Parallelgesellschaften, und so ist es tatsächlich, so ist es von den saudischen Behörden gewollt. Die Expats sollen sich in Saudi-Arabien gar nicht zu Hause fühlen und sich erst recht nicht integrieren. Sie sollen bitteschön unter sich bleiben, keinen Ärger machen und nicht gegen Regeln und Gesetze verstoßen. Besonders wichtig: Sie sollen die einheimischen Saudis und die saudische Kultur bloß tunlichst in Ruhe lassen. Ein Expat, der zum Islam konvertiert und Arabisch lernt, löst noch lange kein Ticket in die saudische Gesellschaft. Es gibt keine Integrationskurse, keine Orientierungswochen für Neuankömmlinge, keine preisgünstigen Sprachkurse.

Da der Zutritt zur Saudi-Society verwehrt bleibt, bilden sich die Parallelgesellschaften ganz automatisch. Sie ergeben sich auch aus den sozialen Schichten, denn Menschen aus bestimmten Regionen werden meist auch für bestimmte Tätigkeiten ins Land geholt. Die europäischen und US-amerikanischen Expats sind zumeist Ingenieure, Ärzte, Führungskräfte, Geschäftsleute. Sie treffen sich eher am Pool ihres Compounds oder am Privatstrand, der zum Compound gehört, als in der kleinen Imbissbude. Die Expats aus Indien oder Pakistan sind Ladeneigentümer, sind im mittleren Management, haben auch kleine eigene Unternehmen. Andere arbeiten in der Verwaltung. Sie sind die Mittelklasse der Expats. Filipinos arbeiten typischerweise im Service, an Rezeptionen oder als Hausangestellte. Zu dieser Arbeiterklasse gehören auch die zumeist aus Somalia oder anderen Ländern Subsahara-Afrikas stammenden Männer. Ganz unten stehen die Männer aus Bangladesch, Nepal oder Sri Lanka, die auf den Baustellen schuften, putzen, Autos waschen oder den Müll wegbringen. Die Straßenkehrer, die Toilettenputzer, die Mörtelanrührer. Die aus Sicht der Saudis »niederen Arbeiten« sind schlecht bezahlt, die Arbeiter leben in schlechtesten Verhältnissen und bilden jene große Klasse der modernen Arbeitssklaven. Sie sind nicht frei, sondern an ihren Sponsor gebunden, haben selten eine eigene Wohnung und müssen ihr Flugticket erst einmal abarbeiten. Falls sie nicht in Baracken oder Dienstbotenquartieren untergebracht sind, müssen sich mehrere Männer eine Wohnung teilen, oft auch mehrere gemeinsam ein Zimmer. Saudis begegnen diesen Männern mit Verachtung, da diese Arbeiten verrichten, für die sich Saudis zu schade wären. Man lässt sich als Saudi hinterherputzen und erhebt sich dabei als feiner Herr über den Putzmann. Das ist nun nichts speziell saudisches, doch in Saudi-Arabien ist die soziale Hierarchie besonders ausgeprägt, besonders undurchlässig und besonders hart für die, die in den unteren Schubladen der Gesellschaftskommode gelandet sind.

Wie man aussieht und woher man kommt, verrät in Saudi-Arabien oft schon den sozialen Status und bestimmt daher, wie man behandelt wird. Die ausgeprägte, auch nach Herkunftsländern gegliederte Klassengesellschaft Saudi-Arabiens bedingt einen alltäglichen Rassismus. Einen Europäer wird man nie für den Hausboten oder Teejungen halten. Einen Afrikaner nie für eine Führungskraft. Eine ostasiatische oder afrikanische Frau wird man automatisch für die Nanny oder das Hausmädchen eines Saudis halten, nie für dessen Gattin. Entsprechend werden die Menschen je nach Herkunft und Ethnie taxiert und direkt unterschiedlich behandelt. Jeder wird anhand der Herkunft in eine soziale Schublade gesteckt, und ganz unabhängig vom Einkommen sind alle Saudis in der obersten Schublade. Es kann einer arbeitsloser Saudi aus einem Dorf sein oder Beduine mit Löchern in der Schuhsohle, er ist in Saudi-Arabien immer noch angesehener als ein indischer Unternehmer, der ein Autohaus mit fünf Filialen betreibt.

## Getrennte Lebenswelten schaffen Schutzräume

Die Trennung der Welten sorgt dafür, dass man in eine gewisse soziale und auch örtliche Zone gewiesen wird. Dort gibt es alles, was man braucht. Diese Zone, in der man sich einfindet und sich auch sehr komfortabel einrichten kann, ist sehr klein und doch völlig ausreichend. Man muss sich nicht daraus hervorwagen und kann den Alltag darin hervorragend und problemlos verbringen. Es ist ja nicht einmal nötig, in ein Möbelgeschäft zu fahren, da die Wohnungen möbliert sind.

Man kann dadurch in Saudi-Arabien wohnen und arbeiten, ohne wirklich in dem Land anzukommen, sich damit auseinanderzusetzen oder mit Einheimischen in Kontakt zu kommen. Das bemerkte ich in den ersten zwei Jahren, in denen ich dort lebte und vor allem eins tat: arbeiten. Weder im Arbeitsleben noch beim Einkaufen hat man es wirklich mit Saudis zu tun. Meine Kollegen kamen aus aller Welt, der Betreiber des kleinen Ladens bei mir im Haus stammte aus Bangladesch, der Hausmanager aus Ägypten. Saudis waren die Menschen in den weißen und schwarzen Gewändern, die ich im Stadt- und Straßenbild zwar sah, mit denen ich aber nicht sprach. In Dubai war es mir ebenso ergangen, aber dort ist das Verhältnis von Expats zu Einheimischen noch extremer: In Dschidda leben etwas mehr Expats als Saudis, in Riad sind die Saudis knapp in der Überzahl. Im Landesdurchschnitt kommt in Saudi-Arabien auf zwei Einheimische ein Expat, also besteht etwa ein Drittel der Bevölkerung aus Expats. In Dubai sind dagegen 85 Prozent der Einwohner Ausländer.

Die große Zahl der Expats ist Fluch und Segen für die Länder der Arabischen Halbinsel. Segen, weil ohne die ausländischen Arbeitskräfte die Wirtschaft, die Verwaltung und das gesellschaftliche Leben nicht funktionieren würde. Fluch, weil die hohe Zahl an Ausländern die einheimische Bevölkerung in eine Art Isolation treibt. Wenn man ohne die Expats im Alltag und im Arbeitsleben nicht sein kann, dann sperrt man sie zumindest aus dem privaten und persönlichen Bereich aus. Man grenzt sich ab, weil es das Gefühl vermittelt, dadurch die eigene, die einheimische Kultur zu bewahren und vor den Ausländern zu schützen.

Die Szene der Leute, die eher international orientiert sind, ist sogar im liberalen Dschidda ziemlich klein. Ich brauchte zwei Jahre, um daran Anschluss zu finden und einen internationalen Freundeskreis aufzubauen. Mir ist es völlig gleich, woher jemand kommt; ich suche Leute, die dieselben Interessen haben wie ich, mit denen man Spaß haben, Ausflüge machen, Essen gehen, Filme gucken und auch mal richtig einen draufmachen kann. Das Internet brachte mich mit genau solchen Leuten zusammen. Über die Plattform Couchsurfing lernte ich die ersten kennen. Diese Börse für Übernachtungen in Privathaushalten gibt es auch in Dschidda, aber ich hatte sehr selten Übernachtungsgäste, da es ja kaum Rucksackreisende gibt, die eine unkomplizierte, kostenfreie Unterkunft suchen. Stattdessen lernte ich andere Anbieter kennen, die ebenfalls auf der Suche nach Leuten waren, mit denen man etwas unternehmen konnte: Mohamed aus dem Libanon etwa, der in den kommenden Jahren mein engster Freund wurde. Eine Krankenschwester aus Riad, die bei der ersten Mail gleich schrieb »Ah, du bist kein Saudi!« und sich daher traute, bei mir zu übernachten. Es entstand eine Chatgruppe mit anderen Couchsurfing-Anbietern in Dschidda, vereint im gemeinsamen Interesse, Leute kennenzulernen. Das war für mich der Schlüssel zum Leben in Dschidda, denn hier trafen sich Outdoorfreaks und Motorradfahrer, Essengeher und Partytiere, die meisten jüngere Leute, Saudis ebenso wie Expats aus aller Welt. Hier verbanden uns nicht Herkunftsländer, sondern gemeinsame Interessen und die Lust am Neuen, auch am anderen. Wir gründeten eine Restaurantgruppe, mit der wir regelmäßig in immer einem neuen Lokal essen gingen. Es fanden sich Freundesgruppen, die zusammen Bootsfahrten unternahmen oder einen Guide buchten, der uns durch die Altstadt von Dschidda führte. Und es gab natürlich die Partygruppe; diejenigen, die gerne feierten und andere nicht verpetzten. Die Partyszene funktioniert nach denselben Mechanismen wie die indische oder philippinische Expatgemeinde – man bleibt unter sich und schützt sich gegenseitig, um den eigenen Frei- und Lebensraum zu bewahren. Es gibt wenig Fluktuation, und wer nicht »dazugehört«, erscheint wie ein Fremdkörper und wird misstrauisch beäugt. Es scheint, dass Abgrenzung und Eingrenzung die Grundfunktionen des Gesellschaftslebens in Saudi-Arabien sind.

Gemischte Wohnviertel mit Saudis und Expats sind daher schon eine Seltenheit, ich lebte also in aus meiner Sicht privilegierter Lage, mitten in der Stadt, mitten im Leben. Andere Europäer wohnten in meinem Viertel nicht, zumindest sah ich niemals jemanden. Europäer leben nahezu immer in isolierten Compounds. Diese abgeriegelten Ausländer-Stadtviertel sind typisch für Saudi-Arabien und andere Länder der Region. Und sie sind die eigentlichen Isolierzonen: Dort leben die Menschen in ihrer eigenen Welt, mit eigenen Läden und Freizeitangeboten. Die Kinder gehen auf internationale Privatschulen, damit sie beim nächsten Umzug international mithalten können, wo auch immer die Karriere der Eltern sie dann hin verschlägt. Im Compound wird Englisch gesprochen und international gedacht. Ein Häuschen gleicht dem anderen, da der Compound als Stadtviertel immer aus einem Guss gebaut wird, die Häuser haben identische Fassaden, identische Eingangstüren, identische Anstriche. Nicht nur Kinder verlaufen sich dort manchmal. Es sind schöne, gepflegte und auch sehr sichere Viertel mit sehr homogener Bevölkerung. Hier leben Paare und Familien, manchmal auch alleinstehende Geschäftsleute, die gut verdienen und zwischen 35 und 50 Jahre alt sind. Rentner, Studenten oder sozial schwache Bürger wohnen nicht in den Compounds, und alteingesessen ist man dort schon nach ein paar Jahren. Die meisten Bewohner leben dort nur für kurze Zeit.

## Wer du bist, bestimmt, wo du lebst

Nach dem US-amerikanischen Vorbild der *Gated Communities* sind die Compounds von hohen Mauern und Zäunen umschlossen, an der einzigen Zufahrt steht ein Wachhäuschen mit Schranke. Das ist ein bisschen wie in einer Ferienanlage oder auch wie in einer Kaserne, je nach Perspektive. Wer dort jemanden besuchen will, muss an der Wache angemeldet sein und bei der Einfahrt meist ein Ausweisdokument hinterlegen. So soll die Sicherheit der (westlichen) Ausländer garantiert werden, aber so stellt man gleichzeitig sicher, dass westliche Ausländer unter sich bleiben und nicht einmal versuchen, am saudischen Gesellschaftsleben teilzunehmen. Im Compound ist alles westlich, die Läden, die Fitnessstudios, die öffentlichen Schwimmbäder, die Restaurants. Hier bewegen sich Frauen unverschleiert, fahren mit dem Auto zum Einkaufen oder mit dem Fahrrad zum Pool. Erlaubt ist das nicht, aber der lange Arm der Religionspolizei reicht nicht bis in die Compounds. Die Tore und Mauern schützen auch ein wenig die Freiheit, die sich die westlichen Oberschicht-Expats dort geschaffen haben.

Die Mittelschicht der Expats träumt von solchen Compounds oder einem eigenen kleinen Häuschen am Stadtrand, lebt aber in Wohnungen so wie ich, wo man die ganze Nacht die Autos hupen hört, wo man keinen Ruf des Muezzins verpasst, wo laut auf der Straße palavert wird und die verbeulte Mülltonne an der Ecke immer ein wenig stinkt. Ich hätte niemals tauschen wollen.

Leute, die weniger Geld haben, leben in Gemeinschaftsunterkünften. Glück hat, wer in einer Wohnung unterkommt. Auch wir hatten Personalwohnungen für unsere Leute, und manchmal mussten sich auch Leute gemeinsam ein Zimmer teilen. Das sind die vielzitierten Bachelor-Unterkünfte. Übersetzt heißt das Junggesellenbude, aber es bedeutet, dass der Arbeiter allein gekommen ist und entweder keine Familie hat oder, was häufiger der Fall ist, seine Familie im Heimatland zurückgelassen hat. Da Frauen kaum arbeiten dürfen, bleiben die Ehefrauen der unteren Mittelschicht und darunter fast immer in den Herkunftsländern, während der Mann versucht, in drei oder fünf Jahren Auslandsaufenthalt so viel Geld wie möglich zu verdienen, zu sparen und nach Hause zu schicken. Daher sind die meisten glücklich über die günstigen oder gratis zur Verfügung gestellten Personalunterkünfte. Hier leben Köche, Fahrer, Verkäufer, Haustechniker, Servicemitarbeiter zusammen, so lange sie eben da sind. Auch unsere Firma hatte solche Personalwohnungen, die waren Teil des Arbeitsvertrages. Da gab es etwa ein zweistöckiges Wohnhaus, das auf jeder Etage eine Küche, zwei Badezimmer und etwa sechs Schlafzimmer hatte. Die Personalchefs brachten die Bewohner nach Nationalitäten getrennt unter: Ein Stockwerk für die Inder, eines für die Filipinos, eines für die Bangladeschis. So lebten im Haus immer zwischen 30 und 40 Männer zusammen. Man kann sich vorstellen, dass die Küchen und Bäder nicht immer so sauber waren, wie man es in Mitteleuropa für appetitlich hält. Ich musste da einiges dazulernen – nämlich, dass andere Kulturen ein anderes Verständnis von Sauberkeit haben. Wo es mir grauste, waren die Mieter manchmal schon stolz, dass sie toll aufgeräumt hatten. Mir war es wichtig, dass die Quartiere meiner Mitarbeiter in gutem Zustand waren, deshalb ging ich mit den Leuten Putzmittel einkaufen, ich stellte Putzpläne auf und kaufte Tupperdosen, damit niemand seine tropfenden Essensreste einfach in Zeitungspapier gewickelt in den Kühlschrank legt. Es brachte nichts. Ich ermahnte, schimpfte, kontrollierte, schrieb neue Putzpläne, kaufte neue Schrubber – es wurde einfach nichts. Der sprichwörtliche deutsche Ordnungssinn prallte an den Mitarbeitern in der WG ab. Irgendwann sagte ich mir, dass das erwachsene Männer sind, die für sich selbst Verantwortung tragen, und ich nicht der böse Chef sein will, der im Haus auftaucht und Stress macht, weil es ihm selbst zu dreckig ist. Natürlich sah ich weiterhin in den Personalunterkünften nach dem Rechten und reagierte, wenn sich jemand beschwerte, aber ich entspannte mich mit den Jahren.

Bauarbeiter und Straßenreiniger haben die schlechtesten Unterkünfte. Sie wohnen in *Labour Camps*, also Sammelunterkünften, die vom Bauherren für die Dauer eines Bauobjekts eingerichtet werden. Diese sind kleine Dörfer aus Containern oder einfachen Baracken, meist außerhalb der Stadt gelegen. Die Camps werden für einzelne Bauprojekte errichtet und danach wieder abgebrochen. Nur wenn außerhalb der Stadt gebaut wird, befinden sich die Camps in Baustellennähe. Ansonsten werden die Arbeiter mit alten, unklimatisierten Bussen vom Camp zur Baustelle und wieder zurück gekarrt. Die Camps sind eingezäunt und bewacht, damit die Arbeiter nicht abhauen, denn das Leben dort sowie die Arbeit sind wirklich hart. Die Camps sind selten klimatisiert, die Arbeiter wohnen in Mehrbettzimmern, oft mit Stockbetten, und haben keine Privatsphäre. Sie nutzen Gemeinschaftsküchen, Gemeinschaftstoiletten und Gemeinschaftsduschen. Manche Arbeitgeber bieten auch Gemeinschaftsverpflegung an. Wer als Bauarbeiter in ein arabisches Land geht, weiß, was ihn erwartet. In Dubai, Kuwait oder Katar ist es genau dasselbe. Agenturen werben in armen Ländern wie Nepal oder Bangladesch diese Arbeiter an, bieten einen guten Lohn und die Unterkunft, die Teil des Pakets ist. Die Arbeiter versuchen, der Armut in ihren Herkunftsländern zu entkommen, indem sie nach Saudi-Arabien gehen, aber sie arbeiten dort unter härtesten Bedingungen. Viele Medienberichte, gerade über den Bau der WM-Stadien in Katar, haben auf diese Arbeits- und Lebensbedingungen aufmerksam gemacht. Saudis reagieren gereizt, wenn man das Thema Labour Camps anspricht. Das Standardargument für die Labour Camps ist: Die Arbeiter wissen, was auf sie zukommt. Sie entscheiden sich bewusst für diesen Job, weil es ihnen zu Hause noch viel schlechter gehen würde. Sie leben zu Hause auch in Slums. Die Arbeitgeber sorgen für Essen und Unterkunft, niemand der Arbeiter muss mehr hungern, betteln oder auf der Straße schlafen. Im Gegenteil, er kann mit dem Geld seine Familie unterstützen – Schulbildung für die Kinder, eine Operation für die Schwester oder nach der Rückkehr ein kleines Haus. Saudis reden sich diese Camps schön, aber es steckt auch Wahrheit hinter den Argumenten.

## Der Sponsor, dein Chef und Bürge

Keiner der Arbeiter ist schließlich einfach so nach Saudi-Arabien gereist und ist dann in einem dieser Lager gelandet. Man kann nicht einfach so sein Glück in Riad oder Dschidda versuchen. Es kann auch nicht einer einfach mal so ein Visum beantragen und nach Saudi-Arabien ziehen, weil er die Sonne und das Meer so mag und er dort eine Strandboutique eröffnen möchte! Wer ins Land will, braucht einen Sponsor, den Kafil. Der gibt einem kein Geld, sponsert also nicht in dem Sinn, wie wir es verstehen. Der Sponsor ist Einladender und Bürge für jeden, der ins Land kommt. Ob ein Vertreter nur für ein paar Tage da ist, ein Arbeiter einen Zweijahresvertrag hat oder einer der seltenen Touristen eine Woche im Land bleibt, es braucht einen Saudi als

Sponsor. Der ist rechtlich für den Papierkram zuständig und auch der Ansprechpartner für die Behörden, wenn der Ausländer etwas falsch macht. Für Angestellte ist der Arbeitgeber der Sponsor, für andere kann es auch eine Firma sein, die einen ausländischen Kollegen einlädt, eine Universität für Gaststudenten oder ein Reiseveranstalter für Pilger und andere Besucher. Ohne Sponsor bekommt man in Saudi-Arabien keinen Mietvertrag, kein Bankkonto und natürlich auch kein Visum. Mit diesem System versuchen Saudi-Arabien und die anderen Golfstaaten, illegale und unregistrierte Einwanderer fernzuhalten, was allerdings nur teilweise gelingt. Denn wie viele Arbeiter und Hausmädchen eine reiche Familie mit gutem Namen ins Land holt, wie es diesen dann dort ergeht und wann diese eventuell aus nichtigen Gründen auf der Straße landen, obwohl der Sponsoringvertrag noch läuft, kontrolliert keine Behörde. Das Wohl und Wehe des Arbeitnehmers hängt jedoch stets vom Sponsor ab. Er hält die Fäden und meist auch die Pässe in der Hand, denn bei jedem Behördengang sind diese vorzulegen. Bei jedem neuen Gesundheitszeugnis, bei jeder Versicherungsangelegenheit, bei jeder Registrierung benötigen die Personaler die Originalpässe ihrer Angestellten. Die meisten Expats in Saudi-Arabien leben nicht komfortabel in eigenen Wohnungen, sondern in Gemeinschaftsunterkünften, wo Pässe verloren gehen oder gestohlen werden können, da es dort meist keine Sicherheitsvorkehrungen für Wertsachen gibt. Die Personalbüros verschließen die Pässe deshalb in Tresoren und geben einem Mitarbeiter den Pass heraus, wenn dieser genehmigten Urlaub im Ausland hat, sein Arbeitsverhältnis endet oder er seinen Pass verlängern und damit zur Botschaft gehen muss. In diesen Dokumententresoren lagern ebenfalls Versicherungspolicen, Meldebescheinigungen und Gesundheitszeugnisse.

Es ist einfacher für Personalabteilungen, die Pässe der Arbeiter und Angestellten gleich komplett einzukassieren, als sie immer wieder bei Bedarf einzusammeln und wieder auszugeben. Die Horrorgeschichten, dass Hausmädchen und Arbeitern ihre Pässe gleich nach der Einreise abgenommen werden, stimmen, aber es geht meistens darum, dass sich die Personalabteilungen Arbeit und Aufwand sparen wollen. Die Pässe werden im Büro weggeschlossen und bei Bedarf hervorgeholt, fertig. Dass die Besitzer der Pässe dann auch nicht ausreisen und daher auch nicht vor schrecklichen Arbeitsverhältnissen fliehen können, stimmt. Aber auch mit Pass kann man als Ausländer nicht einfach so aus Saudi-Arabien ausreisen, nicht als Putzmann und nicht als Restaurantleiter. Man braucht eine Bescheinigung des Sponsors. Der spendet also kein Geld, sondern seinen guten Ruf, was für den Expat der Schlüssel zur Existenz in Saudi-Arabien ist. Der Sponsor behält aber auch die Schlüsselgewalt, man ist ihm arbeitsrechtlich ausgeliefert.

Wenn man in der Presse liest, dass Arbeitnehmer in Saudi-Arabien sofort bei der Einreise ihre Pässe abgeben müssen, stimmt das also, aber es hat nicht den Grund, die Leute an einem Fleck festzunageln oder zu entrechten. Wie in vielen arabischen Ländern berechtigt ein Reisepass in Saudi-Arabien nicht dazu, frei im Land herumzureisen. Man braucht als Auslänger Reisegenehmigungen. Noch wichtiger aber ist die Aufenthaltsgenehmigung, die Iqama, mit Identifikationskarte. Diese Iqama-Karte ist das offiziell anerkannte Dokument, das in Saudi-Arabien im täglichen Gebrauch ist. Der Reisepass allein bringt nichts, da er ohne diese Identifikationskarte nicht gültig ist. Die Karte allein ist dagegen ausreichend, um sich auszuweisen, ein Auto zu kaufen oder einen Handyvertrag abzuschließen. Sogar beim Konsulat des eigenen Landes kann die Identifikationskarte ausreichen, denn dort ist man als Expat bereits mit allen Daten registriert und dadurch bekannt.

Indem man seinen Pass gegen die Identifikationskarte tauscht, wird man als Expat Teil des saudischen Arbeitssystems, das dann am Ende gar nicht mehr so exotisch erscheint, wie man anfangs glaubt. Die Firmen sind meistens sehr groß, da es sich oft um Konglomerate handelt. Auch das Restaurant, das ich leitete, gehörte zu einem solchen Konglomerat. Wie in jeder großen Firma gibt es eine Personalabteilung, die für alle Mitarbeiter zuständig ist, auch für die in den kleinen Ablegern. Es ist nicht gesetzlich vorgeschrieben, dass die Pässe einbehalten werden, daher sagt man als Expat in Saudi-Arabien, dass man seinen Pass freiwillig abgegeben hat, »um ihn nicht zu verlieren«, wie es so schön heißt. Sogar die staatlichen Medien wie die englischsprachigen Zeitungen *Arab News* oder *Saudi Gazette*, die von den meisten Expats gelesen werden, machen immer wieder darauf aufmerksam, dass Arbeitgeber kein Recht haben, die Pässe einzufordern und ohne die Zustimmung des Angestellten einzubehalten. Wer dennoch seinen Pass abgibt, sollte eine Aufbewahrungsquittung bekommen. Gibt es eine solche Quittung nicht in Kopie bei Arbeitnehmer und Arbeitgeber, drohen pro Fall knapp 500 Euro Strafe für den Arbeitgeber. Obwohl

Behörden und Medien immer wieder darauf hinweisen und Arbeitgeber anweisen, die Pässe nicht einzubehalten, kümmern sich viele Firmen-Personalabteilungen um diese Verordnung herzlich wenig.

Ja, auch ich habe meinen Pass abgegeben. Und auch die Pässe meiner Kollegen wurden von der Personalabteilung einbehalten. Es gab in zehn Jahren bei uns im Betrieb keine Unstimmigkeiten wegen der Pässe. Ich hatte Glück, denke ich, denn die Personalabteilung unserer Firma arbeitete immer sehr penibel und korrekt. Die Gehälter wurden rechtzeitig und in der vereinbarten Höhe ausbezahlt, die Urlaubstage wurden gewährt und niemals gestrichen, alles folgte den Arbeitsverträgen. Das ist in Saudi-Arabien nicht selbstverständlich, aber es fällt Expats schwer, sich zu wehren – nicht wegen der fehlenden Pässe, sondern weil es keine Gewerkschaften oder Arbeitervertretungen gibt. Der aufmüpfige Arbeitnehmer wird entlassen und in sein Heimatland zurückgeschickt; Sponsoring beendet. Jeder überlegt es sich zweimal, ob er sich beschwert. Denn wer keine Arbeit und keinen Sponsor mehr hat, muss aus Saudi-Arabien ausreisen. Arbeitslosen- und Sozialversicherung gibt es für Expats nicht. Wenn der Heimflug nicht ohnehin Teil des Arbeitsvertrages ist, zwacken die Arbeitgeber gern von den ersten Löhnen etwas ab, um damit den Heimflug des Arbeitnehmers zu finanzieren.

Als Arbeitnehmer ist man in Saudi-Arabien immer von der Gunst des Arbeitgebers und Sponsors abhängig. Das ist das Schicksal aller Expats. Je weiter oben man in der sozialen Kommode einsortiert ist, desto geringer ist die Gefahr, ausgebeutet oder über den Tisch gezogen zu werden. Oft genug habe ich aber von Leuten gehört, dass Löhne nicht pünktlich gezahlt wurden oder der Arbeitgeber Urlaub nicht genehmigt hat. Das ist gegen das Gesetz, aber der Arm des Sponsors ist gelegentlich stärker als der des Gesetzes.

Das erfahren vor allem einfache Arbeiter und Hausangestellte, wenn deren Arbeitgeber sich nicht an die Vereinbarungen halten. Wenn Quartiere nicht dem entsprechen, was vereinbart war, wenn die Arbeitszeiten ins Unendliche ausgedehnt, die Löhne zu spät ausgezahlt oder die Hausherren ihren Angestellten gegenüber gewalttätig oder sexuell belästigend werden. Das sind die Fälle, von denen man nicht in Saudi-Arabien, aber im Westen immer wieder hört und liest. Auch ich kenne sie fast nur aus der Presse, da ich im Lauf von zehn Jahren nie jemandem begegnet bin, der zugibt, seine Leute schlecht zu behandeln, und nur zwei Expats kennengelernt habe, die Opfer solcher Chefs geworden sind. Das heißt nun nicht, dass es diese Fälle nicht gibt, im Gegenteil. Ich denke aber wirklich, dass diese Horrorgeschichten Einzelfälle sind, und das sage ich ohne Ironie. Es gibt diese Fälle, aber extrem selten. Und wenn, dann steht es in der Zeitung. Ich kann mich an YouTube-Videos erinnern, auf denen zu sehen ist, wie ein Mann ein Hausmädchen schlägt. Das war tagelang Stadtgespräch, alle waren empört, auch alle, die selbst ein Hausmädchen haben.

Es gab in meiner Zeit ein Experiment mit versteckter Kamera, bei dem Schauspieler eine vermeintlich typische Szene in einer Mall spielten. In dem Szenario lud eine Frau einem Dienstmädchen immer mehr und mehr Tüten auf, bis das Dienstmädchen unter der Last zusammenbrach. Die Frau begann zu schimpfen und setzte dann an, das Mädchen zu schlagen. Die Reaktion der Passanten war immer, dazwischen zu gehen und die Gewalt zu verhindern. Männer wie Frauen kamen dem Dienstmädchen zu Hilfe und wiesen die vermeintliche Dienstherrin mit scharfen Worten zurecht. Zumindest in der Öffentlichkeit ist Gewalt gegen Dienstboten absolut geächtet, in meinem Bekanntenkreis war sie es ebenso. Was hinter den Mauern vorgeht, weiß natürlich wieder keiner.

Die Frauenhäuser in Dschidda und die Selbstmorde unter Arbeitern in Labour Camps sind Zeugen dessen, dass nicht alles klappt. Dass nicht darüber gesprochen wird, bedeutet aber auch, dass unfaire oder unrechtmäßige Behandlung von Angestellten ein Tabuthema ist. Man prahlt nicht damit. Man gewinnt damit kein Ansehen. Man stellt sich nicht vor den Kumpels gut dar. Es ist ein sozial unerwünschtes Verhalten, das in der Öffentlichkeit niemand billigen wird. Dass das moderne Saudi-Arabien mit der Arbeit der Expats aufgebaut wurde, dass es ohne die Expats nicht geht und dass Expats all die Arbeiten übernehmen, für die es nicht genug qualifizierte Saudis gibt oder die kein Saudi machen mag, bestreitet niemand. Die öffentliche Meinung sagt aber, dass es Saudi-Arabien ist, das den Expats etwas Gutes tut, indem es Arbeitsplätze schafft, und nicht umgekehrt die Expats, die den Saudis ihren Fortschritt und damit auch ihren Reichtum ermöglichen.

## Fremde fürs Leben

Der Dank dafür hält sich in Grenzen. Expats bleiben Fremde, selbst dann, wenn sie Saudis heiraten, was selten genug vorkommt, denn sogar dann bekommen sie nicht die saudische Staatsbürgerschaft. Wenn der Vater saudisch ist, bekommen die in Saudi-Arabien geborenen Kinder die saudische Staatsbürgerschaft, ansonsten erhalten Kinder die Staatsbürgerschaft der Eltern beziehungsweise des Vaters. Durch Heirat oder Investition kann man nicht Saudi werden. Auch, wer in Saudi-Arabien geboren wurde und sein ganzes Leben dort verbracht hat wie meine gute Freundin Sara hat wenig Chancen, die Staatsbürgerschaft zu bekommen und sich nicht nur einheimisch zu fühlen, sondern auch rechtlich zu sein. Expats sind nur so lange geduldet, wie sie einen Sponsor haben und ihre Iqama-Karte vorweisen können. Doppelte Staatsbürgerschaften sind in Saudi-Arabien nicht anerkannt. Ich habe allerdings einige Saudis kennengelernt, die zudem einen US-amerikanischen oder britischen Pass hatten, diesen aber nur im Ausland benutzten, nie im eigenen Land. Vor allem bei Auslandsreisen ist das für die Betreffenden praktisch: Man bucht sich einen Flug in ein liberales muslimisches Land wie die Türkei. Man reist mit dem saudischen Pass aus der Heimat aus und in die Türkei ein. Da bleibt man dann ein paar Tage und fliegt dann weiter nach London, Paris oder New York, diesmal mit dem britischen Pass als Brite.

Mit seinen strengen Einwanderungsgesetzen versucht Saudi-Arabien, maximale Kontrolle über die Einwanderung zu behalten. Im Grunde will man von staatlicher Seite keine dauerhaften Einwanderer oder neue Staatsbürger mit Migrationshintergrund, sondern nur Expats auf Zeit. Darauf ist das gesamte Gastarbeitersystem ausgelegt.

Auch Expats der zweiten und dritten Generation, in Saudi-Arabien geboren, können noch Fremde sein und werden von der Gesellschaft oft noch so behandelt, als wären sie gerade erst angekommen. Meine gute Freundin Sara ist das beste Beispiel. Ihre Eltern stammen aus Eritrea, daher ist sie dunkelhäutig. Sie spricht Arabisch, aber mit leichtem Akzent. Obwohl sie als Singlefrau in einer eigenen Wohnung lebt und arbeiten geht, wird sie in der Öffentlichkeit oft genug wie ein Hausmädchen behandelt. Das bedeutet, dass man ihr die Tür nicht aufhält, sie wie Luft behandelt, man ihr das Taxi vor der Nase wegschnappt oder sie in Läden misstrauisch beäugt, ob sie nicht vielleicht etwas klaut. Sara lebt ein ungewöhnlich freies und selbstbestimmtes Leben, sie ist gebildet und selbstbewusst, sie ist gepflegt und tritt sehr souverän auf. Dennoch klebt ihr das »Hausmädchen«-Label auf der Stirn. Sie kann gut damit umgehen und nutzt ihren oberflächlich niedrigen Status, um sich Freiheiten herauszunehmen, denn als Afrikanerin fliegt sie ohnehin unter dem Radar der öffentlichen Wahrnehmung. Expats »dürfen« viel mehr als Saudis, ihnen wird mehr nachgesehen, sie werden weniger streng kontrolliert, vor allem nicht von ihren Familien. Sie haben keine Narrenfreiheit, aber es ist tatsächlich so, dass ein niedriger sozialer Status in Saudi-Arabien mehr soziale Freiräume schafft als das Leben in der obersten Schublade, wo Saudi-Arabien besonders saudisch-streng ist.

# Leben in der Blase

## Deutsche, Europäer und US-Amerikaner in Saudi-Arabien

Unter den Expats bilden Europäer und Nordamerikaner eine kleine Minderheit, und eine Minderheit dieser Minderheit ist dann die Community des Heimatlandes. Inder lernen schnell andere Inder kennen, als Deutscher in Saudi-Arabien trifft man aber nur selten zufällig andere Deutsche. Schweizern oder Franzosen ergeht es genauso. Daher organisieren die Botschaften westlicher Länder üblicherweise Stammtische oder Netzwerktreffen, bei denen sich Landsleute kennenlernen können.

In meiner Firma war ich der einzige Deutsche. Mein Chef war Schweizer, der Küchenchef Italiener. Beide gingen regelmäßig zu Events in ihren Botschaften. Das italienische Konsulat gab ein wöchentliches Abendessen für Italiener in Dschidda. Mein Schweizer Chef erzählte, dass die Aktivitäten seines Konsulats vor allem wirtschaftliche Aspekte hatten, aber dass man auch bei Vorträgen über saudisch-schweizerische Banken-Kooperationen unter Leute und ins Gespräch kommen konnte.

Das deutsche Konsulat in Dschidda war in dieser Hinsicht 2007, als ich ankam, noch nicht besonders gut aufgestellt. Ich war zwar als in Dschidda lebender Expat dort registriert, erhielt aber in den ersten Monaten keine Einladungen zu Veranstaltungen. Registriert zu sein bedeutet, dass das Konsulat weiß, dass man im Land lebt und arbeitet und wie man erreichbar ist. In einem Krisen- oder Katastrophenfall würde man dann Informationen erhalten oder im schlimmsten Fall sogar evakuiert werden.

Was es gab, war eine deutsche Business-Gruppe, die deutsche und saudische Geschäftsleute vernetzen sollte und regelmäßige, stammtischartige Treffen anbot – allerdings nur etwa vier Mal pro Jahr, wie man mir erklärte. Um in die Gruppe aufgenommen zu werden, sollte ich 500 Riyal Gebühr bezahlen, umgerechnet etwa 125 Euro. Das sah ich nicht wirklich ein. Die Konsulatsmitarbeiter richteten mir dann aus, dass sie, wenn es Veranstaltungen gäbe, alle registrierten Deutschen über den E-Mail-Verteiler informieren würden. Ich wäre froh gewesen, wenn 2007 wenigstens zum Nationalfeiertag eine Einladung gekommen wäre. Als ich mich beim Konsulat erkundigte, warum nichts stattfand, sagte man mir, man sei gerade personell etwas schwach besetzt, daher gebe es aktuell keine Aktivitäten oder Veranstaltungen für deutsche Staatsbürger in Dschidda. Deshalb begann ich, auf Veranstaltungen anderer Konsulate zu gehen. Es trafen sich dann immer wieder dieselben Leute auf ähnlichen Veranstaltungen, man sagte mal hallo, dann traf man die Leute noch mal und tauschte Telefonnummern aus oder sie kamen ins Restaurant. Ob Deutsche, Niederländer oder Amerikaner, die Sympathie zählte. Irgendwann kamen dann die ersten Einladungen zu Grillfeiern oder Festen in Compounds. Veranstalter sind oft Kulturreferate ausländischer Konsulate, die bei den saudischen Behörden Genehmigungen für solche Feste einholen. Wer eingeladen ist, muss auch auf einer Gästeliste stehen, die den Behörden vorgelegt wird. Für den Mann im Wachhäuschen wird eine Liste mit den Namen der Gäste, deren Reisepass- oder Iqama-Nummer, Arbeitsplatz und Autokennzeichen erstellt. Man kann also nicht einfach so hereinschneien. In Dschidda gibt es etwa alle zwei Wochen in irgendeinem Compound eine solche Konsulatsfeier, und diese Veranstaltungen ähneln sich. Es sind immer die gleichen Leute da, meistens sind diese etwas lebensälter, man hört sich die Kulturveranstaltung an und freut sich dann auf die gigantische Getränkeauswahl. Als das deutsche Konsulat personell besser aufgestellt war, bestand der kulturelle Teil der Veranstaltung etwa aus einem Klavierkonzert, dem Auftritt einer Jazz-Combo oder eines Streichquartetts. Viele der Veranstaltungen fanden in Kooperation mit dem Goethe-Institut oder der Bosch Stiftung statt, und als Highlight ist mir das Konzert von Max Herre in Erinnerung geblieben. Das waren nie Veranstaltungen, bei denen vor lauter Stimmung die Hütte abbrannte, sondern immer qualitativ hochwertige Kultur-Events, die die Deutschen aufzogen. Es gab Filmabende und ganze Filmfestivals, und das, obwohl Kino in Saudi-Arabien verboten ist. Im Rahmen von Kulturfestivals ist aber dann wieder fast alles erlaubt. Beim internationalen Kulturfestival Janadriyah in Riad durfte 2016 sogar die bayerische Frauenband

Zwiebeldirn auftreten, wenn auch mit Kopftüchern. Mir und meinen Bekannten ging es immer so, dass ich das Kulturprogramm zwar mochte, wir uns aber besonders auf das Bier im Anschluss freuten.

Bessere und ausgelassenere Stimmung herrscht bei privaten Festen. Dort gibt es dann je nach Veranstalter auch Bier, Wein, Spirituosen oder alles zusammen. Offiziell ist Alkohol verboten, wird aber nicht nur ins Land geschmuggelt, sondern auch hergestellt. Spirituosen aus Schwarzbrennereien heißen Sadiqi (»Mein Freund«), die gebräuchliche Kurzform heißt Sid. Über die Botschaften, die sogenannten *Diplomatic Accounts*, über Schmuggler oder in den Privatjets der Royals kommen Markenspirituosen, Weine und Bier containerweise ins Land, da das Diplomatengepäck nicht einmal in Saudi-Arabien richtig kontrolliert wird. Jeder Zöllner weiß, dass jede Menge Alkohol ins Land kommt und bei westlichen Festen auch gegen Geld ausgeschenkt wird, wie etwa bei Veranstaltungen in Botschaften. Privatveranstalter schenken Alkohol bei ihren Events illegal aus, aber man drückt ein Auge zu, solange nur in den Compounds gefeiert wird. Zu den besten Festen wird man erst nach einer gewissen Zeit eingeladen. Man muss den Veranstaltern vertrauenswürdig erscheinen und sich bereits bei kleineren Festen bewiesen haben. Ein schlechter Gast bringt Gastgeber und andere in Gefahr. Jemand, der Veranstaltungen durch Herumerzählen, Prahlerei oder Posts in sozialen Netzwerken bekannt macht oder darüber berichtet, ist ein schlechter Gast, auch einer, der sich schlecht benimmt, randaliert oder so viel trinkt, dass er im Anschluss offensichtlich betrunken auf der Straße herumläuft oder betrunken Probleme macht, gefährdet die Sicherheit aller anderen Gäste, weil Polizei und Sittenwächter dann nicht mehr anders können als einzugreifen. Von der Grillparty mit Cola und Saft arbeitet man sich also hoch bis zum Olymp der Ausgehmöglichkeiten.

## Ein kleines Amerika mitten in Saudi-Arabien

Die beste Bar Dschiddas betreiben die US-Amerikaner. In Dschidda liegt eine von fünf Militärbasen der USA. Dort sind genug Soldaten und zivile Mitarbeiter stationiert, dass es ein voll lizensiertes Kasino gibt. Da dürfen Amerikaner und ihre Gäste feiern. Um Zutritt zu einer Veranstaltung im Kasino zu bekommen, muss dein Name bei der Wache des amerikanischen Compounds auf der Liste stehen. Das ist wirklich schwierig, denn man muss sich mindestens eine Woche vorher anmelden, damit die Sicherheitsprüfungen ihren Lauf nehmen können. Der Gast wird vorab vom Sicherheitsdienst der amerikanischen Botschaft regelrecht durchleuchtet; alle Angaben wie Adresse, Alter und Nationalität werden überprüft. Erst, wenn alles in Ordnung ist, bekommt man die Genehmigung, an der Veranstaltung teilnehmen zu dürfen. Wenn man einen Amerikaner kennt, der selbst ein bisschen Einfluss hat, kann der einen mal einladen, und dann arbeitet man sich so weit hoch, dass man selbst auf der Liste steht und wiederum jemanden mitbringen kann.

Die US-amerikanischen Compounds sind vermutlich die besten der ganzen Stadt. Die Amerikaner, Erfinder dieser Art des Wohnens, zeigen, was da alles geboten sein kann: Es gibt Tennisplätze, Squashcourts und eine Bowlingbahn, ein Spielzimmer mit Billard und Automaten, ein voll ausgestattetes Fitnessstudio. Für Wellness stehen Sauna, Whirlpool und mehrere Swimmingpools bereit. Ein eigener Supermarkt bietet großteils amerikanische Produkte an und auf den Speisekarten der Compound-eigenen Lokale stehen Burritos, Chicken Wings, Double Cheese Burger oder New York Cheesecake. Sogar Alkohol gibt es für Soldaten und höherrangige Konsulatsangestellte zu kaufen, rationiert, aber dafür zum Sonderpreis.

Die Kasinobar ist von der Getränkeauswahl her die bestsortierte der Stadt, daher ist das Kasino auch so beliebt. Es spielt amerikanische Top-40s-Music, und es darf gesoffen und getanzt werden. Es ist fast wie im Westen, aber nur fast, das darf man nie vergessen. Auch, wenn man betrunken ist. Mein Kumpel Roland aus Deutschland schlug meine Warnungen in den Wind. Er war auf Geschäftsreise in Saudi-Arabien und ich wollte ihm in seiner ersten Woche in Dschidda natürlich zeigen, was hinter den Kulissen so alles möglich ist. Da war ich schon so gut etabliert, dass ich offiziell auf der Liste des amerikanischen Compounds stand und meine eigenen Freunde einladen konnte. Wir tranken ordentlich viel und hatten Spaß, aber Roland unterschätzte noch die Macht der lokalen Gepflogenheiten und ungeschriebenen Gesetze. Während ich einmal nicht im Raum war, begann Roland wohl, sich in leicht angetrunkenem Zustand mit den Frauen und Freundinnen der US-Marines zu unterhalten. Das ist ein absolutes No-Go. Partnerinnen, besonders Soldatenfrauen, werden sehr eifersüchtig bewacht. So kam es, dass zwei Uniformierte Roland unter den Armen packten, einer rechts, einer links, und uns ziemlich deutlich sagten: »Ihr müsst gehen. Jetzt sofort!« Gefühlt eine Minute und fünfzehn Sekunden später standen wir vor den Toren des Compounds. Immerhin hatte man uns noch unsere Ausweise und den Autoschlüssel in die Hand gedrückt. Roland war total hinüber und verstand selbst nicht, was ihm geschehen war. Was er ganz genau angestellt hatte, bekam ich nicht heraus, aber es hatte irgendetwas mit Frauen zu tun gehabt.

Auch das ist Teil des Expat-Lebens: In den isolierten Gemeinden entstehen eigene Regeln und Gesetze, die für Außenstehende so undurchsichtig sein können wie die saudischen Normen. Dass diese Regeln eingehalten werden, dafür sorgen die Gemeinden selbst, wenn nötig auch mit drakonischen Maßnahmen. Ich konnte mich wegen dieser Sache ziemlich lange nicht mehr im amerikanischen Kasino blicken lassen und war froh, kein immerwährendes Hausverbot bekommen zu haben.

Das Leben in einem Compound kann wirklich wie in einem Dorf sein, inklusive der Wirtshausschlägerei, zu der keiner die Polizei holt, weil man die Sache unter sich ausmacht. Der soziale Anpassungsdruck ist auch dort hoch, nur dass er anderen Kriterien gehorcht. Auch aus solchen Gründen wollte ich nie im Compound wohnen.

Im Grunde kann man aber nur dort andere Europäer kennenlernen, ob Sommerfest, Fußballturnier, Faschingsfeier oder Vortrag in der Mehrzweckhalle. Ich bemühte mich sehr, die Kontakte zu pflegen, auch wenn ich selbst anfangs keine Gegeneinladungen anbieten konnte. Ich meldete mich aber immerhin, wenn ich von einer Shop-Eröffnung oder einem Event in einer Mall hörte, denn da ich nicht in einer Compound-Expat-Blase wohnte, musste ich sehr aktiv auf die Leute zugehen, um Anschluss zu finden. Das Compound-Leben macht es einem auch im Sozialen leicht, denn wie in einem entlegenen Dorf bildet das Leben dorteinen gesellschaftlichen Mikrokosmos, der auch ohne Einfluss von außen oder Gäste bestens funktioniert.

## Veranstaltungen als Türen in die Expat-Gesellschaft

Leute in meinem Alter, aus dem Westen oder mit westlicher Lebensweise, lernte ich in Dschidda vor allem über die Partyszene und über die Couchsurfinggruppen kennen. Wir vernetzten unsere Interessengruppen bei Facebook und ich gründete die geheime Facebook-Veranstaltungsgruppe »What's Happening In Jeddah« (Was ist los in Dschidda) und stellte dort ein, was ich so finden konnten. Da die Gruppe geheim war, Nichtmitglieder sie also weder finden noch die darin eingestellten Posts lesen konnten, standen dort auch Events, die es offiziell nicht gab: Keller-Technopartys, Beachpartys ganz im Stil von Ibiza, Halloweensausen, privates Oktoberfest, Rockkonzerte, Weihnachtsfeiern, Ausstellungen Moderner Kunst, Filmabende in Privatkinos und ähnliches. Hierbei ging es in erster Linie darum, sich mit Freunden oder Gleichgesinnten zu treffen. Es war nicht immer Alkohol im Spiel, sondern es waren Veranstaltungen, bei denen man sich ungezwungen treffen und das erleben konnte, was ich aus Deutschland als Normalität kannte. Wie bei der Gästeliste des Compounds galt auch in der Gruppe, dass nur bestimmte Leute aufgenommen wurden – gute Gäste nämlich, von denen ich sicher war, dass sie die Informationen und Termine nicht weitergeben oder herumposaunen würden.

Gruppen speziell für Deutsche hatten wir nicht, denn es ging ja um gemeinsame Interessen, nicht um die gemeinsame Herkunft. Da ich keine Kinder habe, hatte ich auch nie etwas mit der Deutschen Internationalen Schule in Dschidda zu tun. In der Partyszene waren die Familien auch nicht aktiv, das waren naturgemäß eher die Singles und jung verheirateten Paare. Was für uns die durchtanzten Nächte waren, waren für Familien vermutlich Schulfeste und Schulausflüge: Gelegenheiten, zu denen man sich immer wieder traf und vertraute Gesichter sah, wo man ungezwungen zusammenkam und auch Leute traf, mit denen man im kleinen Kreis etwas unternahm. Nirgendwo ist das so wichtig wie in Saudi-Arabien, denn nur bei solchen Veranstaltungen sind die sozialen Mauern durchlässig, ist nicht jeder für sich, ist die dauernde Abgeschlossenheit für einige Stunden aufgehoben. Wer es nicht zu solchen Veranstaltungen schafft oder keine Verbindung zu seiner Expat-Gemeinschaft hat, ist in Saudi-Arabien unfassbar einsam. Mir ging es im ersten Jahr so, daher stürzte ich mich komplett in die Arbeit, und erst nach einem weiteren Jahr hatte ich so etwas wie ein Sozialleben. Anschluss zu finden ist wohl nirgendwo so schwer wie in Saudi-Arabien, und erst seit diesen Jahren weiß ich, was eine offene Gesellschaft im Alltag bedeutet: dass man ungezwungen mit Leuten ins Gespräch kommen kann, dass es unendlich viele Gelegenheiten dazu gibt, dass man sich in Bayern einfach bei Fremden mit an den Tisch setzen kann, dass öffentliche Veranstaltungen, allgemein zugängliche Veranstaltungen von der Politik erwünscht und gefördert sind. Ob Festival, Kneipe, Stammtisch, Sportverein oder Stadtfest – offene Angebote gibt es nur in offenen Gesellschaften, wo man den öffentlichen Raum als Begegnungs- und Entfaltungsraum definiert und nicht als verbotsbelegte Gefahrenzone, aus der man sich abkapseln muss, um sein Leben nach den eigenen Wünschen gestalten zu können. Die geschlossene Gesellschaft Saudi-Arabiens erzeugt geschlossene Expat-Gesellschaften. Die vielen Regeln und Verbote sind für das öffentliche Leben wie Chemie auf dem Acker: Nur das politisch Erwünschte bleibt übrig, alles was wild wächst und blüht verschwindet in Nischen.

Wie für alle größeren Expat-Gemeinden gibt es auch für die Kinder der deutschen Expats eine eigene Schule im dazugehörigen eigenen Compound, damit die Kinder den Anschluss nicht verlieren, bis die Familien nach zwei oder drei Jahren wieder zurück in die Heimat gehen. Es gibt einen Kindergarten, eine Grundschule und die Zweige Haupt- und Realschule sowie Gymnasium. Die Schule ist ein sozialer Kondensationskern für die deutsche Gemeinde, denn hier lernt jeder, der mit Familie neu ins Land kommt, direkt andere Familien kennen, wenn man sie nicht ohnehin schon aus dem Compound kennt. Ich war natürlich im Lauf der Zeit beim einen oder anderen deutschen Fest, suchte aber keinen engen Kontakt zu den Familien.

Deutsche Bekannte fand ich eher beiläufig oder pflegte Kontakte zu Leuten, die ich aus Deutschland schon kannte. Freunde von mir etwa arbeiteten eine Zeit lang in den Vereinigten Arabischen Emiraten. Diese sind von Dschidda nur knappe drei Stunden Flugzeit entfernt und waren daher für einen Wochenendtrip bestens geeignet. Mich konnte in Dschidda ja niemand spontan besuchen, nicht einmal meine Eltern, mein Bruder oder meine Frau, solange wir noch verheiratet waren. Die Isoliertheit trägt ein Weiteres dazu bei, dass die

Expat-Gemeinden in Saudi-Arabien eng zusammenrücken. Man hat sonst einfach niemanden.

Einmal etwa flog ich nach einem Businesstrip von Rom aus über das jordanische Amman zurück nach Dschidda. Beim Boarding war und bin ich immer gerne der Erste oder Letzte an Bord, denn das erleichtert das Hinsetzen ungemein, finde ich. Wenn Saudis mit an Bord sind, gibt es oft ein großes Chaos, weil viele einen anderen Sitzplatz wollen und viel herumgetauscht wird. Hier ging ich als Letzter an Bord und fand den letzten Platz neben einem jungen europäischen Paar. Während des Fluges stellte sich heraus, dass beide ebenfalls aus Bayern kamen und beide an der KAUST-Universität studierten. KAUST ist die Abkürzung für King Abdullah University of Science & Technology. 2009 gegründet ist die KAUST die modernste Hochschule des Landes und bietet Studiengänge in Physik, Chemie, Ingenieurswissenschaften, Informatik, Materialwissenschaften, Geowissenschaften oder Elektrotechnik an. Der Schwerpunkt liegt auf der naturwissenschaftlichen Forschung, daher können an der KAUST nur Leute studieren, die schon einen Bachelor- oder Masterabschluss haben und sich zudem erfolgreich bewerben. Je größer der Freundeskreis, desto größer der Spaß, und bei den beiden war ich mir sicher, die passten perfekt zu der Clique. Heute sind wir wieder in aller Herren Länder verstreut, aber wir haben dennoch alle feste Freundschaften geschlossen und sind Freunde geblieben. Das bringt das Expat-Leben auch mit sich: Wenn man in Saudi-Arabien einmal richtige Freunde gefunden hat, schweißt einen die gemeinsame Erfahrung so eng zusammen, dass man Freunde fürs Leben hat.

Die beiden aus dem Flugzeug sind heute zwar nicht mehr zusammen, aber beide sind meine Freunde geblieben. Sie wohnt wieder in Deutschland und er blieb im Mittleren Osten; wir sehen uns dennoch regelmäßig. So habe ich in Saudi-Arabien Freundschaften fürs Leben geschlossen. Dass auch Deutsche darunter waren, war reiner Zufall. Mein engster Freund aus dieser Zeit ist bis heute Mohammed aus dem Libanon, meine engste Freundin Sara aus Eritrea.

# Immer das Gesicht wahren

## Eine kleine Gebrauchsanleitung für Saudis

Saudis sparen nicht damit, ihre Expats mit Klischees zu belegen. Das hilft, den Alltag mit so vielen unterschiedlichen Herkunftsländern zu begreifen. Die Deutschen sind gut organisiert, Inder drängeln gerne, philippinische Frauen sind sehr reinlich, Indonesierinnen putzen gut, all diese Vorurteile werden gehegt und gepflegt und sind für manchen Witz gut. Daher habe ich keine Skrupel, hier etwas über die »typischen Saudis« zu schreiben und damit ein paar neue Klischees zu verbreiten. Der saudische Humor ist ziemlich gut und hat einen Sinn für Selbstironie (erstes Klischee!), daher denke ich, dass die Leute das aushalten.

Anders als die Einheimischen der kleinen Golfstaaten sind Saudis keine Minderheit im eigenen Land. Die strikte Einwanderungspolitik will dafür sorgen, dass das auch so bleibt. Dennoch besteht, auf das ganze Land gerechnet, ein Drittel der Bevölkerung aus Einwanderern. Eine Zeit lang war die Geburtenrate in Saudi-Arabien sehr hoch, daher gibt es besonders viele Menschen im Alter zwischen 20 und 40 Jahren. Diese saudischen Babyboomer haben ihrerseits aber deutlich weniger Kinder als ihre Elterngeneration, daher hat sich das Bevölkerungswachstum auf 1,4 Prozent verringert. Das liegt vor allem an der hohen Jugendarbeitslosigkeit. Ein Drittel der Menschen unter 24 ist in Saudi-Arabien derzeit arbeitslos und muss um die Existenz kämpfen. Frühe Elternschaft und Kinderreichtum gilt vielen jungen Familien nicht mehr als Segen, sondern als Belastung und Risiko. Moderne Familien investieren inzwischen lieber in die Ausbildung der Kinder (ja, auch der Mädchen) als in das Projekt Großfamilie mit viel Nachwuchs. Der Trend geht eindeutig zu Familien mit zwei oder drei Kindern, gerade in der Lifestyle-Metropole Dschidda. Trotzdem ist es immer noch nicht ungewöhnlich, junge Leute zu treffen, die schon fünf oder mehr Kinder haben. Die Lebenserwartung ist geringer als in Mitteleuropa, die Säuglings- und Kindersterblichkeit höher, beides aber nicht in dramatischem Ausmaß.

Der Durchschnittssaudi ist um die 30, ist Muslim, lebt in der Stadt, hat einen höheren Schulabschluss, ist verheiratet und hat zwei Kinder, er geht im Öffentlichen Dienst arbeiten, sein jüngerer Bruder arbeitet nicht, und seine Frau bleibt zu Hause, obwohl auch sie einen höheren Schulabschluss gemacht hat. Das ist der Saudi, der sich aus der Statistik herausschält, der Jedermann, und das kommt ganz gut hin, wenn man sich in der Stadt umschaut.

## Weißes Hemd oder schwarze Abaya: die saudische Uniform

Saudis erkennt man schon von Weitem – zu Hause wie auch in den anderen arabischen Ländern. Das liegt am Kleidungsstil, der einer Uniform gleichkommt. Für die Herren ein langes weißes Hemd und auf dem Kopf das Schamach, das rotweiße Tuch, fixiert mit zwei schwarzen Ringen, dem Agal. Die leichteren weißen Tücher, wie sie in den anderen Golfstaaten beliebt sind, sieht man in Saudi-Arabien auch, besonders im Sommer, das rotweiße Tuch ist jedoch der Standard. Manchmal hängen die Seiten des Schamachs herab wie die langen Haare einer Frau, manchmal türmt sich das Tuch wie ein Gebirge auf dem Kopf, oder es wird halb eingeschlagen und ein Zipfel über die Schulter gelegt. Man kann es auch über dem Ring sehr schmal falten und über den Nacken auf den Rücken fallen lassen, das sieht dann aus wie eine Pferdemähne. Die saudischen Männer sind sehr kreativ, was die Faltungen und Trageweisen ihres Tuchs betrifft. Ein ganz spezieller Style, der eine Zeit lang modern war, war die Kobra. Das Schamach wurde dafür extrem gestärkt und so gefaltet, dass über der Stirn ein tiefer Knick saß und die Seiten des Tuchs breit auf die Schultern fielen – das sah aus wie eine aufgestellte Kobra. Über Kobra-Träger machte man gern den einen oder anderen Spaß, wie früher in Deutschland über die Vokuhilas. Die Kobra war immer für einen Lacher gut.

Fährt man in die Wüste oder will man einen sportlichen Eindruck machen, bindet man das Tuch zu einem Turban. So, wie die Krawattenknoten mit der Mode kommen und gehen, so wandelt sich auch die Art, das Tuch auf dem Kopf zu tragen. Dass das Schamach rot und nicht wie bei den Palästinensern schwarz ist, dazu habe ich eine Sage gehört: Es soll an die vielen Kriege der Stämme untereinander erinnern und ein Symbol der Tapferkeit und des Sieges sein, da es symbolisiert, mit dem Blut der Feinde befleckt zu sein. Die Mode schert sich wenig um die Traditionen, daher gibt es das Schamach inzwischen auch in Beige mit grünem Muster und anderen Farbkombinationen wie Pink und Babyblau für saudische Hipster. Das Tuch auf dem Kopf ist für Herren wie eine Hochsteckfrisur. Je kunstvoller und akkurater es drapiert ist, desto aufrechter und gemessener muss man einherschreiten, um die Pracht nicht zu zerstören. Das kann so weit gehen, dass manche Saudis sich während der Arbeit, etwa im Büro, nur in Zeitlupe bewegen, um die Pracht nicht zu zerstören, und alle paar Minuten alles zurechtzupfen.

Das Tuch ist nicht nur Show, es hat auch einen praktischen Zweck: Es schützt vor der Sonne. In Saudi-Arabien ohne Kopfbedeckung aus dem Haus zu gehen ist möglich, aber nicht besonders schlau, wenn man sich länger als eine halbe Stunde draußen aufhält. Als Europäer trägt man meistens eine Kappe. Auf dem Cover dieses Buches ist zu sehen, wie mir jemand einen Turban bindet: Das geschah bei einem Bummel durch Dschiddas Altstadt Balad. Hier lassen die Händler ein wenig Orientstimmung aufkommen und bieten ihre Ware recht lebhaft an. Ab und zu geht man da hin, meist mit Freunden, bummelt ein wenig, und kauft dann auch mal eine Kleinigkeit. Die Verkäufer versuchen einen ja ständig davon zu überzeugen, dass man dies oder das dringend braucht und dass einem so ein Schamach absolut gut steht. In dem Fall band mir der Verkäufer verschiedene Tragevarianten und das Verkaufsgespräch wurde zur Modenschau. Aber er hatte recht – dieses Schamach habe ich heute noch.

Anstatt mit Kappe mal mit so einem Turban rauszugehen, ist für Westler akzeptiert. Im Alltag oder Büro Thoub zu tragen dagegen nicht. Das macht man einfach nicht. Ich kannte nur einen einzigen Europäer, den man gelegentlich in Thoub antraf, und das war einer, der schon sehr lange in Dschidda lebte und in der einheimischen Gesellschaft Wurzeln geschlagen hatte.

Im Geschäftsleben ist das weiße Hemd aus extrem feinem Tuch, sehr gut gebleicht, tiptop gebügelt und gestärkt. Es heißt nicht Hemd, sondern Thoub, in manchen Regionen auch Kandoura. Das Erscheinungsbild ist saudischen Männern ausgesprochen wichtig, die Thoub muss immer sauber und gebügelt sein. Ist sie es nicht, gilt man als Beduine und Dorftrottel oder schlimmer noch als halbseiden und nicht vertrauenswürdig. Maximal ein kleiner Fettfleck wird toleriert, etwa, wenn beim Essen ein Reiskorn auf den Stoff gefallen ist. Snacks für unterwegs oder Sandwiches werden immer so verpackt, dass nichts tropft. Und falls doch einmal ein Missgeschick passieren sollte, liegt immer ein Ersatzgewand im Auto, auch ein Ersatztuch für den Kopf.

Obwohl die Thoub eine Einheitstracht ist, kann man damit doch sehr individuell seinen Geschmack und seinen Stil ausdrücken. Früher erkannten Golfstaatenbewohner schon von Weitem an ihrer Tracht, wer aus welchem Land oder welcher Region kam, heute mildern sich dank der Mode diese regionalen Unterschiede ab. Mancher findet es schick, eine parfümierte Quaste am Kragen baumeln zu lassen, was ursprünglich aus dem Oman kommt. Ein anderer findet Gefallen an dem Kragen, der nur einen Knopf hat und der lange typisch kuwaitisch war.

Die Thoub ist wegen des heißen Klimas sehr angenehm zu tragen und daher auch sehr praktisch. Zum modernen Arbeiten ist sie aber eher unpraktisch. Man kann nicht gut sitzen, denn wegen des glatten Stoffs rutscht man im Stuhl hin und her. Ebenso wenig kann man schnell die Treppe hinauf- oder hinunterspurten, geschweige denn große Schritte machen oder hinter etwas herrennen. Mir schien, dass der Kleidungsstil Einfluss auf die Produktivität hat und das Einschränkende dazu führt, es normal zu finden, im Schneckentempo zu arbeiten – Hauptsache, das Tuch sitzt.

Für das europäische Auge sehen zunächst alle Thoubs wie Nachthemden aus, aber dann erkennt man doch viele Details. Manschettenknöpfe oder nicht? Hemdtasche voller Stifte und Kram oder seitliche Einstecktasche für Handy und Gebetskette? Es gibt erstaunlich viele Varianten und Schnitte. Ein kurzer Saum, der die Knöchel freilässt, bedeutet, dass der Träger besonders religiös ist. Denn ein Gebot besagt, dass der Saum nicht schmutzig werden darf. Andererseits gilt es als unfein, Bein zu zeigen, daher ist die Länge der Thoub immer auch eine Gratwanderung. Saudische Fashion Victims tragen Thoubs auch in anderen Farben als weiß, etwa anthrazit, dunkelblau oder cremefarben, und probieren enge oder taillierte Schnitte, experimentieren mit neuen Materialien oder Stickereien. Es gibt Thoubdesigner, die Thoubs mit Reißverschlüssen, Stehkragen, bunten Stoff-Ecken, Nieten oder sportlichen Akzenten wie drei Streifen an den Ärmeln oder Leder-Applikationen aufpeppen. Früher war die Sandale das übliche Schuhwerk, heute ist sogar diese etwas aus der Mode gekommen, zumindest in Dschidda. Sitzt man mit jüngeren, modebewussten Saudis zusammen, machen die sich manchmal über Sandalenträger oder »Opa-Sandalen« lustig. Opa-Sandalen sind weiß, haben zwei sehr breite Riemen, eine goldene Schnalle auf dem Fußrücken und eine dicke weiße Sohle mit Keilabsatz. Wer die trägt, ist über 70, kommt vom Land oder ist ein Volltrottel. Junge Männer tragen in der Freizeit breite, flache Sandalen, die sind bequem und sehen gut aus, finden sie. Sandalen dürfen nicht zu billig wirken und nicht ausgelatscht sein, aus Leder sollen sie sein, und keine Flipflops, die sind allzu freizeitmäßig. Gesunde Fußbettsandalen sind auch eher etwas für ältere Herren. Dass man in anderen Ländern in Sandalen oder Flipflops nicht Auto fahren darf, finden Saudis lächerlich. Jeder fährt schon immer mit Sandalen Auto. So.

Während zum Business-Look Halbschuhe gehören, haben saudische Jungs inzwischen auch Sneakers für sich entdeckt. Die bunten und hochpreisigen Edelsneakers sind zur weißen Thoub gut sichtbar, und dazu trägt man dann kein Tuch auf dem Kopf, sondern gerne eine Truckerkappe. Opa-Sandalen und Basecap zur Thoub aus Jeansstoff wären eine Hipster-Kombination, aber Hipster gibt es ebenso wenig wie Punks oder Hippies. Diese modischen Subkulturen gibt es nicht, da der Uniformitätsdruck extrem hoch ist, da reicht schon ein Ed Hardy-Käppi zum weißen Hemd, um aufzufallen. Die Signale sind subtil, aber für das geschulte Auge eindeutig.

Alle Thoubs werden maßgeschneidert und auf Bestellung in kleinen Läden hergestellt. Man sucht sich dort ein Modell und einen Stoff aus, dann nimmt der Schneider Maß und näht das bestellte Kleidungsstück. Jeder saudische Mann hat eine ganze Menge Thoubs im Schrank, für jede Gelegenheit und für jeden Tag der Woche zwei. Jeden Abend kommt die Thoub in die Wäsche, meist in eine Wäscherei, von der es an jeder Ecke eine gibt, die für kleines Geld die Thoubs wäscht, bügelt und stärkt. In den Kleiderschrank gehören inzwischen aber ebenso Anzug, Jeans und T-Shirts. Letztere werden gern eng sitzend getragen, aber eher in den Wintermonaten. Im Sommer ist die luftige Thoub viel bequemer zu tragen als alles andere, außerdem kaschiert sie einen Bauch und macht aus einem Spargeltarzan einen stattlichen Kerl. Die Schneider haben da ihre Tricks.

Bleibt die Frage: Was tragen die saudischen Männer drunter? Es sind dünne weiße Hosen, im Winter lang wie Schlafanzughosen, im Sommer knielang. Es ergibt sich die logische Anschlussfrage, wie saudische Männer auf die Toilette gehen. Im Stehen gepinkelt wird nicht, das geht mit der Kleidung schon gar nicht. Daher gibt es auf den Herrentoiletten keine Pissoirs, außer vielleicht im einen oder anderen Hotel. Zur Freude der Frauen und Putzleute setzen saudische Männer sich hin.

Und gleich noch mehr intime Details: Obenrum trägt man als Unterhemd ein weißes T-Shirt oder das, was auch wir als Männerunterhemd kennen. Ohne Unterhemd zu gehen gilt als unfein und kann auch unfein aussehen, denn viele der saudischen Männer sind am Körper stark behaart. Eigentlich sollte man, so eines der religiösen Gebote, das Körperhaar entfernen, daran hält sich aber fast niemand. An Hand- und Fußrücken sowie unter den Achseln und im Schambereich werden die Haare jedoch meist entfernt oder zumindest kurz rasiert. Ohrhaare sind das Schlimmste, was man haben kann, die brennt der Barbier ab. Der trimmt auch Augenbrauen und Bärte. Gepflegt zu sein ist saudischen Männern sehr wichtig, Naturburschen gibt es kaum – außer vielleicht bei den Beduinen. Fingernägel, Fußnägel, Bart, Zähne, alles muss gut in Form sein, wenn man nicht halbseiden erscheinen will. Manikürte Nägel, vielleicht noch mit Öl auf Hochglanz gebracht, sind Standard, keine Extravaganz.

Kurze Hosen oder kurze Ärmel sind, außer in der Freizeit, verpönt. Sich enthüllt zu zeigen ist auch für Männer ein Tabu. Hijab, das religiöse Gebot der Bedeckung, gilt auch für Männer. Kein saudischer Mann würde mit Shorts oder auch nur knielangen Hosen in die Stadt gehen, das gilt als unanständig. Mit Grauen schaut man auf das Nachbarland Kuwait, wo sich ein entspannterer Dresscode durchgesetzt hat und regelmäßig Männer mit Surferhosen gesichtet werden, ohne dass die öffentliche Ordnung zusammenbricht. Ein unbekleidetes Männerbein kann Frauen in Wallung bringen und sie zu unüberlegten Handlungen verführen. Das ist keine Satire, sondern das glauben strenge Religionswächter tatsächlich. Gut aussehende Männer bringen mit ihren maskulinen Reizen Frauen um den Verstand, davon sind die Sittenwächter überzeugt. Berühmt wurde der Fall Omar Borkan Al Gala: Der gut aussehende Gelegenheitsschauspieler und Male-Model aus den Vereinigten Arabischen Emiraten arbeitete bei einer Kulturmesse in Riad am Stand seines Landes. Die Emirate hatten ihn und weitere attraktive junge Männer als »Messekavaliere« nach Riad geschickt. Am Stand der Emirate repräsentierten sie ihr Land und dessen Kultur. Zu viel des Guten für die Religionspolizei, denn attraktive Emiratis könnten saudische Frauen allein durch einen Schlafzimmerblick vom Pfad der Tugend abbringen. Die Religionspolizei entfernte Al Gala und später drei weitere emiratische Männer vom Stand und der Messe und verwies sie des Landes. Dabei hatten die Emiratis noch nicht einmal kurze Hosen getragen.

## Dresscode für alle

Auch für Ausländer gilt ein Dresscode, besonders für Frauen. Ein weites Übergewand ist Pflicht, es muss aber weder bodenlang noch schwarz sein. Um nicht aufzufallen, wählen aber die meisten Frauen dennoch die schwarze Abaya. Bei Frauen wird akzeptiert und sogar ein Stück weit erwartet, sich wie saudische Frauen zu kleiden. Für Herren gilt das Gegenteil: bloß nicht anpassen! Üblich sind lange Ärmel und lange Hosen, es sei denn, man ist im Garten oder am Strand. Ich ging auch bei 50 Grad Hitze jeden Tag im Anzug zur Arbeit, das ist das übliche und erwartete Business-Outfit. Wer keine Führungskraft ist, kann das Sakko auch weglassen. Thoub zu tragen wäre angenehm gewesen, das ist aber für nicht arabische Expats ein totales No-Go. Saudis finden Europäer in Thoubs komplett unmöglich und nicht ernst zu nehmen, sogar beleidigend und unzulässig anbiedernd. Arabische Kleidung sollte ausschließlich von Arabern getragen werden. Kein Saudi käme auf die Idee, traditionelle Kleidung einer anderen Kultur anzuziehen und damit auf die Straße zu geben, Jeans und Anzughosen mal ausgenommen. An der Kleidung erkennt man sich schließlich gegenseitig, kein Saudi möchte für einen Pakistaner, Omani oder Inder gehalten werden, und so erwarten Saudis auch im Gegenzug, dass niemand kleidungsmäßig auf Saudi macht. Sich mal bei einem Ausflug einen Turban binden zu lassen, ist okay, und Sandalen sind auch okay. Danach beginnt die rote Linie.

Mit Kaspern, die sie überschreiten, will man nichts zu tun haben. Weil sehr auf Äußeres geachtet wird, lästern Saudis gern über die Outfits von anderen. Besonders über Socken in Sandalen, die bei Deutschen so beliebt sind. Für Saudis ist das einer der Gipfel der Albernheit, noch schlimmer als Opa-Sandalen. Nicht mal ein saudischer Opa oder ein Beduine trägt Socken in Sandalen.

In der Öffentlichkeit ist Mäßigung angesagt, für Männer, aber insbesondere für Frauen. Womit wir einmal mehr bei dem Thema wären, das die Menschen in Deutschland und Europa am meisten bewegt und interessiert, nämlich der Verschleierung. Saudi-Arabien ist mit Iran und Afghanistan einer von nur drei Staaten weltweit, in dem die Verschleierung für alle Frauen Pflicht ist, unabhängig von deren Herkunft und Religion. Laut Gesetz muss jede Frau eine Abaya tragen, einen Körperschleier, der ihre Formen verhüllt. Schwarz hat sich als Farbe für die Abaya durchgesetzt. Abayas sind weit geschnittene Übermäntel aus dünnem, blickdichtem Stoff, da bietet Schwarz den besten Sichtschutz. Vorgeschrieben ist Schwarz nicht, der Uniformitätsdruck bewirkt aber, dass Frauen durchweg Schwarz tragen. Während in den kleinen Golfstaaten Abaya-Designerinnen die Umhänge mit Glitzersteinen oder Nieten versehen, spannende Schnitte, neue Formen und Wickelmethoden erdenken, bleiben die Abayas in Saudi-Arabien eher wie schwarze Zelte. Mal sind Fledermausärmel moderner als enge Ärmel und umgekehrt, mal knöpft man sie bis zum Knie auf und mal traut man sich an engere Schnitte, die Variationsbreite ist jedoch deutlich geringer als bei den Männerhemden. Abayas sollen verhüllen, nicht modisch sein, sie sollen die Frau verstecken und nicht auf sie aufmerksam machen. Das Kopftuch ist, Überraschung, nicht gesetzlich vorgeschrieben, anders als im Iran oder Afghanistan. Die Religionspolizei besteht aber darauf, das von ihr aufgestellte Kopftuchgebot durchzusetzen. Wie die Abaya sind die meisten Kopftücher schwarz. Modebewusste Frauen wählen aber durchaus Modelle in Beige, Rot oder mit Blumenmustern, experimentieren mit Bindungen oder lassen an der Stirn eine Haarsträhne frei, die sie sorgfältig toupieren und feststecken. Anders als die Thoub der Männer verrät die schwarze Einheitskleidung der Frauen wenig über Status, Alter und Modebewusstsein der Trägerinnen. Es kann einen Ganzkörperschleier mit Handschuhen, Strümpfen und einem Tuch über den Augen tragen und trotzdem promovierte Biologin sein oder ein Unternehmen führen. Der Verschleierungsgrad hat, anders als der Westen es vermutet, nichts mit dem Freiheitsgrad der Frau zu tun, sondern mit der Familie, aus der sie kommt oder in die sie geheiratet hat, und mit ihrer eigenen Entscheidung. Nicht jede vollverschleierte Frau wird dazu gezwungen, die schwarzen Handschuhe anzuziehen, da darf man den Klischees nicht aufsitzen. Saudische Frauen haben durchaus das Recht, selbst zu entscheiden, wie sie sich kleiden. Gebildete Frauen, die sich für die Vollverschleierung entscheiden, sagen, dass sie dann nicht wegen ihres Aussehens wahrgenommen werden, sondern wegen dem, was sie sagen und leisten. Frauen, die gegen ihren Willen in die Vollverschleierung gezwungen werden, haben allerdings keine Stimme, das ist auch in Saudi-Arabien das Problem, wenn man über Verschleierungen spricht und diskutiert. Was ich aber gelernt habe, ist, dass eine verschleierte Frau kein Niemand ist. Auch wenn man die Frau nicht sieht, kann man mit ihr sprechen wie mit jedem Menschen. Oft kamen vollverschleierte Frauen mit ihren Familien zu uns ins Restaurant zum Essen, und ich fragte diese Frauen genau wie alle anderen, ob für sie alles in Ordnung ist oder ob sie noch einen Wunsch haben. Die Frauenkörper sind den Blicken entzogen, die Frauen sind aber sehr wohl im Alltag, auf der Straße, im Leben präsent und können sich artikulieren und, so albern das klingt, im Alltag ihren Mann stehen. Dass saudische Frauen wie Schatten zwei Schritte hinter ihren Männern herlaufen und die Männer alles für sie erledigen, stimmt nicht.

## Gucken nicht erlaubt: die staatlich verordnete Geschlechtertrennung

Männer in Weiß, Frauen in Schwarz, das ist die saudische Uniform. Sie symbolisiert mit ihrer Gegensätzlichkeit ein Grundprinzip der saudischen Gesellschaft: die Geschlechtertrennung. Sie zieht sich wie ein Vorhang durch alle Lebensbereiche, zumindest offiziell. Nirgendwo auf der Welt ist sie so ausgeprägt und auch so zementiert wie in Saudi-Arabien. Die Lebenswelten von Männern und Frauen sollen sich im Idealfall nur im Schlafzimmer überlappen, so der Traum der Fundamentalisten, die Saudi-Arabien diesen Lebensstil eingebrockt haben. Sogar in Privathaushalten herrscht Geschlechtertrennung. Saudis leben zumeist nicht in Wohnblocks wie die Expats, sondern in eigenen Häusern oder sehr großzügigen Apartments. Mittelklasse-Saudis haben manchmal kleine Einfamilienhäuser, manchmal weitläufige Wohnungen in der Stadt.

Saudis aus der Oberschicht leben in einem Haus, das man »Villa« nennt, obwohl es vielleicht nur ein Einfamilien-Fertighaus in einer Siedlung voller identischer Häuser ist. Ein frei stehendes Haus heißt auf der Arabischen Halbinsel grundsätzlich »Villa«, egal, wie klein die Hütte letztlich ist. So eine Villa hat üblicherweise zwei Eingänge – einen für Männer, einen für Frauen. Diese führen dann in unterschiedliche Empfangsbereiche, in denen sich Besucher ebenso wie Familienmitglieder aufhalten. In den eigentlichen Wohnbereich der Familie werden Besucher nicht vorgelassen, denn dort befinden sich Schlafräume, gemeinsame Aufenthaltsräume, Badezimmer. Wenn Besuch kommt, wird dieser also schon am Eingang sortiert. Genauso wichtig ist es, beim Betreten des Hauses die Schuhe auszuziehen, dafür gibt es im Eingangsbereich eine Art Schuhfang. Daheim geht man barfuß oder auf Socken, alles andere finden Saudis barbarisch. Hausschlappen gelten als überkandidelt.

Für Frauen hat das den Vorteil, dass sie sich in ihrem Bereich unverschleiert bewegen können und nicht fürchten müssen, fremden Männern zu begegnen, die sie nicht ohne Verhüllung sehen dürfen. Als fremd gelten bereits der Cousin, der Onkel oder der Schwiegervater. Nur Eltern, Geschwister, Kinder und der Ehemann dürfen eine Frau unverschleiert sehen, so will es das Gesetz.

Was Frauen in ihrem Frauenempfangszimmer tun, weiß ich nicht, denn für mich war es auch verboten. Was im Männerzimmer passiert, ist ziemlich unspektakulär: Da sitzt man beisammen, unterhält sich, reißt Witze, guckt Fußball, guckt aufs Handy, isst eine Kleinigkeit, trinkt Tee oder Kaffee. Man darf sich so ein Wohnzimmer nicht wie eine deutsche Stube mit Polstergarnitur und Couchtisch vorstellen. Saudische Wohnräume sind immer luftig gestaltet. Die Möbel werden an die Wände gerückt, in der Mitte des Raumes ist ein Teppich. Mancher steht auf westliche Möbel mit Füßen und Schnörkeln, andere lassen sich im Raum eine Art umlaufende Eckbank an die Wand montieren, traditionell aber fläzt man auf dünnen, bequemen Matratzen oder sehr niedrigen Sofas in Bodennähe, mit der Wand als Lehne. Kissen und Polsterrollen machen die Sache gemütlich, fast jeder Gast hat ein kleines Beistelltischchen. Bei den Frauen, habe ich mir sagen lassen, sieht es ähnlich oder identisch aus.

Ob die Lebensbereiche zu Hause dann auch wirklich getrennt sind, wissen nur die Hausherren selbst. Der geschützte private Raum schützt auch vor den Augen der Religionspolizei, die hohen Betonmauern um die Anwesen vor neugierigen Blicken. Ist die Tür einmal zu, kann man zu Hause machen, was man mag. Also auch eine Cocktailparty mit nackten Mädchen am Swimmingpool, solange die Nachbarn nichts davon mitbekommen oder selbst mitfeiern dürfen. Einen Partykeller in dem Stil, wie er früher auch in Deutschland modern war, zu haben, ist in modernen saudischen Familien nahezu Standard. Dazu kommt ein Heimkino mit mindestens einem Riesenfernseher, manchmal sogar mit richtiger Leinwand und Kinosesseln. Was in der Öffentlichkeit verboten ist, holt man eben zu Hause nach, da spielt die Geschlechtertrennung dann auch keine Rolle, es sein denn, der Patriarch will das so. In wie vielen Haushalten wirklich getrennt gelebt wird, kann kein Mensch sagen, so gut ist der Schutz der Privatsphäre. Einmal mehr schafft die Verschlossenheit und Striktheit des Landes seinen Bürgern ungeahnte Freiräume.

An der Haustür enden diese. Frauen dürfen wegen der Geschlechtertrennung nicht selbst Auto fahren, ein Reizthema im Westen. Es liegt nicht am Schleier oder weil man Frauen das nicht zutraut, sondern daran, dass Frauen mit dem Auto eine Panne haben könnten. Und dann könnte es passieren, dass sie mit fremden Männern in Kontakt kommen. Das wollen die Sittenwächter nicht, daher will man dieses Risiko gar nicht erst eingehen. Erlaubt ist dann aber, wenn Frauen in einem Taxi unterwegs sind oder sich von einem Fahrer chauffieren lassen – dass der auch ein wildfremder Mann ist, darüber sieht man dann hinweg, vermutlich, weil diese Fahrer nicht als Männer, sondern als Dienstboten wahrgenommen werden und unter dem Radar fliegen. In der Praxis ist es so, dass alle Frauen bei allen Männern mitfahren, wenn sie das möchten. Keine Religionspolizei wird ein Auto anhalten und fragen, ob die verschleierte Frau auf dem Beifahrersitz die eigene Frau oder eine offiziell Schutzbefohlene ist. Das echte Leben ist längst an den alten Regeln vorbeigezogen.

In der Mall und in Einkaufsstraßen bewegen sich Frauen und Männer gemeinsam auf öffentlichem Grund. Nicht jedem Fundamentalisten gefällt das. In der Mall des Kingdom Centre im konservativen Riad (das Einkaufszentrum unter dem berühmten Hochhaus) gibt es daher ein Stockwerk nur für Frauen, genannt *Ladies Kingdom*. Dort befinden sich ausschließlich Geschäfte für Damenmode und, das ist die eigentliche Besonderheit, dort arbeiten und bedienen nur Frauen. Es war ein Aufstand der saudischen Frauen, der das ermöglicht hat, denn lange Zeit durften Frauen nicht im Verkauf arbeiten. Es hätte ja passieren können, dass männliche Kunden in den Laden kommen und sie dann fremde Männer bedienen hätten müssen. Das Argument drehten saudische Frauen den Fundis im Mund um und forderten, dass in Geschäften für Damenunterwäsche dann bitteschön auch keine Männer fremde Kundinnen bedienen dürfen. 2014 war es dann soweit. Weil Saudi-Arabien politisch keine halben Sachen macht, gab es einen Erlass, dass jeder Laden, der Damenunterwäsche anbietet, künftig mindestens eine weibliche Verkäuferin einstellen muss. Nächstes Problem: Wegen der Geschlechtertrennung dürfen weibliche und männliche Angestellte nicht in denselben Räumen arbeiten. Büros müssen getrennt sein, Aufenthaltsräume, Arbeitsbereiche. Theoretisch. Denn praktisch ist das nicht durchzuhalten. Die Damenabteilungen in den Malls sind aber eine praktische Lösung, nicht nur für die Kundinnen, sondern auch für die arbeitenden Frauen und vor allem für die Betreiber der Geschäfte, die sich damit Aufwand ersparen.

An solchen Dingen merkt man, wie sehr sich die Geschlechtertrennung schon überlebt hat. In kleineren Malls ohne Frauenabteilung stehen dann eben Männer in der Kosmetikabteilung und beraten beim Lidschattenkauf. Offiziell brauchen Frauen, um bei einem Mann einzukaufen, einen Beschützer, also einen Ehemann, Sohn, Vater oder Bruder, damit sie nicht in Versuchung geraten oder den Verkäufer in Versuchung führen und damit die öffentliche Ordnung gefährden.

In der Gastronomie zeigt sich die Geschlechtertrennung besonders deutlich. Restaurants haben eine Familiensektion und eine Männersektion, beide sind voneinander räumlich und vor allem sichtmäßig abgeteilt. Die Familiensektion *(Family Section)* ist Frauen, Ehepaaren und Familien vorbehalten, manche Lokale, vor allem Cafés, haben auch reine Frauenbereiche. Die *Bachelor Section* ist für Männer reserviert. Viele Lokale haben sogar eigene Eingänge für die jeweiligen Bereiche. An den Türen steht dann *Singles* oder *Bachelors*, *Family* und *Women*. In großen Fast-Food-Filialen können Frauen sich an eigenen Frauentheken anstellen, um nicht mit Männern in derselben Schlange zu warten. Die Geschlechtertrennung zieht sich in Saudi-Arabien tatsächlich bis zur McDonald's-Kasse. Verschleiert bleiben die Frauen in der *Family Section* dennoch weiterhin, denn es sind ja fremde Männer anwesend, selbst dann, wenn der Tisch nochmals mit Sichtschutzwänden abgetrennt wird. Der Niqab, der Gesichtsschleier, macht Essen und Trinken für die Frauen nicht gerade leichter, aber die Frauen waren erstaunlich geschickt darin, etwa ein Getränk mit

Strohhalm oder eine Gabel mit kleinem Bissen hinter den Schleier zu führen, ohne dass ihr Mund sichtbar wurde. Das konnte ich täglich in unserem Restaurant beobachten.

2014 machte eine europäische Zeitungsmeldung die Runde, laut der einige Restaurants in Saudi-Arabien Frauen den Zutritt verwehrten, wenn sie nicht von einem Mann begleitet wurden. Schilder wie »Keine Frauen« sollten sie darauf hinweisen, meldete etwa die britische *Daily Mail*, und zitierte als Begründung der Restaurantbesitzer, dass unbegleitete Frauen durch ihr »geistig instabiles« Verhalten öffentliche Ordnung und Moral gefährdeten, denn solche instabilen Frauen rauchten, flirteten oder telefonierten in aller Öffentlichkeit. Mir persönlich sind solche Schilder nie aufgefallen, aber ich kann mir gut vorstellen, dass manche Wirte so dachten und denken.

Als ich neu in Dschidda war, hatte ich richtig Angst, etwas Falsches zu tun, eine Frau zu lange anzusehen, eine Frau zu begrüßen oder überhaupt in ihre Nähe zu kommen. Nicht, dass mir deren Ehemann direkt eine Tracht Prügel versetzt. Ich dachte tatsächlich, dass ich schon Ärger bekommen könnte, wenn ich eine Frau überhaupt nur ansah, obwohl ich aus meiner Dubaier Zeit durchaus gewohnt bin, verschleierte Frauen zu sehen und mit ihnen ins Gespräch zu kommen. Aber in Saudi-Arabien ist alles viel strenger, dachte ich, und da hat die Toleranz ganz, ganz schnell ihr Ende.

In einer Filiale der US-amerikanischen Fast-Food-Kette Hardee's passierte mir dann ziemlich bald ein Missgeschick. Ich rannte in mein Unglück, ich brach die Regeln, ich riskierte unfreiwillig Kopf und Kragen. Ich betrat das Lokal aus Versehen durch die Familientür und fand mich in der Familiensektion wieder, was mir zunächst gar nicht auffiel. Ich bestellte am Tresen etwas zu essen, merkte aber an den Blicken und am Zögern des Kassierers, dass irgendetwas nicht stimmte. Ich wandte mich um, und sah links hinter mir schwarz verschleierte Frauen sitzen und Pommes frites essen. Schock. Ich drehte mich ganz um, sah die Tür, sah noch mal die Frauen an, sah wieder zum Kassierer und posaunte direkt heraus: »Okay, ich habe einen Fehler gemacht!« Ich hatte richtig Angst und sah mich schon auf der Polizeiwache sitzen, aber der Kassierer sagte einfach ganz ruhig: »Bitte hier entlang!«, und leitete mich durch eine Seitentür neben dem Tresen in die Männersektion. Ich entschuldigte mich wortreich und sah, wie die Frauen mich beobachteten, aber eher beiläufig und amüsiert. Die Tür schloss sich hinter mir, mein Herz klopfte und mein Appetit war weg. Aber da stand ich nun, neben der Tür saßen Männer in weißen Hemden und aßen Chickenwings, und es war, als wäre nichts gewesen. Es war kein Blitz eingeschlagen, die Frauen hatten nicht aufgeschrien, es gab keinen Anschiss oder Hausverbot vom Restaurantleiter, der Kellner hatte mich nicht wie einen Idioten behandelt, und niemanden hatte dieser Vorfall wirklich interessiert. Ich hatte die Regeln gebrochen, aber es gab deswegen keine Konsequenzen. Der Regelbruch schien irgendwie normal zu sein, daher auch die Verbindungstür.

Ich bestellte dann doch noch etwas zu essen und fühlte mich befreit. Sogar in diesem strengen Land konnte man sich einen Ausrutscher leisten, ohne dass die Welt unterging. Es gab die Regeln und Vorsichtsmaßnahmen, es hätte schlimm enden können, aber als Ausländer hatte ich auch einen gewissen Bonus. Die Leute beobachteten mich zwar mehr, verziehen mir, dem Exoten, aber auch den Fehltritt.

In Dschidda geht es ohnehin lockerer zu. Manche Männer aus Riad oder vom Land meinen, das ausnutzen zu können, und setzen sich absichtlich in die Familiensektion, ohne dass sie Familie dabeihaben. Bei uns im Lokal kam das immer wieder vor. Die kamen an, hockten sich hin, redeten meist auch ziemlich laut und feixten. Wenn man sie dann bat, die Familiensektion zu verlassen und in der Männersektion Platz zu nehmen, sahen das nicht alle sofort ein. Immer wieder mussten die Serviceleute mich als Chef holen, um die abenteuerlustigen Ausflügler in die Schranken zu weisen. »Wieso, in Dschidda ist das doch erlaubt!«, tönte mir da mal einer entgegen, der dachte, ich als blonder Europäer würde mich vielleicht nicht auskennen. Und manch einer denkt wohl wirklich, dass in Dschidda die Sitten so locker sind, dass man in der Familiensektion sitzen und nach Frauen gucken darf. Das sind dieselben Typen, die in der Dubaier Metro absichtlich in den gut gekennzeichneten Frauenwaggon einsteigen, sich gegenseitig zuzwinkern und sich für ganz verwegene Kerle halten.

Das andere Extrem gab es bei uns im Lokal aber auch: Abtrennungen innerhalb der Familiensektion. Die Frage: »Do you have partitions?«, »Haben Sie Raumteiler?«, ertönt wohl nur an saudischen Restauranttüren. Denn sogar im Familienbereich eines Lokals wollen Familien für sich sein. In einfacheren Lokalen findet man daher oft Boxen, in denen dann die Tische stehen, was wirkt wie in altmodischen amerikanischen Wirtshäusern, aber den Gästen Sichtschutz und

Abgeschiedenheit bietet. Wir jedoch hatten in allen Bereichen unseres Lokals ein offenes Raumkonzept mit sehr viel Platz zwischen den Tischen. Da manchmal nur ein Paar kam und manchmal eine Großfamilie, mussten wir wie andere saudische Gastronomen auch flexibel sein und die Tische für größere Gesellschaften entsprechend zusammenrücken. Was uns aber von anderen Gastronomen unterschied, war, dass wir dann keine Raumteiler um die Gruppe herum aufstellten. Diese *Partitions* sind allgemein üblich und sehen ein wenig so aus wie die Trennwände in Arztpraxen, hinter denen sich Patienten umziehen. Aus diesen werden Forts um die jeweiligen Familiengruppen oder Paare gebaut, sodass sie kompletten Sichtschutz haben. Wenn ein Kellner sich der Gruppe nähert, klopft er erst außen, damit sich die Frauen verschleiern können, bevor er das Fort aus Paravents betritt, um neue Getränke zu bringen.

Die saudischen Eigentümer des Restaurants wollten das explizit nicht, es passte nicht zu unserem europäischen Konzept. Wie es das Gesetz verlangte, hatten wir einen Familienbereich im Lokal, aber eben einen offenen. So, wie es in einem normalen europäischen Lokal eben ist. Das war für Dschidda sehr exotisch. Die typische Situation war diese: Ein Mann kam ins Lokal gelatscht, manchmal mit Handy am Ohr, guckte nicht links und rechts, grüßte nicht, sondern blaffte den erstbesten Kellner oder mich an: »Haben Sie Trennwände?!?« Meine Antwort war dann, natürlich immer ganz cool und gelassen: »Nein, Trennwände gibt es bei uns leider nicht, aber sehen Sie hier, ich könnte ihnen diesen ruhigen Tisch hier anbieten, in der Ecke.« Antwort dann: »Ja, nein, das geht nicht, ich will abgetrennt essen.« Meine zweite Erklärungswelle war dann: »Sehen Sie, es sind nur Familien hier, es ist bestimmt niemand da, der Sie irgendwie beim Essen stört, und ich kann auch meinen Kollegen sagen, dass sie beim Servieren dezent sein und Sie nicht zu oft stören sollen.« Manche Gäste sagten dann: »Nein, das geht nicht«, und gingen wieder. Unsere Erklärung war, dass die Raumteiler die Atmosphäre des italienischen Restaurants zerstören würden, damit konnten sich die meisten Gäste gut abfinden. Exotisches Essen in exotischer Sitzordnung, das war es für sie. Skeptische Gäste konnte ich geschickt an Tische platzieren, die weit weg von anderen Gästen waren, oder an Tische, die an der Wand standen. Beim Essen die Wand anzuschauen und dem Lokal den Rücken zuzudrehen, das war dann für manche ein guter Kompromiss

Die Ruhe und das unbehelligte Essen waren gar nicht die Dinge, um die es wirklich ging. Es ging immer um die Frauen, die beim Essen nicht gesehen werden sollten. In der Familiensektion waren schließlich noch andere Paare und Familien, darunter auch Männer. Ohne Trennwände konnte also ein fremder Mann sehen, wie eine fremde saudische Frau isst. Schon dies erschien manchen Saudis als Zumutung und als unsittlicher Zustand. Die betreffenden Frauen hatten oft keine Möglichkeit zu entscheiden, ob ihnen der Tisch und unser Lokal zusagten, denn sie mussten im Auto warten, bis der Mann das mit den Trennwänden geklärt hatte. Es war interessant zu sehen, wie unterschiedlich die Gäste auf unser Raumkonzept reagierten. Manche Paare waren sichtlich froh, so ungezwungen ausgehen zu können, und manche Männer drehten sich auf dem Sandalenabsatz um und verließen grußlos den Laden. Einige gaben uns auch Feedback wie: »Danke, dass Sie uns überredet haben zu bleiben, denn sonst hätten wir nie dieses gute Essen probiert.« Das waren meine größten Erfolgserlebnisse.

Es war also nicht alles unmöglich in Saudi-Arabien. Schon die ersten Erfahrungen machten mir Mut, mich weiter vorzuwagen. Es zeigte mir aber auch, wie wichtig es war, auf Details zu achten und die Regeln zu verinnerlichen, um Ärger zu vermeiden. Nicht alles ist ja so leicht zu nehmen wie eine verwechselte Tür im Fast-Food-Restaurant. Trotzdem würde ich für einen kleinen Fauxpas nicht sofort verhaftet werden, wie ich es manchmal gehört und gelesen hatte und wie manche Arbeitskollegen es mir anfangs einreden wollten.

## Selbstpräsentation und der erste Eindruck

Wie bei der Mode sind Details das Wichtigste beim Umgang mit Saudis. Die Kleinigkeiten, nicht die großen Gesten oder großes Gerede, entscheiden über Sympathie oder Ablehnung. Auch durch die Verschleierungen werden Kleinigkeiten umso wichtiger. Frauen kommunizieren mit Augen und Körperhaltung. Eine einzige Niete am Hemd eines Mannes kann eine ganze Weltanschauung bedeuten.

Bei der Begrüßung geht es schon los. Der Händedruck, unser europäischer Standard, ist unter Saudis unüblich. Man begrüßt sich aus der Distanz, legt die rechte Hand ans Herz, senkt vielleicht ein wenig den Kopf. Kennt man sich besser, begrüßt man sich mit Küssen links und rechts – natürlich nur Männer mit Männern und Frauen mit Frauen. Wenn Frauen und Männer sich begrüßen, berühren sie sich grundsätzlich nicht. Nur das gilt als höflich, alles andere wäre übergriffig und ein schlimmer Affront. Es ist nicht erlaubt, fremde Frauen zu berühren, auch nicht beim Handschlag. Einer fremden Frau die Hand zu geben empfinden Saudis so wie wir, wenn einer fremden Frau zur Begrüßung in den Schritt zu gegriffen wird, das ist also ein absolutes No-Go. Wenn ein westlicher Mensch mit ausgestreckter Begrüßungshand auf Leute zugeht, empfinden Saudis das als aggressiv und ungehobelt, auch wenn sie wissen, dass das im Westen üblich ist und als freundliche Geste gilt. Manche Saudis springen dann über ihren Schatten und nehmen bewusst die Hand, um dem Westler einen Gefallen zu tun und selbst nicht unhöflich zu wirken. Wenn der Westler dann auch noch kräftig zudrückt, hat er den ersten Eindruck komplett versaut, denn der kräftige Händedruck wird als aggressiv und ganz und gar unmöglich empfunden. Saudis geben dir, wenn überhaupt, eine Waschlappen-Hand, oder streichen mit offener Handfläche über die andere Handfläche, ohne die Finger zu schließen.

Bei Verwandten fallen saudische Begrüßungen oft überraschend intensiv aus. Männer umarmen und küssen andere Männer. Man sitzt beisammen und hält einander die Hand. Männer gehen auch Hand in Hand die Straße entlang. Körperkontakt ist ein Zeichen der Verbundenheit zwischen Verwandten und engen Freunden. In Gesprächen legen sich saudische Männer auch mal gegenseitig die Hand auf den Unterarm, tippen sich mit Fingerspitzen an, berühren sich an der Schulter. Frauen tun das auch, aber nicht in der Öffentlichkeit, habe ich mir sagen lassen. Mit Homosexualität hat das nichts zu tun. Die saudische Kultur ist eine Kultur der Berührungen und des intensiven Körperkontakts, wenn man sich einmal gut kennt. Auf ausgelebte Homosexualität stehen dann aber Gefängnis- und Todesstrafen. Offen homosexuell zu leben ist in Saudi-Arabien ebenso wie in den anderen Golfstaaten unmöglich, wobei es selbstverständlich auch dort durchaus Homosexualität gibt. Sie ist nur noch versteckter und geheimnisvoller als alles andere Verbotene.

Sich mit Saudis anzufreunden ist für Expats nicht leicht. Saudis verbringen ihre Freizeit am liebsten in der Familie, mit Brüdern und Cousins, Eltern und Onkeln. Freunde kommen erst danach, die

Verwandtschaft geht immer vor. Da die Familien groß sind, ist man sich im Familienkreis meist selbst genug. Mit Arbeitskollegen geht man vielleicht mal eine Pizza essen, aber echte Freundschaften entstehen dort nicht wirklich oder sind eher ungewöhnlich. Das deutsche Freundschaftskonzept mit Freunden fürs Leben, die füreinander einstehen und sich gegenseitig unterstützen, wird in Saudi-Arabien nicht gelebt. Freunde sind nie die wichtigsten Bezugspersonen und kommen immer erst nach der Familie. Meine saudischen Freunde habe ich in der Partyszene kennengelernt und mich mit ihnen auch immer gut verstanden. Die Freundschaften waren aber stets oberflächlicher als etwa mit Mohammed oder Sara. Mir sind Freunde wichtig, ich investiere viel in Freundschaften, doch auch, wenn man Saudis schon jahrelang kennt, es bleibt immer eine gewisse Distanz und Unverbindlichkeit, selbst wenn der Kontakt sehr herzlich und vertrauensvoll ist.

Verabredungen mit Saudis sind etwa so eine Sache. Man kann etwas so fest vereinbaren, wie man will, für Saudis sind Verabredungen mit Freunden immer unverbindlich, im Gegensatz zu Verabredungen mit Verwandten oder Essenseinladungen bei Vater und Onkel. Die sagt man niemals ab, außer ein anderer Verwandter ist krank oder braucht Hilfe. Um Stunden zu spät zu einem Familientreffen zu erscheinen ist in Ordnung, gar nicht aufzutauchen geht nicht. Das weiß jedermann und lebt jedermann. Daher muss die Familie auch oft als Ausrede dafür herhalten, wenn man eine andere Verabredung platzen lässt, zu spät kommt oder etwas nicht erledigt hat. Die Familie liefert immer eine Ausrede, gegen die es keine Argumente gibt. Eine verstorbene Tante, ein Onkel im Krankenhaus, schon sind alle anderen Pläne nichtig.

Ausreden zu finden ist ein saudischer Volkssport. Als Europäer, gerade als pünktlicher Deutscher, ärgert einen das maßlos. Da hat man etwas geplant, steht am Treffpunkt und keiner kommt. Eine halbe Stunde Wartezeit kann man sowieso einplanen, das ist bei Saudis normal. Wer sich darüber ärgert, erntet Unverständnis, weil Saudis nicht der Meinung sind, dass eine halbe Stunde etwas ausmacht. Wer deswegen sauer wird, kann es sich mit Saudis schnell verscherzen. Sauer zu werden ist überhaupt nie eine gute Idee, denn wer Wut zeigt und laut wird oder einen roten Kopf bekommt, verliert das Gesicht, finden Saudis. Contenance zu behalten und auch dem anderen die Möglichkeit zu geben, sein Gesicht zu wahren, sind wichtig. Dem anderen respektvoll und höflich zu begegnen und sich selbst stets stolz und souverän zu präsentieren ist Saudis wichtig. Jemand, der die Fassung verliert, ist peinlich. Andere bloßzustellen oder öffentlich zu rügen oder zu kritisieren ist unfein, solange es sich dabei nicht um deutlich Rangniedrigere handelt.

Damit dieser Höflichkeitskodex eingehalten wird, gibt es die wunderbare Welt der Entschuldigungen. Die Familie liefert immer eine Entschuldigung, wird aber nicht jedes Mal bemüht. Du stehst da und wartest auf jemanden. Irgendwann rufst du ihn auf dem Handy an und fragst, was los ist. Der am anderen Ende hat natürlich nicht vergessen, dass ihr vor einer Stunde verabredet wart oder dass er sogar persönlich bei dir im Büro einen Termin vereinbart hat. »Es gibt einen furchtbaren Stau«, sagt der andere dann meistens. Manchmal hört man im Hintergrund Kinder spielen oder die Kaffeemaschine laufen. Die Stau-Ausrede sagt im Subtext, dass der andere eigentlich schon kommen wollte und vielleicht noch kommen will, jetzt gerade aber nicht, weil ihm etwas anderes eingefallen ist oder er gerade noch etwas Besseres macht. »Oh, so sorry, ich habe einen Platten« oder »Mensch, mein Benzin war alle, ich wollte dich gerade anrufen« bedeutet, dass der andere nicht mehr kommt und vielleicht nie kommen wollte und sich ein wenig ärgert, dass du noch mal nachgehakt hast. Leute, die einfach nur viel zu spät dran sind, aber bestimmt noch kommen wollen, sagten »Ich stehe hier gleich an der nächsten Ampel, ich bin sofort da«, »Bin in fünf Minuten da« oder »Ich kann unseren Treffpunkt schon sehen, ich bin sofort bei dir«. Es kann dann aber auch noch mal bis zu einer Stunde dauern. Rufst du dann noch mal an, sagt dir der andere: »Jetzt. Jetzt komme ich. Bin schon unterwegs.« Ganz große Ausredenkönige sagen dir am Telefon: »Ich bin doch schon lange da und warte auf dich! Wo bist du? Ach so, da. Ups. Hab am falschen Ort gewartet. Ich komm rüber.« Wohlgemerkt, das sind Freunde, die es gut mit einem meinen und einen mögen.

Handwerker oder Geschäftspartner, bei denen man etwas bestellt, haben noch ganz andere Ausreden parat. Die häufigste ist »Morgen!«. Egal, was man ordert, reklamiert oder einfordert, es wird immer morgen geliefert, repariert oder abgeholt. Versprochen! Am nächsten Tag passiert natürlich nichts. Der Begriff »Morgenland« bekommt da eine ganz neue Bedeutung. Verschärft wird die Morgen-Ausrede nur durch den Zusatz »Morgen, inshallah!«. Das bedeutet wörtlich, dass es – so Gott will – am nächsten Tag soweit sein wird. Was Gott aber will, bleibt dem Menschen verborgen, deshalb wissen weder der Kunde noch der Lieferant, wann es denn soweit sein wird.

Sich aufzuregen bringt nichts. Nachdem es alle so machen, kann man selbst auch mal fünf gerade sein lassen. Das irritiert Saudis manchmal, weil sie es von Europäern anders gewohnt sind, und mir selbst fiel es am schwersten, es erleichtert aber das Leben in Saudi-Arabien ungemein. Nicht ständig auf die Uhr zu schauen und kein schlechtes Gewissen haben zu müssen, wenn man mal etwas später dran ist, nimmt viel Stress aus dem Leben.

Mir waren die Leute, mit denen ich Kontakt hatte, sehr sympathisch, und auch das Alltagsleben machen einem die Saudis leicht. Durch die Zurückhaltung und die Entspanntheit ist das Leben im Alltag sehr stressfrei. Klar wird auf der Straße viel gehupt, es wird aber selten geflucht oder geschimpft. Es ziehen nachts keine pöbelnden Besoffenen durch die Straßen, es gibt keine aggressiven Bettler. Das öffentliche Leben ist stinklangweilig, es ist aber auch leicht, sich darin zurechtzufinden, solange man nichts falsch macht. Alle versuchen stets, den Schein zu wahren, und sehen über Fehltritte hinweg, weil man kein Aufsehen erregen will. Ein Stück weit schützt sicher die Angst vor Polizei und Sittenwächtern diesen öffentlichen Frieden, der bisweilen auch ein Grabesfrieden sein kann. Wer den stört, kann schnell verhaftet werden. Es ist ein wenig gespenstisch, wenn man darüber nachdenkt, dass das beschauliche Alltagsleben, das man in Saudi-Arabien führt, und die Leichtigkeit eines Frühlingsabends in Dschidda das Ergebnis extremer Strenge sind und vieles der Unkompliziertheit nur gespielt ist. Die Konflikte und Dramen, die Ehekräche und Gewaltausbrüche, die Saufereien und Sex-Abenteuer finden hinter der betonierten Fassade statt. Wer nur kurz da ist oder in seiner Blase lebt, blickt nicht dahinter, denn vorne tun alle so, als wäre immer alles in Ordnung.

In Gesprächen klagt man nicht, wie es Deutsche gerne tun. Man erzählt Kollegen oder Freunden nichts über seine Eheprobleme, den Knatsch mit den pubertierenden Kindern, den Streit mit dem starrsinnigen Vater. Niemand würde in der Öffentlichkeit jemals etwas Schlechtes über seine Familie äußern. In der Familie hat alles gut zu sein, das ist der Ankerpunkt des saudischen Koordinatensystems. Familienmensch zu sein ist typisch saudisch, denkt man, außerdem Religiosität, Weltgewandtheit, Stolz, Wertkonservativismus und vornehme Zurückhaltung. In den kleineren Golfstaaten gelten Saudis als arrogant, großkotzig und verklemmt. Man mag sie schon deshalb nicht besonders gern, weil Saudi-Arabien der größte und mächtigste Staat in der Region ist und man seinen Bürgern daher automatisch unterstellt, die Bewohner anderer Golfstaaten von oben herab zu behandeln. Das ist ein wenig so, wie Österreicher Deutsche wahrnehmen.

# Ein Kapitel für sich

## Frauen in Saudi-Arabien

Kein Thema scheint die Europäer mehr an Saudi-Arabien zu interessieren als die Rolle und Situation der Frauen im Land. Sagt man in einer geselligen Runde nur das Wort »Saudi-Arabien«, kann man sich darauf verlassen, dass innerhalb der nächsten Minute jemand sagt: »Da dürfen Frauen ja nicht einmal Auto fahren!« Das Autofahrverbot ist ein noch stärkeres Symbol für die Unterdrückung der Frau geworden als die Verschleierung. Eine verschleierte Frau, die noch dazu nicht einmal Auto fahren darf, scheint die unterdrückteste aller Unterdrückten zu sein, so die Wahrnehmung. Saudische Frauen haben es im Alltag ihrer Heimat nicht leicht, vor allem aber haben sie es nicht leicht, außerhalb ihrer Heimat als mehr wahrgenommen zu werden, als ein unterdrücktes Nichts im schwarzen Mantel, das außer Shoppen und Kinderkriegen nichts zu tun hat.

Wie immer ist die Sache natürlich differenzierter. Ich gebe zu, auch nach zehn Jahren nicht alle Schleier gelüftet zu haben, die saudische Frauenleben verhüllen. Mit der Zeit habe ich aber meinen ersten Eindruck, nämlich dass Frauen wirklich nichts dürfen und fast immer zu Hause sitzen, deutlich korrigiert. Ich staunte selbst, wie unterschiedlich saudische Frauenleben im 21. Jahrhundert sein können: vom Partygirl über Ärztinnen bis zu Teenagerbräuten, die das Haus nicht verlassen dürfen, gibt es ein buntes Spektrum an Lebensstilen und Lebensentwürfen.

Das Meistgefragte zuerst: Ja, es stimmt – Frauen dürfen nicht Auto fahren – eben, damit sie bei einer Panne nicht allein in Kontakt mit fremden Männern kommen. Ja, es ist richtig, dass Frauen laut Gesetz nicht mit fremden Männern sprechen dürfen, wenn kein Aufpasser dabei ist. Dass Väter und andere männliche Verwandte alle Entscheidungen für Frauen treffen, ist richtig. Dazu gehört laut Gesetz auch die Entscheidung, ins Ausland zu reisen, den Mann ihrer Wahl zu heiraten, zu studieren oder zu arbeiten. Wie eine Frau sich kleidet (solange sie den allgemeinen Regeln entspricht) oder wen sie heiratet, darf ihr laut Gesetz niemand vorschreiben, in der Praxis reicht die starke Hand der Familie aber auch in diese Bereiche. Oder auch nicht, je nachdem, was die Familie für richtig hält.

## Lebenslang unmündig: das Vormundschaftssystem

Der gesetzlich eingestellte, auch als Vormund bezeichnete Aufpasser jeder Frau heißt Mahram, er ist ein Vormund, der über das Wohl der ihm anvertrauten Frau wacht. Eine Frau hat nicht immer nur einen Vormund, es sei denn, es wurde einer von einem Gericht bestellt, weil die Frau keine engen eigenen Verwandten hat oder ein komplizierter Scheidungsfall vorliegt. Viele Männer können ihr Mahram sein und sie etwa im Auto mitnehmen, mit ihr ins Ausland reisen, sich mit ihr unterhalten. Die Regel ist einfach: Natürlich ist der Ehemann ein Mahram. Aber auch jeder andere Mann, der zur Familie gehört, ist Mahram. Also die Eltern und Großeltern, die Kinder und Enkel. Außerdem die Onkel und Schwager, Schwiegersohn sowie die Neffen, dazu Stiefväter und Stiefsöhne. Einer von diesen müsste die Frau immer zur Arbeit oder Uni fahren und wieder abholen. Er müsste sie zur Mall und ins Café bringen. Zu Fuß zu gehen ist in der Hitze nicht angesagt, Radfahren dürfen Frauen aus Anstandsgründen nicht. Frauen alleine auf der Straße ziehen außerdem ungewollte Aufmerksamkeit auf sich. Eine unbegleitete Frau hat schnell ein paar Verehrer am Hacken, die linkisch versuchen, mit ihr Kontakt aufzunehmen, sie aber in Wirklichkeit nur belästigen. Expat-Frauen passiert das genauso häufig wie saudischen Frauen, denn da die Frauen verschleiert sind, weiß der Belästiger ja nicht, wen er da gerade vor sich hat.

Weil weder die Frauen Lust auf solche Kapriolen haben noch die Männer ständig die Damen chauffieren wollen, leisten sich die reicheren Familien Fahrer. Meistens sind das Männer, die aus Indien oder Pakistan stammen. Wer es sich nicht leisten kann, einen angestellten Fahrer zu beschäftigen, nutzt die in Saudi-Arabien allgegenwärtigen Taxi-Apps Uber und Careem. Wie bitte? Bei fremden Männern ins Auto steigen? Das ist eigentlich nicht erlaubt, uneigentlich machen es aber alle. Es ist einer dieser blinden Flecken des Systems. Weil es anders gar nicht geht, wird eben toleriert, was nicht sein darf. Es gibt also eine Ausnahme von der Regel.

Die offiziellen Taxis sind gekennzeichnet, und sitzen darin Frauen oder gar nur eine Frau allein, bildet sich manchmal ein Korso von anderen Autos, die die Frau verfolgen und an der Ampel durch Gesten belästigen. Die Taxizentrale ist zudem notorisch unzuverlässig, und Taxis stehen, wo sie eben stehen. Man muss manchmal bis zu 20 Minuten auf der Straße warten, bis mal zufällig eins kommt. Die Uber-Autos fahren direkt vor die Haustür und setzen Frauen direkt am Ziel ab. Weil es nicht gekennzeichnete Fahrzeuge sind, kann niemand erkennen, ob ein Auto ein Uber-Auto ist oder ob da gerade ein Ehemann seine Gattin spazieren fährt. So haben Frauen ein sicheres und praktisches Transportmittel für sich entdeckt, Expat-Frauen wie Einheimische. »Uber ist mein Mahram«, erklärte eine saudische Ärztin einer saudischen Reporterin für einen Artikel in der *Saudi Gazette*. Es steht sogar in der Zeitung, dass dies Gang und Gäbe ist, aber niemand regt sich darüber auf. In der Zeitung steht sogar, dass Fahrer verrieten: Die meisten Uber- und Careem-Kunden sind Frauen.

Das zieht nun natürlich weitere Kreise. Man kann also auch seine Freundin im Auto mitnehmen, ohne jemals angehalten zu werden oder in Verdacht zu geraten. Solange die Frau nicht am Steuer sitzt, ist im Straßenverkehr, nicht gesetzlich, aber praktisch, jede Kombination toleriert.

Mit anderen Dingen, die das Mahram-System betreffen, ist es genauso. Der Mahram muss Frauen nicht mehr auf Auslandsreisen begleiten, auf Inlandsreisen sind sie sowieso frei. Seit 2015 reicht es, wenn Frauen ein entsprechendes Erlaubnisdokument und einen gültigen Pass dabeihaben, wenn sie ins Ausland wollen. Mädels-Ausflüge nach Dubai oder Bahrain sind seither in Mode gekommen. Dieses Erlaubnisdokument darf aber nicht einfach jeder Mahram unterschreiben, sondern es muss vom offiziellen Vormund kommen. Der ist meistens der Vater und dann der Ehemann. Nur, wenn eine Frau verwaist, verwitwet oder geschieden ist, übernimmt ein anderer Mann die Vormundschaft. Er hat die Fäden in der Hand und entscheidet über das Schicksal und den Lebensstil der Frau. Wenn er es nicht will, verlässt sie das Haus nicht. Wenn er die Leine ganz locker lässt, lebt die Frau alleine in ihrem Apartment, das er oder jemand anderer für sie gemietet hat. Auch das geht. Und ja, da kann sie dann sogar Männerbesuch bekommen, wenn der diskret ins Haus kommt und nicht vor der Tür parkt und mit einem Rosenstrauß die Treppe hinaufstürmt.

Der Vormund entscheidet über Wohl und Wehe der ihm anvertrauten Frau. Wenn sie selbst einen Partner gefunden hat, den sie heiraten möchte, kann der väterliche Vormund es verbieten. Sie muss nicht den Mann heiraten, den ihr Vormund für sie aussucht, sie darf aber auch ohne Zustimmung keinen anderen Mann heiraten. Der Ehemann als Vormund entscheidet, wie viele Freiheiten seine Frau bekommt, ob sie arbeiten, allein shoppen, zum Sport gehen oder sich mit Freundinnen treffen darf. Der Lebensraum einer saudischen Frau reicht genau bis dahin, wo der Vormund eine Grenze zieht.

Während eine Frau Ärger bekommen kann, wenn sie dem Vormund nicht gehorcht, kann dieser nicht belangt werden, wenn die Frau zu viele Freiheiten hat. Es gäbe also kein Risiko für Männer, den Töchtern und Partnerinnen mehr Freiheiten zu gewähren, außer, dass die Familienehre beschädigt werden könnte. Rechtlich wird der Vormund nicht belangt, egal, was die Frau anstellt. Aus einem Gefängnis entlassen werden darf eine Frau aber erst, wenn ihr Mahram zustimmt.

Die Rechte der Frau sind aber durch den Vormund, der für schlechte Vormundschaft nicht belangt werden kann, massiv eingeschränkt. Es ist dem Ehemann jedoch nicht erlaubt, seine Frau zu schlagen – auch, wenn das im Koran steht. 2013 wurde häusliche Gewalt ins Strafgesetzbuch aufgenommen. Der Koran ist Auslegungssache, selbst wenn es dort einen Vers gibt, der von der Züchtigung der Gattin spricht. Die zeitgenössische Auslegung ist, dass verbal und in der Gemeinschaft eine Lösung für einen Konflikt zu finden ist. Wenn eine Frau häusliche Gewalt anzeigt oder den Notruf wählt, kommt unter Garantie sofort die Polizei, und nicht die Religionspolizei, sondern die staatliche Polizei. Inzwischen gibt es auch Polizistinnen, leider noch sehr wenige. Soldatinnen, wie sie bereits in den Armeen der kleinen Golfstaaten dienen, gibt es noch nicht. Die saudische Polizei hat, begründet auf zahlreichen Vorfällen, den Ruf, ein hartes Regiment zu führen und sich im Zweifelsfall eher nicht auf die Seite bedrängter Frauen zu stellen, sondern eher den Schlagstock zu zücken, um die Frauen zur Räson zu bringen. Am Vorgehen der Polizei zeigt sich, was immer noch Realität ist: Frauen sind in Saudi-Arabien Bürger zweiter Klasse, man traut ihnen zu wenig zu und wenn, dann vor allem Schlechtes.

Die Vorurteile gegen Frauen und ihre Schwäche, Verführbarkeit und Verführungskraft sitzen tief. Ich würde es nicht Frauenhass nennen, aber Frauenfurcht, die oft aus Unwissenheit entsteht und aus Tradition und Bequemlichkeit erhalten wird.

## Eine Männerwelt, in der es sich Männer gemütlich eingerichtet haben

Kommt man nach Saudi-Arabien, trifft man überall auf Männer. Auch da, wo man mit seiner westlichen Prägung automatisch Frauen erwartet, sind nur Männer: Sekretäre, Putzmänner, Empfangsboys, Modeverkäufer. Auf der Straße flanierend: fast nur Männer. Überhaupt, wo man hinschaut und wo man hingeht: fast nur andere Männer.

Die saudischen Männer haben es sich in dieser Männerwelt bequem eingerichtet. Sie bleiben gern unter sich, fühlen sich brüderlich und empfinden das gute Gefühl, die Verantwortung für alles zu tragen und das Heft fest in der Hand zu halten. Saudische Männer sind Machos im klassischen Sinn, sie verstehen sich als Versorger, Macher, Organisatoren, Kämpfer, Oberhäupter, Beschützer. Die klassischen Rollen sind sehr ausgeprägt und den Frauen der Männern auch klar zugewiesen: Frauen sollen gepflegt sein und kinderlieb, angepasst, höflich, durchaus geschäftstüchtig, da sie ja zu Hause wirtschaften sollen, prinzessinnenhaft und trotzdem auch praktisch veranlagt, hilfsbedürftig, aber nicht weinerlich oder klammernd. Gebildet soll und darf sie sein, aber keinesfalls vorlaut, fruchtbar soll sie sein, aber trotzdem gern schlank und zierlich bleiben. Möglichst hellhäutig soll sie sein, Augen und Haare aber müssen braunschwarz sein. Die Traumfrau, die alle Kriterien erfüllt, gibt es in der Realität für saudische Männer aber ebenso wenig wie für andere Männer irgendwo auf der Welt. Genauso wenig, wie es Traummänner gibt.

Träumen darf man, besonders von heißen Dates, die dann doch nie stattfinden, oder von Freundinnen, denen man im Leben nur einmal zugeblinzelt hat. Frauen kennenzulernen ist extrem schwierig. Um überhaupt Frauen zu Gesicht zu bekommen, muss man beim Jungsabend erstmal einen Ort finden, an dem Frauen sind. Ein typischer Abend auf der Piste beginnt mit einem sehr späten Treffpunkt, nach dem letzten Gebet. Wer gläubig ist, absolviert sein Abend- und Nachtgebet, die anderen treffen sich auch erst später. Der Abend beginnt meist in einem Coffeeshop, wo man einen Cappuccino oder frisch gepressten Saft trinkt, ein Sandwich isst und sich die neuesten Geschichten erzählt, über Fußball redet oder über Autos. Und dann kommt irgendwann das Thema Frauen: Man sagt verschwörerisch, welche Frau oder welches Mädchen aus der Verwandtschaft oder dem Bekanntenkreis, vielleicht auch aus der Firma, man hübsch oder nett findet. Man muss mit der Frau noch nicht einmal viele Worte gewechselt haben, aber man profiliert sich gern damit, dass man herumerzählt, dass man bestimmte Frauen hübsch findet. Dabei setzt man eine Kennermiene auf oder auch einen wehmütigen Blick. Man kann sich im Männerkreis ziemlich lange darüber unterhalten, dass jemand eine bestimmte Frau toll findet. Man entgegnet dann Sätze wie: »Du, und ich hab' da erst eine gesehen, auf der Arbeit, die schaut ja nicht schlecht aus! Die seh' ich nur ab und zu, aber die – wow.«

Da die Frauen verschleiert sind und direkte Kontakte verboten, ist jede Frau auch ein Mysterium. Alles an der Frau ist Spekulation – wie sie aussieht, wie ihre Stimme klingt, wie sie sich kleidet. Das macht auch Spaß, wenn man dann vom Coffeeshop weiterzieht, dahin, wo man Frauen findet: an der Corniche zum Beispiel oder noch besser in einer der großen, modernen Shoppingmalls. Da gehen die Jungs dann hin und flanieren herum. Dabei kann man sich vorsichtig und nahezu unmerklich an Frauen heranwagen. Die Frauen sind dann meistens auch in Gruppen unterwegs. Ansprechen geht natürlich nicht, nur Gucken ist erlaubt. Männer, die auf sich aufmerksam machen wollen, tun das gern mit auffälliger Kleidung oder einem besonderen Haarstyling. Beim Flanieren begegnet man sich immer wieder, und wenn man Glück hat, sitzt die eine Gruppe dann mal an einem der Tische im Food-Court, und die andere nur einen oder zwei Tische weiter. Wenn man sich lange genug unauffällig begutachtet hat, bekommt der Mann vielleicht die Chance, der Frau insgeheim einen Zettel mit seiner Telefonnummer zuzustecken oder geschickt in die offene Handtasche zu schnipsen. Der Klassiker ist aber auch der Bluetooth-Flirt: Wenn man bei seinem Handy Bluetooth aktiviert und das Gerät auf »sichtbar« stellt, sieht man, wer im Umkreis in Flirtlaune ist. Man braucht natürlich einen imposanten Nicknamen wie *Lonely Teddybear*, um bei den Frauen anzukommen. Die selbst wählen ebenfalls fantasievolle Nicknamen wie *Princess Sara* oder *Purple Rose*. Bleibt man in der Nähe des anderen, kann man sich über Bluetooth kleine Bildchen schicken, mit einer Pralinenschachtel drauf oder einem Blumenstrauß. Das ist dann aber schon die Krone des Flirtens. Selbst ausprobiert habe ich das nie, aber die Jungs haben damit geprahlt, und ich machte mir manchmal den Spaß, Bluetooth zu öffnen und die ganzen lustigen Nicknamen zu lesen. Fraglich, ob aus sowas jemals Beziehungen entstehen, aber das Flirten und Anbaggern ist ja schon Aufregung genug. Wenn man mit Frauen nicht sprechen kann, ist es das höchste, wenn man sich heimlich SMS und unschuldige Bildchen schickt. Gerade weil es verboten ist und die Frauen verschleiert, hat das Flirten einen so besonderen Reiz,

Frauen erscheinen als geheimnisvolle, rätselhafte und daher umso begehrenswertere Wesen. Sie sind keine Nichtmenschen und sollen durch die Ganzkörperschleier nicht unsichtbar gemacht werden, wie westliche Feministinnen manchmal argumentieren. Nie habe ich in Saudi-Arabien Männer getroffen, die nicht fasziniert waren von den Unbekannten unter den Schleiern und nicht gern rätselten, was sich unter der Abaya verbarg. Die saudischen Männer haben einen sehr guten Blick dafür und taxieren die Frauen mit einem Wimpernschlag, denn Frauen anzustarren und dann zu tuscheln gilt schon als Belästigung.

Nach vielen solchen Abenden kann ich sagen: Saudische Männer achten als Erstes auf die Augen der Frau. Dann auf den Mund, wenn er denn nicht verhüllt ist. Dann wandert er zu den Knöcheln. Zierlich sollen die sein, wie die ganze Statur, und nicht zu groß sollen die Frauen sein. Saudische Männer sind meist selbst keine Riesen und wünschen sich Frauen, die kleiner und zarter gebaut sind als sie selbst.

Saudische Männer wären natürlich die einzigen auf der ganzen Welt, die sich für Po und Brüste nicht interessieren. Selbstverständlich achten sie auch darauf. Aber zu sagen »Boah, hast du die Titten von der da gesehen«, das ist ein absolutes Tabu. Nicht einmal die schlichtesten Typen würden das sagen, denn das wäre respektlos. Sich respektlos über Frauen zu äußern ist ein Tabu, genau wie alle sexuellen Äußerungen. Die Brüste einer Frau zu diskutieren wäre eine Herabwürdigung der Frau, und Herabwürdigen darf man Frauen niemals. Männer zeigen größten Respekt vor Frauen, es ist ihnen wichtig, die Ehre der Frauen nicht zu verletzen. Sie sind begeistert und fasziniert von Frauen, Frauenhass habe ich nie erlebt. Man traut Frauen wenig zu, das ist es, was man als Frauenhass verstehen kann. Man traut ihnen nicht zu, dass sie sich nicht von fremden Männern in Versuchung führen lassen. Man traut ihnen kein autonomes Leben mit eigener Wohnung zu. Man traut andersherum auch Männern nicht zu, sich Frauen gegenüber anständig zu benehmen. Daher die ganze Geschlechtertrennung – man findet sich gegenseitig so attraktiv, dass man sich gegenseitig nicht zutraut, nicht übereinander herzufallen. Man glaubt ernsthaft, dass die Gesellschaft zugrunde geht, wenn die Geschlechtertrennung aufgehoben wird, weil dann alle nur noch mit dem anderen Geschlecht beschäftigt sind und keinen klaren Gedanken mehr fassen können.

## Arrangierte Ehen sind der Standard

Einen Ehepartner findet man bei den Ausgehnächten und über soziale Medien eher selten. Den besorgen saudische Eltern für ihre Kinder, so ist es der Brauch und so wird es praktiziert. Mütter von jungen Männern sind es, die mit der Brautschau beginnen und dabei erstmal die nähere Verwandtschaft abklappern, ob da nicht schon eine passende dabei ist. Ehen unter Cousins sind erlaubt und sehr häufig. Man kennt sich bereits, und wenn's ernster werden könnte, gibt es beim Familienabendessen mal eine beiläufige Frage wie »Du, wie findest du eigentlich die Nisrin?« oder »Wär' das nicht was für dich?«. Die Eltern suchen also die Frau aus, bieten aber diese Frau dem Sohn als eine Art Option an und prüfen sein Interesse. Die Eltern eines jungen Mannes können nicht einfach irgendwo hingehen, klingeln und fragen: »Ist Ihre Tochter da? Mein Junge würde die gern heiraten.« Das geht nicht.

Wenn man nicht verwandt ist, muss man die Familie der zukünftigen Braut kennen. Muss wissen, dass sie vielleicht aus der Nachbarschaft ist oder dass man sich von der Arbeit oder vom Studium her kennt. Die Ehefrau sollte auch im Status zum Mann passen, das ist wichtig. Man nimmt dann locker Kontakt auf und signalisiert, dass der Sohn die Tochter ganz gut findet. Mit dieser Option muss die Familie der Braut erstmal einverstanden sein, damit die Eltern des Jungen einmal die potenzielle Braut kennenlernen können, natürlich im Beisein der Brauteltern. Man tastet sich vorsichtig aneinander heran, um herauszufinden, ob die beiden Charaktere, welche die Eltern zusammenbringen möchten, überhaupt zusammenpassen würden. Wenn sich die Eltern einig sind, heißt das noch lange nicht, dass die Kinder sich auch einig sind. Frauen wie auch Männer dürfen einen für die Ehe ausgesuchten Partner ablehnen. Das erlauben Gesetz und religiöser Brauch. Ob sie es tun, wenn ihnen der Ehepartner nicht gefällt, steht auf einem anderen Blatt. Die Familien üben viel Druck auf die jungen Leute aus, und das religiöse Gebot sagt auch, dass man die Eltern ehren und deren Anweisungen befolgen muss. Das ist eine Zwickmühle für junge Leute. Besonders Frauen tun sich schwer abzulehnen, denn es spricht sich herum, wenn eine wählerisch ist, was ihre Chancen bei der Partnerwahl verschlechtert. Auch kann das Ansehen der Familie sinken, wenn eine Tochter eine gute Partie ablehnt. Andererseits wird ein Vater immer die Einwände und Bemerkungen seiner Tochter beachten. Selbst, wenn ihn ihre konkrete Meinung wenig interessiert, ist ihm der Ruf seiner Familie wichtig, und der würde empfindlich beschädigt, wenn die arrangierte Ehe massiv schwierig wird oder sich die Partner sogar scheiden lassen. Das fiele auch auf die Eltern zurück, die es nicht geschafft hatten, mit Fürsorge und Vorsehung die richtigen Partner zusammenzubringen.

Wenn die Hochzeiter Glück haben, dürfen sie sich vor der Verlobung kurz kennenlernen, meist im Beisein der Eltern. Die Verlobungszeit heißt Milkah und dient den Hochzeitsvorbereitungen, praktisch aber auch dem Kennenlernen. Mann und Frau leben noch bei den jeweiligen Eltern, können aber Zeit miteinander verbringen. Manchmal wird eine Hochzeit dann auch wieder abgeblasen. Es kann aber auch vorkommen, dass sich die Eheleute bis zur Hochzeit noch nie gesehen haben und gerade der Mann in der Hochzeitsnacht zum ersten Mal das Gesicht seiner Frau sieht, wenn er ihren Schleier hebt.

Einmal durfte ich bei einer saudischen Hochzeit Gast sein. Das war noch am Anfang meiner Zeit in Dschidda, daher freute ich mich umso mehr auf diesen Blick in das Leben der Einheimischen. Wie eine Hochzeit in Saudi-Arabien abläuft, wusste ich nicht, daher wunderte mich auch nichts. Auf der Einladung stand, dass es die Hochzeit von Ahmed und Zara war, ich aber auf den Feierlichkeiten des Bräutigams erwartet werde und es keine gemeinsame Hochzeitsfeier gebe. Auch hier, wo es um das Feiern der Zweisamkeit geht, sind die Geschlechter also getrennt. Ich bastelte als Geschenk eine Musik-CD mit Jazz und Loungemusik, nahm mir den Abend frei und fuhr im feinen Zwirn zu dem luxurösen Hotel, in dem die Familie den Ballsaal gemietet hatte. Pünktlich wie in guter deutscher Manier kam ich an und war dadurch einer der ersten Gäste. Am Eingang zum Saal stand der Bräutigam mit seinen engsten männlichen Verwandten und dem Schwiegervater. Ich begrüßte alle höflich mit Handschlag und gratulierte allen, nicht nur dem Bräutigam, zu der Vermählung. Die anderen Gäste brachten keine Geschenke mit, ich überreichte Ahmed immerhin die CD. Im Saal waren Tische für etwa 250 bis 300 Leute eingedeckt, ich traf andere Bekannte und wir nahmen Platz, mussten aber noch Stunden warten, bis alle Gäste da waren.

Dann hielt der Vater des Bräutigams eine Rede, und auch der Bräutigam sprach ein paar Worte. Ich verstand noch nicht, was sie sagten, weil ich noch nicht gut genug Arabisch sprach. Anschließend trat eine traditionelle saudische Tanzgruppe auf: Junge Männer, die mit ihren Säbeln beeindruckende Formationen tanzten. Nach ein paar Minuten tanzten auch die engsten männlichen Verwandten mit. Ich dachte, dass das ein guter Auftakt für eine wilde Feier sei. Das Buffet wurde eröffnet, und die Gäste stürmten förmlich dorthin und türmten sich die Teller mächtig auf. Beim Essen wurde dann über Bräutigam, Braut und deren Familie geredet. Nach einer knappen Dreiviertelstunde war dann alles wieder vorbei: Die ersten Gäste verließen das Fest. Ich fand das unhöflich und blieb extra noch länger, aber der Saal leerte sich bedeutend schneller, als er sich gefüllt hatte. Ich bedankte und verabschiedete mich dann beim Bräutigam, der mein Geschenk besonders würdigte. Außer mir hatten nur noch ein, zwei andere Leute ein Geschenk mitgebracht – bei einer Feier mit 300 Gästen. Ich fand das irgendwie traurig, aber ich hatte eine Lektion gelernt. Die Anfangszeit einer saudischen Hochzeit ist eher ein Vorschlag. Man muss eigentlich nur dem Bräutigam gratulieren und kann die Verwandten ignorieren. Eigentlich geht es nur darum, dem Bräutigam die Hand zu schütteln, ein paar Wangenküsse auszutauschen und sich den Bauch vollzuschlagen.

Leider wurde ich nie zu einer Hochzeitsfeier für Frauen eingeladen. Da soll richtig die Post abgehen, habe ich mir sagen lassen, wenn auch mal wieder nur hinter verschlossenen Türen. Die Frauen verbringen vor so einem Fest aber gut und gern einen Tag im Beautysalon und kleiden sich in teuren Boutiquen neu ein. Was bei so einer Feier aber wirklich passiert, bleibt ein Geheimnis der Frauen.

Die arrangierte Ehe ist für Saudis Standard. Man darf sich nichts vormachen: Die Grenze zwischen Arrangement und Zwangsehe ist fließend. Wie viele Freiheiten die Eltern ihren Kindern lassen, liegt allein in deren Ermessen. Töchter werden nicht mehr für Kamele verschachert, aber für den guten Ruf der Familie, um Verbindungen zu stärken, um sozial gut dazustehen. Die Horrorgeschichten über junge Mädchen, die an Jahrzehnte ältere Männer verheiratet werden, sind wahr, aber sie werden seltener. Es ist in weiten Kreisen der Gesellschaft nicht mehr ehrenhaft, eine solche Ehe zu stiften. Verboten ist es jedoch auch nicht. Das Eherecht folgt den koranischen Regeln. Ein Mindestalter für die Ehe gibt es nicht. Wer einen Imam findet, der eine Neunjährige an einen 50-Jährigen verheiratet, tut nichts Unrechtes. Menschenrechtsorganisationen machen immer wieder auf das Problem der Kinderehen in Saudi-Arabien aufmerksam, rechtlich ist dagegen aber noch nichts zu machen. Angeblich arbeitet die Regierung seit Jahren an einem Gesetzentwurf, passiert ist aber noch nichts.

## Mehr Freiheiten und Bildung für die jüngere Generation

Die Generation der heute 40- und 50-Jährigen ist deutlich welterfahrener als noch deren Eltern. Das zeigt sich in den Freiheiten, die sie ihren Töchtern und Söhnen lassen. Mädchen gehen selbstverständlich zur Schule und machen höhere Schulabschlüsse. Frauen können studieren, wenn ihre Eltern das erlauben. Manche Eltern schicken ihre Kinder gleich im Ausland zur Schule, auf Internate in der Schweiz, Großbritannien oder den USA, danach geht es weiter zum Auslandsstudium. Die Mädchen leben eigenständig, gehen aus und erwerben Führerscheine. Wer so aufwachsen durfte, lässt sich nicht mehr zwangsverheiraten – oder die Eltern versuchen es gar nicht erst. Frauen in Saudi-Arabien sprechen ungewöhnlich gut Fremdsprachen, ist mir aufgefallen, dass außer Englisch meist noch eine zweite Sprache wie Spanisch oder Französisch gesprochen wird. Ich war immer wieder begeistert, wie gebildet und belesen die saudischen Frauen sind, die ich kennengelernt habe.

Durch die internationale Bildung gibt es auch mehr internationale Ehen. Es sind fast immer die jungen Männer, die eine ausländische

Frau heiraten, nicht immer mit Zustimmung der Eltern. Staat und Gesellschaft sehen internationale Ehen als minderwertig an. Religiös erlaubt sind Ehen mit Partnern, die ebenfalls einer »Religion des Buches« angehören, also mit Christen und Juden. Standard ist aber, dass eine ausländische Ehefrau, die sich entscheidet, in Saudi-Arabien zu leben, zum Islam konvertiert. Man spart sich damit viel Trubel, Ärger und schiefe Blicke von den Tanten.

Ein einziges Paar habe ich kennengelernt, bei dem die Frau Saudi und der Mann Europäer war. Ein auffälliges Paar: sie sehr dunkelhäutig und zierlich, er ein großer, blonder Kerl mit dicken Muskeln. Die beiden mussten viel schiefe Blicke und Kritik wegstecken und ein richtig dickes Fell haben. Sie wurden oft angehalten und kontrolliert, ob sie denn auch wirklich verheiratet wären. Ihre Beziehung wurde oft infrage gestellt. Die beiden entschieden sich für die Flucht nach vorne und berichteten in sozialen Medien von ihrem Leben und den Schwierigkeiten, die sie in der saudischen Gesellschaft haben. Sogar das Fernsehen berichtete über sie, so exotisch scheint Saudis eine solche Beziehung.

Saudische Frauenrechtlerinnen beklagen oft, dass Dinge, die selbstverständlich sein sollten, in den Medien als besonders präsentiert werden – weil sie eben nicht selbstverständlich sind, sondern nur als solche präsentiert werden. Es sei einerseits schön, wenn Frauen wie Pilotinnen oder Geschäftsfrauen gewürdigt werden, aber bitte nicht dafür, dass sie Dinge tun, die einfach ihr Job sind und für die Frauen in anderen Ländern nicht in die Zeitung kommen würden.

Noch vor 30 Jahren kamen saudische Frauen schon in die Zeitung, wenn sie nur ein Studium abgeschlossen hatten. Im Land standen ihnen lange Zeit nur Studiengänge offen, die auf Jobs in rein weiblicher Umgebung abzielten: medizinische Berufe, Lehrberufe, Pflegeberufe waren darunter.

Der saudische Staat hinkt bei der Frauenbildung der Realität hinterher. Frauen sind in Saudi-Arabien immer noch nicht an allen Universitäten für alle Studiengänge zugelassen, obwohl sie inzwischen die Hälfte, in manchen Jahrgängen mehr als die Hälfte, der Studierenden ausmachen. Es ist nicht erlaubt, dass Männer und Frauen im selben Hörsaal oder Klassenzimmer zusammen studieren. Frauen müssen die Kurse und Studiengänge wählen, die ihnen angeboten werden, oder eine Universität finden, die ihr Studienfach für sie anbietet. Einige

Hochschulen sind ausschließlich für Frauen konzipiert. Umso überraschender ist es, dass Frauen inzwischen die Hälfte aller Hochschulabsolventen stellen. Dass Bildung wichtig ist, um überhaupt einen Job zu finden oder ein wenig im gesellschaftlichen Leben mitmischen zu können, haben die saudischen Frauen verinnerlicht. Bei internationalen Hochschulwettbewerben schneiden saudische Studentinnen oft überdurchschnittlich gut ab. Ich denke, dass das daran liegt, dass die jungen Frauen sehr wohl wissen, wie wertvoll Bildung ist, dass sie für ihre Mütter nicht selbstverständlich war und dass man sich dafür richtig reinhängen sollte. Böse formuliert haben sie dafür allerdings auch Zeit, denn viel unternehmen können Frauen in Saudi-Arabien ja nicht. Daher bleibt man gern mal zu Hause und lernt oder trifft sich mit anderen Frauen in einer Lerngruppe. Man lernt eine zweite oder dritte Fremdsprache, gründet einen Literaturklub – hier schaffen sich Frauen Freiräume und die Möglichkeit, etwas für sich zu tun. Mir kamen gerade die jüngeren Frauen besonders wissenshungrig vor und die Studentinnen deutlich engagierter im Studium als die Männer. Außerdem sind Hochschulwettbewerbe, ob in Mathematik, Mediengestaltung oder Medizin, für die Frauen eine prima Möglichkeit, den Männern mal ein Schnippchen zu schlagen und ihnen und der Welt zu zeigen, was die Frauen draufhaben.

So langsam sickert aber die Erkenntnis ein, dass man es sich nicht leisten kann, die Hälfte der Bevölkerung abzuhängen und in die Häuser zu verdammen. Frauen, besonders saudische Frauen, sollen auf den Arbeitsmarkt. Man hat aus einem Gesetzestext zum Arbeitsrecht die Passage gestrichen, in der steht, dass Frauen nur Arbeiten verrichten dürfen, die »ihrer Natur entsprechen«. Eine staatliche Zukunftsagenda namens *Vision 2030* stellt die Abschaffung des Mahram-Systems in Aussicht und würdigt die Rolle der Frauen. Schrittchen für Schrittchen geht es voran. 2013 wurden 30 Frauen in das *Shura Council* berufen, die Beratende Versammlung des Königs. Es ist der höchste Rat des Landes, und erstmals dürfen Frauen darin mitwirken. Vor Gericht dürfen Frauen jetzt ohne Mahram erscheinen. Es gibt eine Möglichkeit, wie sie ohne Mahram eine eigene Identitätskarte beantragen dürfen. Frauen dürfen bei den Kommunalwahlen nun wählen und gewählt werden. Das ist keine Demokratie, sondern wieder ein Ratssystem, aber erstmals haben Frauen überhaupt Zugang zu solchen Gremien. Das sind Meldungen, die dann groß durch die Zeitungen gehen und mit denen Saudi-Arabien der Welt und auch sich selbst zeigt, dass man mit der Zeit geht und ja gar nicht so rückständig ist, wie alle glauben. Echte Partizipation am gesellschaftlichen und wirtschaftlichen Leben des Landes ist dies aber noch nicht. Die Möglichkeiten öffnen sich, die Vorzeigefrauen werden zu Hause und international gefeiert, für die Durchschnittsfrauen ändert sich wenig. Sie bleiben immer noch nach der Geburt des ersten Kindes zu Hause und kehren, wenn überhaupt, erst spät auf den Arbeitsmarkt zurück. All die Ärztinnen, Lehrerinnen, Zahnärztinnen, Geschäftsfrauen und weiblichen Führungskräfte, die in den Medien präsentiert werden, sind jede für sich eine Ausnahme, aber auch ein Vorbild für jüngere Frauen und für Männer. Das Land geht nicht vor die Hunde, wenn eine Frau studiert und als Ärztin arbeitet, zeigen diese Frauen.

Wenn Frauen aber von heute auf morgen Auto fahren dürften, würde es, glaube ich, erstmal ein totales Chaos geben, und dann würde sich das komplette Leben in Saudi-Arabien auf einen Schlag ändern. Es wären ja nicht nur die Frauen uneingeschränkt mobil, die Männer würden vermutlich ausflippen. Es ist ja schon ein Hingucker, wenn eine Frau nur im Taxi sitzt. Wenn plötzlich viele Frauen allein im Auto herumfahren würden, dann wäre auf allen Straßen Autoscooter. Die Männer würden versuchen, die Frauen anzufahren, um ihre Aufmerksamkeit zu erregen, und auch, um sie zu jagen. Im Taxi hat eine Frau einen Fahrer, allein im Auto wäre sie vermutlich Beute. Wem eine gefällt, der würde versuchen, sie zu jagen und zu stellen. Die Vorstellung ist lustig und tragisch zugleich, sie zeigt aber, welches Bild die Männer in Saudi-Arabien von Frauen haben.

Für rückständiges Denken gibt es eigentlich keine Entschuldigung. Dank Internet und Kinofilmen kann sich jeder Mann informieren, und jeder hat eine Mutter, Schwester, Cousine, die er fragen könnte, wie sie behandelt werden möchte. Viele Saudis sind bereits ins Ausland gereist und sehen, wie Frauen in den Nachbarländern auftreten und behandelt werden. In den Vereinigten Arabischen Emiraten, in Katar, Kuwait oder Oman fahren Frauen ganz selbstverständlich Auto, studieren und arbeiten gemeinsam mit Männern, gehen aus, wohnen allein. Die Männer wissen, dass sie sich in Saudi-Arabien ein Paradies geschaffen haben, und geben es nur sehr ungern auf.

Die Geschlechtertrennung im Alltag trägt dazu bei, dass Männer und Frauen sich entfremden und zu selten auf Augenhöhe begegnen.

Nicht der Schleier ist das Problem, sondern der mangelnde Kontakt. Die Trennung treibt ja die buntesten Blüten, da fällt es schwer, unverkrampft miteinander umzugehen oder überhaupt Kontakte zu finden.

Es beginnt mit echten Horrorgeschichten. Da gibt es den Fall des Schulhausbrandes von 2002 in Mekka, bei dem 15 Mädchen ums Leben kamen. Und warum? Die Religionspolizei ließ die Feuerwehrleute nicht durch, weil die Gefahr bestand, dass die Mädchen nicht gut genug verschleiert sind. Die Mädchen sollten lieber in Ehre sterben als von fremden Männern unverschleiert gesehen und entehrt zu werden. 2014 kam eine Studentin in Riad bei einem medizinischen Notfall ums Leben, weil die Universität keine männlichen Rettungssanitäter zu ihr durchlassen wollte und sie nicht genug verschleiert war. Solche Vorfälle gibt es immer wieder, und jedes Mal gibt es in Saudi-Arabien deswegen einen öffentlichen Aufschrei. Auch die saudischen Medien berichten darüber. Mich erschreckten solche Ereignisse und rüttelten mich immer wieder wach: »Schau mal, wo du da bist! Was es dort noch für Sachen gibt«, dachte ich dann.

Nicht alle Folgen der Geschlechtertrennung sind so tragisch. Der Alltag ist skurril genug. Firmen haben getrennte Eingänge und getrennte Arbeitsbereiche für Männer und Frauen. Wenn sich Kollegen oder Kolleginnen miteinander austauschen wollen, müssen sie telefonieren oder videotelefonieren. Alternativ gibt es Konferenzräume – einen im Frauen- und einen im Männerbereich. Diese sind mit Videokonferenzsystemen vernetzt. Und – total verwegen! – es gibt bereits Firmen, die einen gemeinsamen Konferenzraum für Männer und Frauen geschaffen haben. Trennwände in der Mitte verhindern den direkten Sichtkontakt.

Das ist wie mit den Partitions im Restaurant – die Frauen werden hermetisch abgeriegelt, um ja nicht direkt mit ihnen zu kommunizieren oder kommunizieren zu müssen.

## Saudische Frauen kennenlernen: für Europäer leichter als für Saudis

Die saudischen Männer stehen sich dabei selbst im Weg, kann ich aus eigener Erfahrung sagen. Denn woher weiß ich, der Europäer, so viel über saudische Frauen? Ich habe sie gefragt und mit ihnen gesprochen, gelacht, etwas unternommen. In einer Kultur, die Verhüllung und Verschleierung praktiziert, soll das jeder und jede halten, wie er will, aber er oder sie muss dann schon damit rechnen, dass ich sie als Europäer einfach wie einen normalen Menschen behandle. Ob vollverschleiert oder nicht, schon durch meinen Job bin ich regelmäßig auf Frauen zugegangen. Wer zu uns ins Restaurant kam, wusste ja, dass es ein Restaurant im westlichen Stil ist, und hatte sicher schon eine gewisse Vorstellung von dem, was wir zu bieten hatten. Man kann ja nicht in ein so luxuriöses Restaurant gehen, ohne sich vorher zu informieren. Mir fiel es nicht schwer, auf unsere Gäste zuzugehen und Frauen genauso höflich und aufmerksam zu behandeln wie Männer.

Andere Frauen lernte ich bei Kulturveranstaltungen kennen. Die Kulturszene ist klein, und wenn man zu einer Vernissage geht und einen Monat später zur nächsten und dann zu einem Konzert, trifft man dort immer wieder dieselben Leute, Männer wie Frauen. Dann sieht man ein bekanntes Gesicht mal bei einem Kunsthandwerksbasar und sagt einfach nur »Hallo«. Irgendwann sagt man »Mensch, wir haben uns doch schon mal gesehen«, das ist keine plumpe Anmache, sondern ein echter Türöffner. Es folgen dann Gespräche über Kunst, Musik und Kultur. Für Europäer ist es leichter, mit fremden saudischen Frauen in Kontakt zu kommen als für einheimische Männer. Saudische Frauen fühlen sich von einheimischen Männern schnell bedrängt, Europäern glauben sie eher, dass man nur nett »Hallo« sagt.

Dann sind da die Partygirls, die man auf jeder Party wieder trifft. Die gehen einfach auf jede Party, und wenn man wie ich selbst auf fast jede Party geht, kennt man sich ziemlich schnell. Die finden einen dann interessanter als einen Araber, weil man als Spaßkanone gilt und die Girls neugierig werden, wer denn der Typ ist, den sie jedes Wochenende sehen. Da geht man dann einfach hin, sagt »Grüß dich«, und schon ist man im Gespräch. Die Partygirls kommen aus sehr westlichen Familien, sind meist zweisprachig Arabisch-Englisch aufgewachsen und in der westlichen wie der saudischen Welt zuhause. Das sind oft Familien, die den einen Teil des Jahres in Dschidda und den anderen in den USA oder London leben. Durch die westlichen Einflüsse haben die Töchter überhaupt erst die vielen Freiheiten. Es sind am ehesten diese Frauen, die in eigenen Apartments leben, die einer der Mahrams gemietet hat und in denen sie Untermieterin sind.

Die Partygirls waren schon deshalb auf jeder Party, weil auf jeder Party zu viele Männer waren und man sich intensiv darum bemühte, Frauen einzuladen. In einer anderen Gruppe, die aus dem Expats-Netzwerk *Internations* entstanden war, waren nur etwa zehn Prozent Frauen, alle Expats, fast alle schon verheiratet. Die Expat-Männer kamen oft nur zu Stammtischen oder Veranstaltungen, weil sie eine Freundin suchten, es war nicht leicht, dann die Freizeitaktivitäten aufrechtzuerhalten. Die Gruppe zerbröselte fast wegen des Frauenmangels. Alleinstehende Expat-Frauen werden eher selten nach Saudi-Arabien eingeladen, wir mussten also einfach auch saudische Frauen kennenlernen. Aus der Couchsurfingclique wurde bald die Partyclique, weil ich begann, Partys selbst zu organisieren und dazu auch Saudis einzuladen, Männer wie Frauen. Das war für Dschidda etwas Neues. Schon, um genug Partygäste zu finden, war ich darauf angewiesen, Frauen kennenzulernen.

Facebook half auch hier. In meiner geheimen Veranstaltungsgruppe »What's happening in Jeddah« nahm ich besonders viele Frauen auf. Facebook und andere soziale Medien wahren ja immer noch etwas Distanz. Ich habe dann noch nicht die Adressen und Telefonnummern der Frauen, und wenn eine bei einer Party gute Erfahrungen mit uns als Veranstaltern gemacht hatte, empfahl sie unsere Gruppe Freundinnen. Für saudische Frauen ist es wichtig, sich in einer Umgebung sicher und wertgeschätzt zu fühlen, und das gelang uns sowohl in den sozialen Medien als auch bei den Partys.

Im öffentlichen Raum wildfremde Frauen anzusprechen, das habe nicht einmal ich gemacht. Das ist ein absolutes No-Go. Niemand in Saudi-Arabien spricht einfach so in der Mall oder im Supermarkt fremde Leute an. Man unterhält sich nicht im Supermarkt, man unterhält sich auch nicht mit Fremden. Männliche Trampel versuchen manchmal, Frauen anzurempeln oder absichtlich-unabsichtlich mit ihrem Einkaufswagen zusammenzustoßen. Der Mann hat dann abends im Coffeeshop seinen Kumpels etwas zu erzählen, die Frau ist einfach nur genervt.

Bei Frauen, die Gesichtsschleier tragen, ist es schwer, ihre Reaktion oder ihre Gefühlslage zu erspüren. Ich erinnere mich an eine Situation, in der ich sehr gern das Gesicht der Frau gesehen hätte, um richtig reagieren zu können: Ein Paar kam zu uns ins Lokal und ließ sich einen Tisch geben. Der Mann bestellte Vorspeisen und zwei Hauptgerichte, die auf einmal gebracht werden sollten. Er aß ganz gemütlich seine Mahlzeit, die Frau saß still daneben, aß und trank nichts. Ich kam wie bei allen Gästen an den Tisch und fragte, ob alles in Ordnung ist, fragte auch die Frau – sie schwieg und blickte auf den Tisch. »Schmeckt es Ihrer Frau nicht?«, fragte ich dann den Mann. »Können wir ihr etwas anderes bringen?«

»Meine Frau hat keinen Hunger«, ranzte der Mann, ohne mich anzusehen. Er aß dann noch in aller Ruhe sein Hauptgericht auf, während die Frau mit gesenktem Kopf vor ihrem vollen Teller saß. Irgendwann wedelte der Mann mit der Hand und sagte, dass wir den Rest einpacken sollten. Ich fragte trotzdem sowohl den Mann als auch die Frau, ob sie vielleicht noch einen Nachtisch oder einen Kaffee wollten. Die Frau bewegte sich nicht, der Mann schüttelte nur den Kopf und warf dann seine Serviette auf den Tisch. Das Paar kam nie wieder zu uns ins Restaurant.

Solche Szenen waren bei uns im Lokal kein Alltag, in Saudi-Arabien sind sie es dennoch. Manche Männer behandeln ihre Frauen in der Öffentlichkeit, als wären sie gar nicht da, als wäre unter dem Schleier kein Mensch mit eigenem Willen, eigenen Ideen, eigenen Meinungen. Es scheint, als ob manchem sogar bei der eigenen Ehefrau die Vorstellungskraft fehlt, dass hinter dem Schleier ein Mensch steckt, der alles genau so hört und erlebt wie man selbst, dass der Schleier die Frau ja nicht verschwinden lässt und auch nicht zur Unperson macht.

## Die Mutterrolle als Lebensaufgabe: der saudische Familiensinn

Es ist erstaunlich, wie kalt, gleichgültig und herablassend manche Männer ihre Frauen in der Öffentlichkeit behandeln, wenn man bedenkt, wie hoch geehrt Mütter und Mutterschaft sind. Die Familie ist alles, die Mutter ist eine Göttin. Manche älteren Frauen sind nicht mit ihrem eigentlichen Namen bekannt, sondern heißen »Umm Ali«, die Mutter von Ali, oder die Mutter von einem Kind anderen Namens. Als »Mutter von« bekannt zu sein, ist sehr ehrenvoll, lässt die Frau jedoch hinter ihrer Mutterrolle verschwinden. Wenn eine Frau ein Familienmensch ist, ist natürlich auch sie stolz, als »Mutter von Ali« bekannt zu sein. »Mutter von Ali« ist übrigens auch der Name einer der beliebtesten Nachspeisen der Arabischen Halbinsel, einem sämigen Auflauf aus Brot, Nüssen, Trockenfrüchten, Gewürzen, Zucker und Sahne.

Der saudische Familiensinn kennt keine Grenzen. Der Familie wird so viel untergeordnet, dass Frauen sogar ihren Vornamen aufgeben, um ganz »Mutter von ...« zu sein. Die intakte Familie ist besonders wichtig. Scheidung gilt als Schande, obwohl die Ehen arrangiert werden. Die, warum auch immer, kinderlose Ehe wird aufrichtig bedauert, von den nächsten Verwandten genauso wie von Wildfremden. Wenn man sich vorstellt oder Small Talk macht, ist die zweite Frage (nach der nach dem Namen) nicht »Und, was machst du so?«, sondern »Hast du Kinder?« oder, bei sehr jungen Leuten, »Bist du verheiratet?«. Freiwillig auf Ehe und Kinder zu verzichten ist ein Lebensentwurf, der im saudischen Koordinatensystem nicht vorkommt.

Wer Kinder hat, kann sich darauf verlassen, überall eine kinderfreundliche Umgebung zu finden. Die Eltern sind streng und autoritär, die Kinder folgsam. Vater und Mutter sind zu respektieren. Kinder aber auch. Nur ganz, ganz wenige, sehr hochpreisige Restaurants lassen erst Jugendliche zu. Ansonsten ist es selbstverständlich, dass Kinder überall dabei und nicht nur dabei, sondern gern gesehen sind. Wegen der Nachtaktivität der Saudis sind auch die Kinder sehr lange auf. Das ist wie in allen südlichen Ländern.

Zu uns ins Restaurant kamen tagtäglich und Abend für Abend Großfamilien. Das ging manchmal schon bei der Wahl des Tisches los, wenn eine saudische Familie ins Restaurant kam. Familien, insbesondere die großen Familien, kamen fast immer ohne Reservierung herein. Der Anführer der Gruppe, meistens der Familienvater, stapfte dann voraus und verlangte einen Tisch. Für wie viele Personen? Das wusste er meistens nicht. Denn die sechs Kinder, seine Frau, deren jüngere Schwester und Cousine, die nun im Eingangsbereich des Lokals standen, waren ja nicht alle, die kommen wollten oder sollten. Ob und wann aber Oma, Tante, Cousin mit Frau und vier Kindern, erwachsene Söhne mit Freunden und Babys kommen würden und wie viele Kindermädchen dabei sein würden, das wusste niemand, wenn ein Platz für die Familie verlangt wurde. Es wurde aber dennoch erwartet, dass spontan ein Tisch für 18 Personen zur Verfügung stand und man beliebig erweitern oder Stühle dazustellen konnte. Meistens gelang uns dies auch, denn wir lernten schnell, uns auf diese Wünsche einzustellen, und Familien hatten wir gern als Gäste. Anders als Leute in vielen anderen Ländern fühlen sich Saudis durch Großfamilien in Restaurants nicht gestört, denn Großfamilien sind die übliche Lebensform. Kinderlärm gehört zum Alltag, auch am späteren Abend, auch in Speiselokalen. Niemand schaut Familien schief an, wenn sie sich im Lokal, der Eisdiele, im Café oder im Park raumgreifend ausbreiten. Familienfreundlichkeit ist so selbstverständlich, dass sie im Alltag nicht einmal thematisiert wird – Familien sind grundsätzlich überall willkommen. Ausnahmen gibt es in den feinen Speiselokalen einzelner internationaler Hotels – dort ist der Zugang manchmal nur ab 13 Jahren und in formaler Kleidung erlaubt. Darauf weisen die Lokale aber bereits auf ihren Websites hin, und es sind Lokale, die vor allem von Geschäftsleuten oder reichen Pärchen aufgesucht werden. Die Familienabteilung eines Restaurants ist also nicht dazu da, um Familien von anderen Gästen zu trennen, sie ist vielmehr der Hauptraum eines jeden Lokals und der Ort, an dem sich das Leben mit all seinem Lärm und seinen Dramen abspielt. Die Familie ist als Gast genauso König wie das Pärchen, und wenn plötzlich noch zehn weitere Mitglieder derselben Großfamilie in der Tür stehen, tut man als Gastwirt gut daran, sich schnell eine Lösung zu überlegen, wie man diese Gäste gut unterbringt.

Eine Großfamilie gilt nicht als asozial, sondern als großer Segen und auch als Statussymbol. Viele Kinder muss man sich leisten können, erst recht, wenn man mit der ganzen Familie ins Restaurant geht. Früher waren Kinder Lebensversicherung für die Nomaden, heute sind sie Lebensstil. Der legendäre Harem ist es nicht mehr. Mehr als eine Frau zu heiraten ist komplett aus der Mode. Polygamie ist in Saudi-Arabien erlaubt, und es gibt sie auch. Ein Großteil der Männer aber gibt sich mit einer Frau zufrieden. Wer mehr als eine Frau heiratet, ist an strenge Regeln gebunden. So ist es etwa ein Muss, dass jede Frau die gleichen Anteile an Reichtum bekommt. Sie muss gesondert von den anderen Frauen leben, braucht also ihren eigenen Wohnraum, und wenn man das jetzt mal multipliziert, wenn er eine Frau hat, dann brauchen vier Frauen viermal den gleichen Lebensraum wie die erste Frau. Also eine Wohnung oder ein Haus, wenn die erste Frau auch in einem Haus wohnt. Der Harem, in dem sich leicht bekleidete Konkubinen räkeln und auf den Pascha warten, den gab es in abgemilderter Form nur für den Herrscher des Osmanischen Reiches.

Ursprünglich sollte die Vielehe dazu dienen, Frauen zu verheiraten und zu versorgen, die keinen Mann fanden. Jahrhundertelang gab es durch Kriege und harte Arbeit einen Frauenüberschuss auf der Arabischen Halbinsel. Allein konnte eine Frau aber nicht überleben, daher wurde Männern die Möglichkeit geschaffen, mehr als eine Frau zu heiraten. Im Nu wurde die Zahl der Ehefrauen zum Statussymbol. Heute schindet man eher Eindruck, wenn man sich teure Autos oder eine Yacht kauft. Viele Autos kann man auch besser herzeigen als viele Ehefrauen. Ich denke auch, dass die Leute, die ich kennengelernt habe und die in meinem Alter waren, gar kein Interesse mehr an Polygamie haben. Man geht davon aus, dass es die Älteren sind, die das noch leben. Natürlich weiß man, dass Herrscherfamilie und viele Prinzen sich mehrere Frauen halten können. Oder leisten können. Halten ist schon kein schlechter Ausdruck dafür.

Wie viele Frauen ein Herrscher hat und von welcher welcher Sohn stammt, ist oft gar nicht bekannt. Die First Lady steht in Saudi-Arabien nicht in der Öffentlichkeit, es scheint, als gäbe es gar keine Königin. Der 2015 verstorbene König Abdullah hatte 36 Kinder von seinen angeblich nur vier Frauen. Aus den kleinen Golfstaaten ist die Praxis der seriellen Polygamie bekannt – eine Frau wird geschieden und gut versorgt, damit der Mann eine weitere Frau heiraten kann. Scheich Zayed aus Abu Dhabi, Gründer der Vereinigten Arabischen Emirate, hat 30 bekannte Kinder von sieben bekannten Ehefrauen. Man liest manchmal in der Boulevardpresse, dass die Frauen der Mächtigen in Saudi-Arabien im Goldenen Käfig leben. Wie sie wirklich leben, weiß niemand. Man weiß ja nicht einmal, wie die vermutlich vier amtierenden First Ladies heißen und aussehen.

Ehefrauen sind Privatsache, das lebt das Herrscherhaus vor. »Und, wie geht es Ihrer Frau?«, eine höfliche Frage, deren Antwort im Small Talk eigentlich nicht interessiert, ist in Saudi-Arabien eine Frechheit. Nach den Kindern darf man fragen, nicht nach der Ehefrau, die ist Privatsache und sollte ja nicht einmal von Fremden angesehen werden.

## Gibt es einen »neuen saudischen Mann«?

Wie sich eine Familie in der Öffentlichkeit präsentiert und wie zu Hause, kann sich stark unterscheiden. Es gehört zum Selbstbild saudischer Männer, in der Öffentlichkeit den großen Macker raushängen zu lassen. Der Mann hat in der Mall oder auf der Straße vorneweg zu gehen, die Frau oder Frauen hinter ihm. Wenn er redet, hat die Frau zu schweigen. Bei manchen Männern, die ich im Lauf der Zeit kennenlernte, wunderte ich mich anfangs, warum sie einen auf großen Anführer machten, wenn ihre Frau dabei war. Das passte gar nicht zu ihnen, denn im Gespräch waren das reflektierte, welterfahrene, moderne Männer, die sich niemals frauenfeindlich äußerten und immer sehr bewundernd und wertschätzend von ihren Frauen sprachen. Dass ihr Auftreten nur Fassade war, merkte ich bei Besuchen zu Hause. Da saßen alle gemeinsam im Wohnraum und unterhielten sich, Männer wie Frauen, und die Frauen mussten überhaupt nicht still sein oder nur Tee servieren. Sie waren in der Runde gleichberechtigt, und ich hatte den Eindruck, dass sie im Haus absolut das Sagen haben. Auch das ist ja Tradition: Die Frau als Hausherrin leitet den Haushalt, inklusive der Bediensteten, inklusive des Einkaufs und der Gestaltung des Heims. Dem Mann überlassen die Frauen in der Öffentlichkeit das Sagen, damit er sich wie ein Mann fühlen kann und niemand sich über ihn lustig macht. Die Ehefrau in der Öffentlichkeit als gleichberechtigte Partnerin zu präsentieren oder sich ihr unterzuordnen, ihr hinterherzulaufen, das finden saudische Männer lächerlich und weichlich. Der »neue Mann« in Saudi-Arabien schiebt aber sehr gern einen Kinderwagen, er trägt seine Töchter auf den Schultern und ist sich nicht zu fein, die vielen Tüten, die seine Frau beim Shoppen ansammelt, zu tragen. Diese jüngeren Männer finden, dass Kinder nicht allein Frauensache sind, und engagieren sich in der Erziehung, machen allein mit den Kindern Ausflüge, machen auch Quatsch mit ihren Kindern. Und nein, Töchter werden nicht schlechter behandelt als Söhne. Das ist von Familie zu Familie verschieden, ich habe aber oftmals auch junge Männer mit einer Schar Töchtern gesehen. Man wünscht sich unter seiner Kinderschar schon einen Sohn, verachtet jedoch die Töchter nicht wie in Indien. Söhne zu verheiraten ist sogar teurer, als eine Tochter unter die Haube zu bringen, denn es sind die Familien der jungen Männer, die dem Vater der Braut ein Brautgeld bezahlen müssen. Ohne dieses gibt es keine Ehe, und wenn es nur der symbolische Betrag von 5 Rial ist. Es kann auch eine Eigentumswohnung sein oder ein Haus, je nach Familie. Töchter waren früher ein Handelsgut für die Familien, das gegen Land, Kamele, Ziegen oder Gold getauscht wurde. Heute profitieren Mädchen vom Erbe dieser sehr konkreten Wertschätzung, sie müssen aber auch weiterhin in Kauf nehmen, dass Eltern versuchen, sie zu verheiraten. Beides wurzelt in derselben Tradition.

Was tun Frauen also, um ihre Situation zu verbessern? Sie setzen auf langsame Veränderungen von innen heraus. Demonstrieren und sich in der Öffentlichkeit zu versammeln ist im Land verboten, sie können also nicht auf die Straße gehen, ihre Kopftücher verbrennen und einen echten Aufstand anzetteln. Polizei und Militär würden diesen gewaltsam ersticken. Unter Frauen gibt es aber auch ohne sichtbare Frauenbewegung einen sehr engen Zusammenhalt. Solidarität ist besonders wichtig, um sich gegenseitig nach vorne zu bringen, ob in der Lerngruppe, im Arbeitsleben oder wenn es darum geht, sich doch einmal ans Steuer zu setzen. Die Feministin Manal al-Sharif, eine Computerexpertin, setzt sich seit Jahren für zivilen Ungehorsam ein und fordert Frauen seit 2011 auf, Auto zu fahren, sich dabei zu filmen und zu fotografieren und die Bilder ins Netz zu stellen, damit jeder Mann und die ganze Welt sehen können, was passiert, wenn Frauen Auto fahren. Nämlich: erstmal nichts.

Andere Frauen zeigen im erlaubten Rahmen, was sie können, und nutzen dies vielleicht als Generalproben zum feministischen Aufstand. Wie in vielen Ländern gibt es auch in Saudi-Arabien den »Brustkrebsmonat«, in dem verschiedene Organisationen für Vorsorge- und Präventionsmaßnahmen werben, um das Bewusstsein für die Krankheit zu schärfen. Das Zeichen der Kampagne ist die pinke Schleife. Im Oktober 2010 sorgte eine Gruppe von etwa 4000 Frauen mit pinken Kopftüchern in einem Sportstadion in Dschidda für Aufsehen, als sie gemeinsam eine pinkfarbene Schleife bildeten und ein Zeichen für die Anti-Brustkrebs-Kampagne setzten. Im Dezember 2015 kamen in einem Fußballstadion in Riad mehr als 8000 Frauen zusammen, die alle ein pinkes Kopftuch trugen und gemeinsam die größte pinke Schleife aller Zeiten bildeten. Sie kamen damit sogar ins Guinness-Buch der Rekorde. Als Rekordhalter sind dort »Frauen Saudi-Arabiens« genannt. Ich bin mir sicher, dass die Frauen noch ganz andere Aktionen auf die Beine stellen können und werden.

Bleibt als letzte Frage: Was tragen die saudischen Frauen unter ihren Abayas und Kopftüchern? Dies ist die einfachste aller Antworten: was sie wollen. Solange sie verschleiert sind, können sie drunter Jeans oder Jogginghosen, Paillettenkleider oder nur Baumwollunterwäsche tragen. Diese eine Sache steht ihnen völlig frei.

# Alles haram

## Religion und Alltag

Es ist völlig egal, mit wem man wo und wann spricht, irgendwann endet jedes Gespräch bei der Religion. Ob jemand gläubig ist oder nicht, spielt keine Rolle, die Religion prägt jedermanns Tagesablauf, Freizeitverhalten und Familienleben. Sie umgibt einen wie die Luft, man atmet sie automatisch mit. Das strengste Land der Welt ist auch das religiöseste Land der Welt, vielleicht sogar das gläubigste.

Das Land Saudi-Arabien ist Hüter und Beschützer der heiligen Stätten des Islams, jener Orte, an denen der Prophet und Religionsstifter Mohammed gelebt, gelehrt und gewirkt hat. Mekka und Medina liegen nur eine kurze Autofahrt von Dschidda entfernt, die Pilger aus dem Ausland reisen alle über Dschidda zu den heiligen Stätten. Jeder Muslim der Welt verneigt sich in Richtung Mekka, wenn er betet. Saudi-Arabien wird schon allein wegen der Pilgerstätten immer ein religiös geprägtes Land bleiben.

Der Prophet Mohammed wurde zwischen 570 und 573 unserer Zeitrechnung in Mekka geboren und starb am 8. Juni 632 in Medina. Der erste Monat des Jahres, in dem Mohammed von Mekka nach Medina auswanderte, ist der Beginn der islamischen Zeitrechnung. In Saudi-Arabien ist das Jahr 2017 eigentlich das Jahr 1439, mit dem Jahreswechsel im Herbst. Islamische Länder verwenden den Mondkalender, nicht wie wir den Sonnenkalender, was bedeutet, dass die islamischen Monate kürzer sind als die des gregorianischen Kalenders. Daher wandern der islamische Jahreswechsel, die Feiertage und der Fastenmonat Ramadan durch die Jahreszeiten.

Nennt man den Propheten beim Namen, sagt man immer eine Segensformel hinterher: »Alayhi as-salam«, der Friede sei mit ihm. In religiösen Texten erscheint diese Segensformel als kleine Vignette. Es gibt auch eine längere Fassung, die übersetzt lautet »Möge Allah ihn ehren und ihm Frieden schenken«. Die Religion bestimmt die Sprache, nicht nur bei der Nennung des Propheten. Die Formulierung »Wallah!«

bedeutet wörtlich »Beim lebendigen Gott!«, wird aber auch dann gesprochen, wenn wir »krass!«, »echt jetzt?« oder »woah!« sagen würden. Der islamische Gruß »Salam Aleikum« bedeutet »der Friede sei mit euch«. Wenn man etwas Schönes sieht, hört, erzählt oder gezeigt bekommt, sagt man »Mashallah!«, das bedeutet »wie es Gott gefällt« und zeigt, dass man keinen Neid oder Eifersucht empfindet und das Schöne der anderen Gott empfiehlt. Das kann ein Neugeborenes sein oder ein neues Schmuckstück. An Straßen stehen Schilder mit religiösen Sprüchen, als Erinnerung an den Glauben und Schutz für die Reisenden. In vielen Autos hängen sie auch. Man sagt »Alhamdulillah!«, wenn man »Gott sei dank!« meint – auch im Deutschen gibt es übrigens viele religiöse Ausdrücke, von denen das bayerische »Grüß Gott« nur der prominenteste ist. Man sagt »Inshallah« (so Gott will), wenn man sich auf Gottes Willen beruft, und »Allah yusmallak« (Gott schütze dich), wenn man »keine Ursache« oder »Danke für die guten Wünsche / Hilfe« sagen möchte. »Bismilla« (Im Namen Gottes) sagt man, wenn jemand niest, aber auch, wenn man in ein Taxi steigt und dieses losfährt oder wenn jemand auf Reisen geht – es ist ein Segenswunsch. Gott ist immer in aller Munde, als Expat hört man diese und viele andere Ausdrücke so oft, dass man sie automatisch übernimmt. Wo jeder Lebensbereich und die gesamte Alltagssprache von Religion durchdrungen ist, endet zwangsläufig jedes Gespräch bei der Religion.

## »Gott ist größer«: der Ruf des Muezzins als Kompass und Uhr

Die Gebetszeiten kann man in Saudi-Arabien nicht verpassen. Fünf Mal am Tag ruft der Muezzin von den Minaretten, nicht leibhaftig, sondern aus Lautsprechern. Es gibt viele kleine Moscheen und daher viele Minarette. In der Innenstadt verstricken sich die Gesänge zu einer großen Lärmmütze. Blechern dröhnt es durch jede Straße und in jede Wohnung.

Während der Gebetszeiten haben Läden zu schließen und die Leute ihre Arbeit niederzulegen. Dass die Läden schließen bedeutet, dass die Kaufleute tatsächlich die Gitter vor den Fenstern herunterlassen und die Türen von innen absperren. Konferenzen und Besprechungen werden unterbrochen. Reisende fahren rechts ran und rollen Gebetsteppiche auf der Straße oder dem Mittelstreifen aus. Radio- und Fernsehsender unterbrechen ihr Programm. Gott ist wichtiger und größer als die irdischen Taten, zeigen die frommen Saudis damit, und das ist es auch, was der Muezzin ruft: »Allah hu-akbar«. »Gott ist größer.« Die Übersetzung »Gott ist groß« ist falsch, das hieße auf Arabisch »Allah hu-kabir«. »Akbar« ist die Steigerungsform.

Das Gebet soll den Menschen daran erinnern, dass es etwas Wichtigeres gibt als die alltägliche Betriebsamkeit. Der Sinn des Lebens ist, Allah zu verehren, sagen die Religiösen. Allah bedeutet einfach »der Gott«. Islam bedeutet »Unterwerfung« oder »Hingabe«. Muslime unterwerfen sich der göttlichen Allmacht und zeigen dies, indem sie fünfmal am Tag beten und sich klein machen, mit der Stirn den Boden berühren. Das Gebet soll Einkehr sein und Erdung. Etwa eine halbe Stunde oder auch etwas länger dauert es, bis das Land nach der Gebetszeit wieder in Schwung ist. Besonders das Freitagsgebet ist sehr zeitintensiv.

Anfangs traf mich das hart, denn oft genug stand ich vor einem Laden oder Supermarkt, bei dem gerade das Gitter heruntergelassen wurde. Das bedeutete für mich: Eine halbe Stunde vor dem Laden warten, bis die Gebetszeit vorbei ist und ich meinen Einkauf erledigen kann. In der Zeit konnte ich nicht einmal Radio hören, denn in Saudi-Arabien werden zur Gebetszeit ie gesagt alle Fernseh- und Radiosendungen unterbrochen und es wird der Gebetsruf gesendet, der Adhan. Danach wird entweder das Gebet aus Mekka live übertragen oder ein religiöser Text rezitiert.

Die islamischen Gebetszeiten betreffen also auch die Nichtmuslime, ganz praktisch beim Einkaufen, aber auch bei der Strukturierung des Tages. Der Ruf des Muezzins weckt morgens die ganze Stadt, denn er ist in jedem Viertel laut genug, um ihn nicht überhören zu können. Nur in den Compounds und Labour Camps, die sich außerhalb der regulären, gemischten Stadtviertel befinden, ist der Gebetsruf nur schwach zu hören. Man verabredet sich zum Mittagessen nicht etwa um 12.30 Uhr oder 13 Uhr, sondern »nach dem Mittagsgebet«, auch dann, wenn man gar nicht betet. Wenn der Ruf zum Nachmittagsgebet erklingt, denkt man bei der Arbeit »Oh, schon so spät!« und gibt noch einmal Gas, weil der Arbeitstag schon vorbei ist, oder freut sich, dass der Arbeitstag bald endet. Verabredungen trifft man für die Zeit nach dem Abend- oder Nachtgebet. Der Muezzin erinnert einen immer daran, wie spät es ist, genau wie Kirchenglocken. Diese geben die Zeit zwar im Viertelstundentakt an, aber so exakt geht es in Saudi-Arabien mit der Zeit nicht. Da die Leute ohnehin nicht so pünktlich sind wie in Deutschland oder Europa, genügen Zeitangaben wie »am Vormittag« oder »nach dem Nachmittagsgebet«, und dann hat auch niemand die Ausrede, die Zeit vergessen zu haben, denn der Gebetsruf ist unüberhörbar. Genauer geht es mit der Zeitplanung nicht. Manchmal ist die Zeitangabe ja auch einfach »morgen«, und dann geht es ohnehin nicht um die Zeit, sondern darum, welches der vielen morgen gemeint ist.

Wann die Gebetszeiten genau sind, ändert sich jeden Tag, denn sie richten sich nach den Gestirnen. Jeder Tag hat fünf Gebetszeiten, deren Beginn traditionell durch den Ruf des Muezzins verkündet wird. Da sie sich nach dem Stand der Sonne richten, sind sie an jedem Ort der Erde unterschiedlich. Früher beobachtete man von den Moscheen aus die Gestirne, heute werden die Gebetszeiten berechnet und in Zeitungen sowie im Internet veröffentlicht. Spezielle Apps weisen Gläubige ebenfalls darauf hin, gegebenenfalls mit dem Muezzin-Ruf, der dann aus dem Handy ertönt. Der elektronische Muezzin ruft also auch aus tausenden Hand- und Hemdtaschen.

Die Morgengebetszeit beginnt mit dem ersten Schimmer der Morgendämmerung. Dann ruft der Muezzin zum ersten Mal. Die Gläubigen haben dann bis Sonnenaufgang Zeit, ihr Morgengebet zu verrichten. Der Ruf zum Mittagsgebet ertönt, wenn die Sonne ihren höchsten Punkt überschritten hat. Unser westliches symbolträchtiges »Zwölf Uhr Mittag« soll ja den höchsten Stand der Sonne markieren, der Islam will genau dies nicht, denn sonst könnte es so wirken, als würden die Gläubigen die Sonne verehren und nicht Gott. Die Zeit des Mittagsgebets ist auch die Zeit des Freitagsgebets, das dann aber inhaltlich anders verläuft als das wochentägliche Mittagsgebet, und zu dem die Männer explizit in die Moschee kommen sollen.

Nachmittags-, Abend- und Nachtgebet liegen zeitlich eng beieinander, meistens sind es nur eineinhalb Stunden Unterschied. Das heißt, wer zwischen den Gebetszeiten etwas erledigen will, muss sich sputen, weil ihm nur etwa eine Stunde bleibt. In Dschidda ist das Nachmittagsgebet meistens kurz vor 17 Uhr. Die Berechnung ist kompliziert und hängt erneut vom Sonnenstand ab. Das Prinzip lautet, dass der Schatten eines Gegenstandes zu Beginn der Gebetszeit doppelt so lang sein soll wie der Gegenstand selbst. Die Zeit für das Abendgebet beginnt, wenn die Sonne hinter dem Horizont verschwunden ist, in Dschidda meistens gegen sieben Uhr abends. Wenn das letzte Sonnenlicht verschwunden ist, beginnt das Nachtgebet, das ist in Dschidda meistens gegen 20 Uhr. Wer etwas unternehmen will, essen geht, ins Einkaufszentrum fährt, der tut dies meist nach dem Nachtgebet, sonst wird es stressig. In Dschidda sind die Gebetszeiten über das Jahr verteilt ziemlich ähnlich, denn die Stadt liegt so weit südlich, dass sich der Sonnenstand im Lauf der Jahreszeiten nicht sehr stark verändert. Wegen der südlichen Lage wird es nicht nur vergleichsweise früh dunkel, der Sonnenuntergang geht auch schneller, als wir es aus Europa gewohnt sind. Dschidda liegt nur etwa 200 Kilometer vom Nördlichen Wendekreis entfernt, dem Wendekreis des Krebses. Der Wendekreis verläuft zwischen Mekka und Medina, er verläuft auch durch die Sahara, Bangladesch, Taiwan, Mexiko und durch die Bahamas. Die Stadt liegt also nicht nur östlich, sondern vor allem weit südlich von Europa. Ein Umstellen der Uhren auf Sommerzeit gibt es daher auch nicht. Im Sommer sind die Gebetszeiten ein paar Minuten früher als im Winter, das war es aber schon mit der Abweichung. Eine Uhr braucht man aber eigentlich keine, denn dafür gibt es ja den Gebetsruf.

Während der Gebetszeiten etwas zu verkaufen ist haram, das bedeutet »nicht erlaubt« oder »unrein«. Etwas einzukaufen jedoch ist erlaubt, solange man kein Muslim ist. Sich in Supermärkten oder Malls aufzuhalten ist gestattet, egal, ob man Muslim ist oder nicht. Die allermeisten Muslime gehen dennoch beten, schon allein aus Angst, von der Religionspolizei gestellt zu werden. Nichtmuslime werden von dieser aber nicht belästigt.

Es dauerte etwas, bis ich das herausfand, aber dann nutzte ich die Gebetszeiten gern zum Einkaufen im Supermarkt. Ich ließ mich während dieser Zeit im Laden einschließen. Das ist nicht verboten und dagegen sagt niemand etwas, denn der Laden ist ja zu und die Kassen sind nicht besetzt. Das sind in den Supermärkten die ruhigsten Zeiten des Tages, da die meisten Kunden sich beeilen, vor dem Gebet den Laden zu verlassen und nur wenige sich einschließen lassen. Das geht auch nur in Supermärkten, in kleineren oder auch mittelgroßen Läden werden die Kunden zur Gebetszeit hinauskomplimentiert. Wenn man etwa gerade Schuhe anprobiert, ist das ärgerlich, auch für die Händler, denn nach der halben Stunde Wartezeit kommen die Kunden eher selten in die jeweiligen Geschäfte zurück, um den Einkauf fortzusetzen. Gerade Anfangs ist mir das in den Malls oft passiert, und ich bin dann einfach weitergebummelt und hatte keine Lust mehr, zu dem einen Laden zurückzukehren.

Eingeschlossen im Supermarkt aber konnte ich mir in Ruhe alles ansehen, in Ruhe alles in den Wagen packen, mir in der Obstabteilung die besten Stücke auswählen und auch einmal in den Regalen stöbern, ohne dass mir jemand mit seinem Einkaufswagen in die Hacken fuhr. Sobald die Gebetszeit zu Ende und die Kasse wieder besetzt war, schob ich als Erster meinen Einkaufswagen zum Bezahlen, ich musste mich also nicht einmal in die obligatorische Schlange stellen. Während die Saudis wieder in den Laden strömten, fuhr ich schon mit meinem Einkauf nach Hause. Für mich war das ein kleines Erfolgserlebnis, denn jetzt wusste ich, wie ich diese für mich toten halben Stunden sinnvoll nutzen konnte.

## Fünf Säulen: eine kurze Islamkunde

Das verpflichtende fünfmalige Gebet ist eine der »Fünf Säulen« des Islams, der Hauptpflichten des Gläubigen. Die erste ist das Glaubensbekenntnis, das besagt: »Ich bezeuge, dass es keine Gottheit außer Gott gibt und dass Mohammed der Gesandte Gottes ist.« Auch dies ist Teil des Muezzin-Rufs. Nach dem Gebet als zweiter Säule kommt mit der dritten die Wohltätigkeit, Zakat genannt. Alle Muslime sind verpflichtet, einen Teil ihres Einkommens und Vermögens für die Armen zu spenden, was in der Zeit des Propheten eine Art früher Sozialversicherung war. Die vierte Säule ist das Fasten. Gefastet wird im Monat Ramadan, der wie alle anderen Monate des islamischen Kalenders durch den Jahreskreis wandert. Besonders fromme Muslime fasten auch zu anderen Gelegenheiten. Die fünfte Säule ist die Pilgerfahrt nach Mekka. Einmal im Leben soll jeder Muslim die heilige Stadt besuchen, dort in der Moschee beten, die Kaaba umrunden und andere Rituale vollziehen – die Hadsch, die große Pilgerfahrt, ist die religiöse Pflicht jedes Gläubigen. Sie führt alle Muslime nach Saudi-Arabien. Den Fastenmonat Ramadan und die Pilgerfahrt habe ich in Dschidda jedes Jahr erlebt und bestaunt, beide versetzen die Stadt in Ausnahmezustände, denen ich später noch eigene Kapitel widme.

Die Fünf Säulen sind in allen Richtungen des Islams dieselben. Auch die Verpflichtung auf den Koran ist allen Muslimen gemeinsam. Der Koran ist die Heilige Schrift des Islams; mit dem Christentum und dem Judentum ist der Islam damit eine Buchreligion. Der Koran ist im Islam das »Wort Gottes«, das dem Propheten Mohammed offenbart wurde und entstand im 7. Jahrhundert, teilweise noch zu Lebzeiten Mohammeds. Die Schrift besteht aus 114 Abschnitten (Suren), die wiederum in Verse eingeteilt sind. Es gibt Übersetzungen des Korans, für Gläubige aber gilt nur die arabische Fassung als Heilige Schrift. Arabisch, die Sprache des Korans, ist die religiöse und zeremonielle Sprache aller Muslime weltweit, auch wenn sie vielleicht gar kein Arabisch verstehen außer die religiösen Texte, die Gebete und den Ruf des Muezzins.

Einen Koran zu erwerben ist in Saudi-Arabien jedem möglich, auch Nichtmuslimen. Man kann aber nicht einfach in eine Buchhandlung gehen und in verschiedenen Ausgaben herumstöbern. Korane werden in einer verschlossenen Vitrine aufbewahrt, damit keine unreinen Personen die Bücher anfassen und dadurch in den Augen von Fundamentalisten entwürdigen. Zu diesen gehören »Ungläubige«, Frauen, die ihre Tage haben, oder solche, die rituell unrein sind.

Die rituelle Reinheit ist im Islam ausgesprochen wichtig. Vor jedem Gebet gibt es ein Waschritual, das zu befolgen ist, damit ein Gebet gültig ist. In jeder Moschee gibt es daher Waschräume für Männer und Frauen, manchmal auch einen Brunnen im Hof. In Malls gibt es unweit der Gebetsräume spezielle Waschräume, denn die normalen Kundentoiletten reichen nicht aus. Füße, Hände und Unterarme, Mund, Nasenlöcher, Ohren und der Kopf sind mit vorgeschriebenen Bewegungen zu reinigen. Fünf Mal am Tag – der Prophet wollte, dass die Gläubigen auf Hygiene achteten. Für den Nichtmuslim hat das entscheidende Vorteile: Da jede Moschee einen Waschraum hat, gibt es auch in jeder Moschee eine Toilette. Manchmal sucht man ja unterwegs ein Örtchen – in der Moschee wird man immer fündig, und anders, als es bei den meisten Moscheen der Fall ist, darf das Örtchen von jedem betreten werden. Wer beten will und keinen Waschraum findet, muss die Reinigung mit Sand oder zumindest symbolisch vornehmen, indem er Reinigungsbewegungen macht.

Zum Koran kommt der Hadith, und da wird es schon komplizierter. Diese Sammlung von Aussprüchen des Propheten und Geschichten aus seinem Leben ist keine göttliche Offenbarung, sondern Vorbild für das Leben der Muslime. Alles, was der Prophet gesagt und getan hat, hat Vorbildcharakter und ist daher beachtenswert.

Der Koran wird von unterschiedlichen Theologen unterschiedlich ausgelegt, und kein geistliches Oberhaupt hat die letzte Entscheidungsgewalt wie etwa der Papst in der römisch-katholischen Kirche. Daher gibt es unterschiedliche Arten, den Koran aufzufassen und damit den Islam zu leben. Der Hadith ist ein Wegweiser durchs Leben, ein Knigge, eine islamische Ethik. Er ist noch viel mehr, aber da kommen nun wieder die Gelehrten ins Spiel. Der Hadith ist nicht ein einziges Buch, er ist eine Sammlung, und was alles dazu gehört und wie die einzelnen Elemente inhaltlich aufzufassen sind, wird noch intensiver diskutiert als der Koran. Im Hadith wurzelt die Sunna, die »Handlungsweise des Propheten«, die Normen des Islams. Koran, Hadith und andere Schriften sind die Grundlagen der Scharia, des islamischen Gesetzes. Koran und Hadith sind also Rechtsquellen. Wegen der unterschiedlichen Auslegung dieser beiden Quellen ist auch die Scharia kein in Stein gemeißeltes Gesetz, sondern Auslegungssache. In einem islamischen Land, in dem die Scharia gilt, gilt also die für das jeweilige Land als gültig festgelegte Auslegung der Scharia. Und Auslegung heißt noch nicht, dass das Gesetz dann auch angewandt würde. Die unterschiedlich strenge Auslegung führt dazu, dass unterschiedliche islamische Länder unterschiedlich strenge religiöse Systeme haben. Wie streng islamisch ein Land ist, hängt von der Art des Islams ab, der dort Staatsreligion ist, und was die Staatsreligion ist, bestimmen das Herrscherhaus und die Tradition. In Saudi-Arabien ist der Wahhabismus Staatsreligion.

## Saudi-Arabiens religiöser Sonderweg: der wahhabitische Islam

So, wie es nicht ein einziges Christentum gibt, gibt es keinen einheitlichen Islam. Schon im Mittelalter haben sich zwei Konfessionen herausgebildet, die Muslime heute entzweien wie die Christen durch die Reformation entzweit werden: Sunniten und Schiiten. Zudem gibt es viele regionale oder theologische Zweige des Islams, die da sind Aleviten und Sufis, die Ismailiten und Ibaditen. In Mekka beten alle gemeinsam, daher muss Saudi-Arabiens Religionspolitik immer auch ökumenisch im islamischen Sinn sein, denn bei den heiligen Stätten sind keine Konflikte geduldet. In sunnitischen und schiitischen Islam spaltete sich der Glaube schon im Mittelalter auf. Im 7. Jahrhundert entzweiten sich zwei Lager darüber, wer der rechtmäßige Nachfolger des Propheten Mohammed und Anführer der Muslime sei: ein gewählter Kalif oder ein leiblicher Nachfahre, in diesem Fall ein Enkel, des Propheten? Die Sunniten (sie wollten dem Lebensstil des Propheten folgen, der Sunna) waren für ein Wahlkalifat. Die Schiiten (ihr Name bedeutet »Partei Alis« nach dem Schwiegersohn des Propheten, der die Gegenbewegung anführte) waren für den leiblichen Nachfahren. In der historischen Schlacht von Kerbala am 10. Oktober 680 verloren die Anhänger des Propheten-Enkels, die Schiiten, und verloren damit fast allen Einfluss auf der Arabischen Halbinsel. Das ist bis heute so. Schiiten leben heute vor allem im Iran, im Irak und Aserbaidschan. Schiitische Mehrheiten gibt es auch im Libanon und im Inselkönigreich Bahrain.

Die Sunniten, die siegreiche Gruppe, dominiert die arabische Halbinsel. Der sunnitische Islam ist überall Staatsreligion, auch in Bahrain, da das dortige Herrscherhaus sunnitisch ist, während die Bevölkerungsmehrheit Schiiten sind. Etwa 85 Prozent aller Muslime weltweit sind Sunniten. Anders als die Schiiten verehren Sunniten keine »Heiligen Männer« und warten nicht auf einen neuen Anführer und Erlöser in der Nachfolge des Propheten. Der sunnitische Islam ist also der »Mainstream-Islam«.

Der wahhabitische Islam ist eine Form des sunnitischen Islams, der in der Gegend der heutigen saudischen Hauptstadt Riad entstand. Dort lehrte im 18. Jahrhundert Muhammad ibn Abd al-Wahhab einen Islam, der sich streng an den Quellen orientierte, am Koran und der Sunna, der Handlungsweise des Propheten. 1000 Jahre nach der Entstehung des Islams waren allerlei Sitten und Bräuche eingesickert, die aus der Wüstenkultur ebenso erhalten waren wie aus dem Westen oder in den reichen Städten des Kalifenreichs und der Osmanen. Alkohol trinken, an Hexen und Baumgötter glauben, Heiligenverehrung, Gräberkult, Tanzen, Rauchen. All diese Sünden waren Wahhab Dornen in den Augen. Er predigte den Verzicht auf Luxus, die Rückkehr zu den Geboten des Korans, den Glauben an den einen Gott und die Regeln des Propheten. Besonders die Schiiten mit ihrer Tradition,

Heilige Männer zu verehren und ihnen große Mausoleen zu erbauen, waren ihm zuwider. Er stellte sich damit nicht nur gegen den Lebensstil seiner Zeit, sondern auch gegen die Rechtsgelehrten, die vieles tolerierten. Wahhab war ein religiöser Fundamentalist, ein Mahner, Asket und Radikaler. Er wollte einen Islam ausschließlich im Geiste der Schriften und diesen notfalls mit Gewalt durchsetzen.

Aus Basra wurde er deswegen fortgeschickt, in Diriyya fand er einen Förderer: den Emir des Hauses al-Saud. Diriyya, das ist die verfallene »Altstadt« von Riad, die man dort besuchen kann. Dort schlossen Wahhab und Muhammad ibn Saud, ein Anhänger der fundamentalistischen Lehre, im Jahr 1744 einen Pakt, sich gegenseitig zu unterstützen. Die Al-Saud führten Eroberungskriege im Namen des »wahren Islams« und unterwarfen zunächst Stämme in ihrer Nachbarschaft, später der gesamten Region. Mit Säbel und Koran eroberten sie die Arabische Halbinsel. Die heutige Staatsflagge zeugt davon: Sie ist grün wie die Farbe des Islams, in Kalligraphie ist darauf das islamische Glaubensbekenntnis zu lesen (»Ich bezeuge, dass es keine Gottheit außer Gott gibt und dass Mohammed der Gesandte Gottes ist.«), darunter ist ein Schwert abgebildet. Die 1744 geschlossene Allianz aus Staat und Religion hat beiden genutzt, sie hält bis heute. Der Wahhabismus mit seiner besonders strengen Auslegung der Schriften, eine Form des sunnitischen Islams, ist Staatsreligion. Man selbst bezeichnet sich als Sunniten, denn, so die Lehre, nur die wahhabitische Lehre sei die wahre Sunna.

Schiiten sind im Land geduldet, müssen sich aber bisweilen Repressalien gefallen lassen. Etwa zehn Prozent der saudischen Bürger sind Schiiten, doch in keinen nennenswerten staatlichen Gremien oder Räten sind Schiiten zu finden. Immer wieder klagen Schiiten in nichtsaudischen Medien darüber, systematisch diskriminiert und benachteiligt zu werden, etwa bei der Vergabe von Studienplätzen, bei der Arbeitsplatzsuche, Wohnungssuche oder bei der Auswahl von Führungskräften.

Salafisten sind in diesem religiösen Koordinatensystem schwer einzuordnen. Salafisten streben das an, was sie als Ur-Islam definieren, den Islam der Vorväter, den sie als den einzig wahren Islam bezeichnen. Rechtstraditionen, kulturelle Einflüsse, Modernisierungen und moderne Deutungen lehnen Salafisten ab. Sie wollen leben wie die ganz Frommen zur Zeit des Propheten. Salaf bedeutet Vorfahre, Vorgänger, Salafismus ist also die »Lehre der Altvorderen«. Es gibt den Salafismus schon seit langer Zeit, in aller Munde ist er in Europa aber erst seit wenigen Jahren.

Mancher behauptet, alle Anhänger des Islams wahhabitischer Prägung seien Salafisten. Andere sagen, Salafisten seien die Ultrakonservativen unter den Wahhabiten, die Typen mit den Fusselbärten und den zu kurzen Thoubs, die man schon von Weitem erkennt. So oder so ist Saudi-Arabien die Hochburg des modernen Salafismus. Ultrakonservative haben in Saudi-Arabien nichts zu fürchten. Sie können ihren Glauben leben, wie sie wollen, und versuchen, andere von ihrem Fundamentalismus zu überzeugen. Dass der Salafismus im modernen Ägypten heute so verbreitet ist, kommt auch daher, dass Ägypter als Gastarbeiter nach Saudi-Arabien gehen, sich dort radikalisieren, als Salafisten nach Hause zurückkehren und dort den Fundamentalismus weiter verbreiten. Andere gehen absichtlich als Expats nach Saudi-Arabien, um dort so streng religiös leben zu können, wie sie möchten, und durch nichts von ihrem religiösen Leben abgelenkt zu werden.

Saudi-Arabien hat ein echtes Fundamentalismus-Problem, denn vom Salafismus ist es zum Kämpfer für den Islamischen Staat und zum islamistischen Terrorismus nicht mehr weit. Beides will die saudische Regierung nicht fördern, sie unternimmt aber auch nichts gegen den Salafismus, kann ja nichts unternehmen, wenn ohnehin strenge Regeln gelten. Saudi-Arabien wird dadurch zur Schutzzone auch für die radikalsten Muslime und Islamisten.

Da das Haus Al-Saud seit Jahrhunderten seine Macht auf eine strenge Auslegung des Islams baut, kann es nur schlecht zurückrudern, um nicht den Zorn der Ultrakonservativen auf sich zu ziehen und die eigene Macht zu gefährden. Die Allianz aus dem Jahr 1744 hält bis heute und verhindert eine Öffnung des Landes und eine Liberalisierung der religiösen Gebote.

Eine leichte Liberalisierung brachte das Haus Al-Saud im Jahr 1979 bereits ins Wanken. Mit dem Öl war viel Geld ins Land gekommen, die Bürger genossen den neuen Reichtum und die neuen Möglichkeiten. Mit den Gastarbeitern kamen viele Nichtmuslime ins Land und mit ihnen lockere Sitten, fand man. Der Fortschritt brachte Fernsehen, Jeans, Swimmingpools, Autos, Fußball, er brachte Betonklotz-Wohnhäuser, Klimaanlagen und Staatsbesuche der Queen, die selbstverständlich weder Kopftuch noch Abaya trug. Zu viel des Guten, fanden Fundamentalisten, und fürchteten Verwestlichung und damit ausgerechnet im Land der heiligen Stätten eine Verwässerung des wahren Islams. Um den radikalen Prediger Dschuhaiman al-Otaybi formierte sich in Medina eine Gruppe, die das Haus Al-Saud erpressen und stürzen wollte, um das Land zum »wahren Glauben« zurückzuführen. Da der Koran keine Könige oder Dynastien kenne, sollte das gesamte politische System über den Haufen geworfen werden. Sogar die Verehrung des Propheten sollte aufhören, da nur Gott allein Ehre gebührte. Auslegungen der Schriften seien abzulehnen, nur Koran und Hadith in ihrer wörtlichen Form seien zu akzeptieren.

Die Gruppe besetzte am 20. November 1979 die große Moschee von Mekka und nahm die 50 000 anwesenden Gläubigen als Geiseln. 400 bis 500 schwer bewaffnete Radikale verschanzten sich mit einigen hundert Geiseln in dem weitläufigen Gotteshaus, die anderen Geiseln ließen sie gehen. Über die Lautsprecher, die sonst den Ruf zum Gebet über der Stadt erklingen ließen, verbreiteten sie ihre Forderungen: keine Öl-Lieferungen mehr an die USA, Vertreibung sämtlicher Ausländer aus Saudi-Arabien. Die Stadt Mekka wurde evakuiert.

Zwei Wochen lang belagerte das saudische Militär mit Unterstützung pakistanischer und französischer Truppen die Moschee. Dann wurde das Gotteshaus gestürmt, es kam zum Blutbad. Etwa 1000 Menschen starben, Hunderte wurden verletzt. Die Kaaba, das Allerheiligste der Moschee, wurde durch Bomben beschädigt. Zwei weitere Wochen lang kam es in der Stadt zu Gefechten mit weiteren Radikalen. 68 gefangen genommene Aufständische wurden öffentlich enthauptet. Diese Besetzung der Großen Moschee gilt als Geburtsstunde des islamistischen Terrors.

Das saudische Königshaus reagierte nicht mit einem allgemeinen Krieg gegen den Terror. Es verbündete sich mit den Konservativen und Religiösen. Da jegliche Form von Gewalt in der Großen Moschee verboten ist, benötigte das Königshaus eine Fatwa, einen religiösen Richterspruch, um mit Gewalt gegen die Aufständischen vorgehen zu können. Sie bekamen ihn – gegen das Versprechen, die Religiosität wieder mehr in den Vordergrund zu stellen. Wieder einmal sicherten sich die Al-Saud ihre Machtbasis durch die Unterstützung der Fundamentalisten. Einen Aufstand aus religiösen Gründen bekämpft man am besten mit mehr Religiosität – das war die offizielle Variante dessen, was dann folgte. Kinos und Tanzmusik wurden verboten, Frauen durften in Fernsehen und Zeitungen nicht mehr gezeigt werden, der Religionsunterricht wurde intensiviert und die Geschlechtertrennung, wie wir sie heute kennen, wurde eingeführt. Mit Strenge versucht das Königshaus, fundamentalistischen Kritikern den Wind aus den Segeln zu nehmen – auf Kosten der Liberalität.

## Haram und halal: zwei Welten

Die Große Moschee von Mekka trägt auch den Namen *Masdschid al-Haram*, was mit »Heilige Moschee« oder »Heilige Anbetungsstätte« übersetzt wird.

Verboten ist dieses Gotteshaus, wie auch die gesamte Stadt Mekka, nur für Nichtmuslime. Auch die große Moschee von Medina sowie die Stadt sind in diesem Sinne haram.

Als haram im engen Sinne von verboten gelten allerlei Taten, etwa Ehebruch, Sex vor der Ehe, Diebstahl, Mord, Betrug, sich tätowieren zu lassen, Wucher, Handel während der Gebetszeit, das Tragen aufreizender Kleidung in der Öffentlichkeit, Enterbung. Haram ist auch, als Alleinstehender die Familiensektion eines Restaurants zu betreten, und haram ist überhaupt jeder Kontakt zu Frauen, so war mein erster Eindruck. Am besten die verschleierten Frauen gar nicht erst ansehen, dachte ich mir, nicht, dass schon ein freundlicher Blick oder ein Gruß als haram gilt und Ärger bringt.

Auch Gegenstände und Lebensmittel können haram sein und sind daher nicht erlaubt: seidene Bettwäsche (was zu viel Luxus vermeiden soll), Statuen von Menschen, Zigaretten, Drogen, Alkohol oder Schweinefleisch. Das Gegenteil von haram ist halal. Das bedeutet »erlaubt« oder »rein« im Sinne der islamischen Regeln. Besonders wichtig ist das für Speisen: Sie sind nach strenger Regel nur dann halal, wenn alle Fleischbestandteile nach islamischer Art geschlachtet wurden und der gesamte Herstellungsprozess des Lebensmittels auf islamische Korrektheit überwacht wird. Die islamische Schlachtung sieht ein Ausbluten des Schlachttieres vor, genau wie die koschere Schlachtung der jüdischen Kultur. Daher gilt im jüdischen Sinne koscheres Fleisch auch als halal, anderes Fleisch ist nur dann garantiert halal, wenn es ein Halal-Siegel trägt. Man kennt dieses Siegel mit dem arabischen Schriftzug auch aus Deutschland, wenn man etwa türkische Wurst kauft oder darauf achtet, welche Aufkleber der Dönerladen an seiner Tür hat. Aber nicht einmal in Saudi-Arabien achtet jeder penibel darauf, ob alle Lebensmittel mit Fleisch wirklich dieses Siegel haben. Der Staat sorgt dafür, dass keine Produkte mit Schweinefleisch oder Alkohol in den Handel kommen. Penible Kontrollen an den Landesgrenzen und Flughäfen sollen das sicherstellen. Zudem wird jedes neue Produkt, das in Saudi-Arabien in den Handel kommen soll, in einem Labor getestet, ob es auch wirklich halal ist und in den Handel kommen darf. Bei bereits zugelassenen Produkten gibt es Stichprobenkontrollen, um zu gewährleisten, dass sie auch weiterhin halal sind. Magazine, die ins Land gebracht werden, werden akribisch durchstöbert und zu freizügige Bilder mit schwarzem Edding übermalt. So geht es auch mit Verpackungen, etwa für Damenunterwäsche, denn darauf ist ja meist eine Frau in Unterwäsche zu sehen. Und wenn man sich im saudischen Spielzeugladen eine Luftmatratze kauft, ist das Bikinimädchen auf der Verpackung mit Edding übermalt, sodass sie aussieht, als trage sie eine Abaya.

Mir schien, als ob alles, was wir in Deutschland als Spaß kennen, in Saudi-Arabien haram und damit verboten ist, und dass das allgegenwärtige Haram das gesellschaftliche Leben bremst. Wo in der Öffentlichkeit nichts erlaubt ist, zieht man sich hinter die Mauern des Privatlebens zurück und verbringt die Zeit hauptsächlich im Kreis der engsten Familie. In der Öffentlichkeit fand außer Shoppen und Essengehen wenig statt, denn wegen der vielen Regeln und Gebote zieht man sich gern ins Private zurück. Wer mit seiner Frau ungezwungen zusammen sein und sie vielleicht einmal in den Arm nehmen oder ihr ein Bussi geben will, kann das nur zu Hause oder im Hotel. Laut reden oder lachen sollen Frauen in der Öffentlichkeit eigentlich auch nicht, um die Sittsamkeit zu wahren – Spaß zu haben ist also wirklich nicht leicht. Sogar Sport ist für Frauen in der Öffentlichkeit nicht möglich, da Joggen oder gar Radfahren schon wieder nicht dem Gebot der Sittsamkeit entspricht, vom Tragen der Sportklamotten ganz abgesehen.

Während meiner Zeit in Dschidda hat sich in dieser Hinsicht aber vieles verändert. Es wurden Joggingpfade angelegt, auf denen auch Frauen trainieren, wenn sie auch nicht wirklich joggen, sondern schnell gehen. Die Abaya tragen sie dabei weiterhin. Lediglich die pinkfarbenen Nike-Sneakers und die Gatorade-Flasche weisen darauf hin, dass gerade Sport stattfindet. Kinder dürfen auf den Spielplätzen oder am Strand und den Promenaden toben, wie sie möchten, was aber wegen der Hitze nur abends richtig Spaß macht.

Hinter der Haus- und Wohnungstür liegt der private Lebensraum, und dieser ist haram. Haram ist ein Wort, das man in Saudi-Arabien oft hört, wenn es um religiöse, aber auch gesellschaftlich etablierte, religiös begründete Verbote und Tabus geht. Das arabische Wort haram bedeutet sowohl verboten als auch heilig, was in Saudi-Arabien kein Widerspruch ist. Die private Wohnung ist haram im Sinne von verboten für alle, die dem Haushalt nicht angehören, aber haram im Sinne von heilig für die Mitglieder des Haushalts. Das Wort Harem leitet sich von haram ab, und trifft es ziemlich gut. Der Harem ist nach saudischem Verständnis ein von der Außenwelt abgeschotteter und verschlossener, rein privater Ort. Die in diesem Bereich lebenden Frauen sind geschützt und können sich innerhalb dieses Bereichs frei und unverschleiert bewegen, da sie sicher sein können, dass nur Familienangehörige anwesend sind, die sie unverschleiert sehen dürfen. Also der Ehemann, die Kinder, der eigene Vater, die eigenen Brüder. Betreten Cousins oder Schwiegerleute diesen Bereich, müssen sich die Frauen wieder verschleiern. Daher haben größere Privathaushalte in Saudi-Arabien einen Besucherbereich, große Villen sogar ein Gästehaus, welche vom eigentlichen Wohnbereich getrennt sind.

## Erdbeerbier und Pizza mit Rindersalami: Speisegebote im Alltag

Alkohol und Schweinefleisch sind für Muslime verboten, das hat sich inzwischen weithin herumgesprochen. Es gibt eine leichte Abstufung, die besagt, dass die Regel ist »Du sollst keinen Alkohol trinken und du darfst kein Schweinefleisch essen«, auf die sich Weinbauern im Libanon und Raki-Trinker in der Türkei berufen. In Saudi-Arabien sind beide Produkte komplett haram, und alles, was mit ihnen zubereitet wird. Das bedeutet, dass zum Beispiel auch Gummibärchen tabu sind, die mit Schweinegelatine hergestellt sind, Nachspeisen mit Gelatine sowie alle Produkte, die Schweineschmalz enthalten und alle Saucen, die mit Wein abgeschmeckt sind, selbst dann, wenn der Alkohol beim Kochen gänzlich verdunstet ist. Vanilleextrakt ist haram, wenn bei dessen Gewinnung Alkohol verwendet wurde. Das gilt auch für alle anderen Aromen, die in Alkohol gelöst wurden und dann in anderen Lebensmitteln weiterverarbeitet sind. Glyzerin ist haram, weil es aus tierischen Rohstoffen gewonnen wird, daher sind auch Kosmetika, die Glyzerin enthalten, haram, etwa Seifen oder Lippenstifte mit Glyzerinanteil. Magnesiumstearat, das in vielen Medikamenten verwendet wird, ist haram, weil es aus tierischen Produkten hergestellt wird, die auch Stoffe vom Schwein enthalten können. Käse, der aus echtem Lab hergestellt wird, kann nach einigen Auslegungen haram sein, denn das Lab kommt aus dem Magen eines frisch geschlachteten Kalbes und ist nur dann halal, wenn das Kalb auch halal geschlachtet wurde. Käse, der für Vegetarier geeignet ist, oder Käse, der aus jüdischer Sicht koscher ist, ist auf jeden Fall halal. Da der Verzehr von Insekten haram ist, sind auch Insektenprodukte wie der Farbstoff Carmin und Schellack haram. Blutprodukte sind haram, daher gibt es keine Blutwurst in Saudi-Arabien, und Eier, in denen sich ein Blutstropfen befindet, müssen streng genommen weggeworfen werden.

Alles Berauschende ist haram, nicht nur der Alkohol. Verboten sind auch alle Arten von Drogen, daher die strengen Strafen gegen Drogendealer und -schmuggler. Dann geht es aber schon los – was ist berauschend? Für viele Saudis ist auch Rauchen haram. Tee und Kaffee dagegen sind es für die meisten nicht, für Fundamentalisten schon. Die zählen auch Schokolade zu den berauschenden Lebensmitteln, genau wie die europäische Straight-Edge-Bewegung. Strenge Saudis trinken auch kein alkoholfreies Bier, denn es gaukle den Geschmack eines Rauschmittels vor, und schon das ist nicht erlaubt. Alkoholfreies Bier als Durstlöscher ist jedoch gar nicht unbeliebt. Es gibt diese Biere mit Erdbeer-, Apfel- oder Granatapfel-Geschmack. Seit 2013 gibt es die Biere, die »Malzgetränk« heißen, der niederländischen Marke Bavaria in saudischen Supermärkten. *Arab News* berichtete über diese Neuheit. Beliebt sind auch Fruchtcocktails. Wir hatten im Restaurant eigens einen Barkeeper, der Mocktails mixte, alkoholfreie Getränke, die Cocktailklassikern wie Cosmopolitan oder Pina Colada ziemlich nahe kamen. Frisch gepresste Säfte sind ebenfalls beliebt, etwa als Aperitif oder bei Empfängen. Und natürlich Cola-Getränke; die sind absolut halal, aber dennoch bevorzugen Saudis eindeutig die Marke Pepsi. Denn Coca-Cola gilt als jüdisches Unternehmen, das man nicht unterstützen möchte. Außerdem wird bei der Herstellung einer der Zutaten von Coca-Cola Alkohol verwendet, was das Getränk in die Haram-Zone rutschen lässt. Pepsi versichert, dass sein Getränk halal ist. Wer ganz sicher sein will, trinkt Zam Zam Cola, das nach der heiligen Quelle Mekkas benannt wurde, oder Parsi Cola, beide aus dem Iran. Mekka Cola ist natürlich auch eine Option, kommt aber nicht aus Mekka, sondern von einer französischen Firma in Dubai. Der Lebensmittelmarkt ist hart umkämpft, und viele westliche Firmen geben sich alle Mühe, Halal-Lebensmittel herzustellen, die es in die Supermarktregale des Mittleren Ostens schaffen. Beliebt ist etwa der labfreie Schmelzkäse mit der lachenden Kuh oder die Frischkäsesorten Puck und Kiri, die einer sehr kleinen Konkurrenz einheimischer Molkereiprodukte der Labels Almarai, Halwani oder Al-Fallaha gegenüberstehen. Saudis lieben westliche Lebensmittel, trotz aller Haram-Fallstricke, und sie lieben westliche Speisen, die sie vielleicht einmal im Urlaub probiert haben.

Im Restaurant stellte uns das immer wieder vor Probleme. Wir boten ja authentisches italienisches Essen an, aber eben ohne Schinken und Speck, ohne Wein und Amaretto. Unsere Betreiberfamilie wünschte sich anfangs unbedingt Crêpes Suzette auf der Karte, weil sie die in Italien gegessen hatte. Das stellte uns vor zwei unlösbare Probleme: Crêpes sind nicht italienisch, und um aus ihnen Crêpes Suzette zu machen, müssen sie flambiert werden, und zwar mit Alkohol. Dass die Besitzer in Italien etwas nicht Italienisches serviert bekommen hatten, ließen wir schon mal unter den Tisch fallen. Das ganze Team versuchte stattdessen, den Besitzern klarzumachen, dass das mit den Crêpes zwar eine tolle Idee war und diese wirklich großartig italienisch schmeckten und sicher jeder Gast sie lieben würde, die Idee aber leider, leider nicht umsetzbar war, weil wir dafür Alkohol benötigten.

»Ja, nee, wie? Da braucht man doch keinen Alkohol!«, war sich der Besitzer sicher.

Ich sprang ein: »Doch doch, da brauchen wir eine Flüssigkeit, einen Brennstoff, damit wir die Crêpes vor dem Gast flambieren können. Einen Brennstoff gibt es ja nur mit einem gewissen Alkoholgehalt, oder dann eben Benzin ...«

Der Besitzer unterbrach mich: »Ja, dann nehmen wir halt Benzin!«

Das Thema wurde nie mehr besprochen, alle hatten ihr Gesicht gewahrt, und die Crêpes schafften es dann eben doch nicht auf die Karte. Bei anderen Gerichten konnten wir uns überraschend leicht behelfen: Es gab Schinken und Speck vom Rind oder Truthahn, Rindersalami, viel Hühnchen, Fisch und Meeresfrüchte, Gemüsepizza und Käse, der mit vegetarischem Lab hergestellt wurde. Das Essen bei uns und auch anderswo schmeckte ausgezeichnet, und ich hatte nie das Gefühl, schmerzlich auf etwas verzichten zu müssen. Ich bin Genießer und esse gern, auch gern ein echtes fränkisches Schäufele, aber ich vermisste es nicht. Halal-Essen war für mich total in Ordnung. Was mir fehlte, war hin und wieder ein kühles Bier, aber nur so lange, bis ich in die Partyszene kam. Dann gab es zumindest an den Wochenenden Bier für mich.

## Wo Sonntag Freitag ist: das islamische Wochenende

In Saudi-Arabien ist auch das Wochenende anders als im Rest der Welt. In islamischen Ländern entspricht der Freitag dem westlichen Sonntag. Am Freitag haben die Büros, Behörden und viele Geschäfte geschlossen, die Leute haben frei und verbringen den Tag mit der Familie. Nach dem gemütlichen Ausschlafen geht es für die Religiösen in die Moschee zum Freitagsgebet. Dort wird nicht nur gebetet, sondern die Imame halten eine Predigt, in der es um aktuelle Themen oder allgemeine religiöse Fragen geht, oft jedoch um beides. Das Freitagsgebet in der Teheraner Moschee ist dadurch berühmt geworden, dass es fast immer eine politische Veranstaltung ist, in der hohe Politiker, die zugleich Geistliche sind, sprechen. Das Freitagsgebet ist vor allem eine Männerveranstaltung, da Frauen zu Hause die Kinder betreuen und das große Mittagessen vorbereiten, während die Männer aus dem Haus gehen. Außerdem ist dieses Gebet für Männer religiös verpflichtend, für Frauen lediglich empfohlen. Beten ist eine der viel zitierten Fünf Säulen des Islams.

Am Freitagvormittag steht Saudi-Arabien still. Es fahren keine Taxis, es gibt kein frisches Brot zu kaufen, alle Läden sind geschlossen, und sogar das ewige Gehupe auf den Straßen ist verstummt. Wer nicht in die Moschee geht, bleibt zu Hause und wird dadurch auch nicht dabei erwischt, dass er seinen religiösen Verpflichtungen nicht nachkommt. Die islamische Religionspolizei Mutawa wacht über den Freitagsfrieden.

Die Mutawa ist eine saudische Institution, die von allen gefürchtet wird, selbst von Frommen. Zu Fuß oder in Fahrzeugen patrouillieren die Sittenwächter, immer auf der Suche nach Sündern. Hier leben Salafisten ihren Traum vom wahren Islam aus. Die Mutawa kann Leute schlagen, die sie für Sünder hält, bloßstellen und zurechtweisen. Eine Kleinigkeit kann die Mutawa aufbringen. 2014 etwa verprügelten die Wächter einen Briten, der sich zusammen mit seiner Frau an einer Supermarktkasse angestellt hatte, die nur für Frauen reserviert war und an der Frauen kassierten. Wohlgemerkt ist der Brite mit einer saudischen Frau verheiratet. Zum Verhängnis wurde ihm, dass er der Kassiererin seine Kreditkarte gab. Das verletzte in den Augen der bereits lauernden Sittenwächter die Geschlechtertrennung. Auch die saudische Ehefrau des Briten bekam einen Tritt in den Bauch ab.

Die Mutawa ist allgegenwärtig und wird stets gefürchtet, und auch als Nichtmuslim unterliegt man ihrer Kontrolle. Die Mutawa ist in gekennzeichneten Patrouillenfahrzeugen oder inkognito unterwegs, man weiß nie, wo sie buchstäblich zuschlägt. Verhaften darf sie seit 2016 niemanden mehr, das muss die weltliche Polizei tun. Offiziell ist sie zuständig für »Tugendhaftigkeit und die Verhinderung von Lastern«, und was in Saudi-Arabien unter Tugendhaftigkeit fällt, entscheidet der Staat, indem er die Scharia entsprechend auslegt. Der Stern der Mutawa sinkt derzeit, aber das kann sich auch wieder ändern.

Die Religionspolizei ist ein Exekutivorgan und untersteht dem Justizministerium, sie ist also keine Organisation von unabhängigen islamistischen Fanatikern, sondern ein reguläres Staatsorgan. Im Westen kennt man die Mutawa dafür, dass sie kontrolliert, ob Frauen auch verschleiert genug sind und sich in ihrem Sinne artig genug benehmen, also nicht zu laut lachen, Fahrrad oder Auto fahren. Sie ist aber auch dafür zuständig, die Halal-Schlachtung zu überwachen, Wucherer aufzuspüren, das Alkoholverbot durchzusetzen und eben zu kontrollieren, ob während der Gebetszeiten das Geschäftsleben ruht, besonders während des Freitagsgebets. Die Mutawa hat ihre Augen überall und nirgends. Sie muss sich dem Zeitgeist anpassen und ist in Dschidda weniger streng als in Riad.

Dass die Mutawa Frauen belästigt, habe ich in zehn Jahren niemals beobachten können. Überhaupt ist die Furcht vor der Religionspolizei heute größer als deren Taten. Einmal habe ich erlebt, wie die

Mutawa hinter einem Kollegen her war, der während der Gebetszeit nicht gebetet, sondern im Kammerl geraucht hatte. Passiert ist dabei allerdings nichts.

Liberale Saudis hoffen nun, dass der neue Kronprinz des Landes die Mutawa entmachten wird. Der 31-jährige Mohammed bin Salman al-Saud gilt als fortschrittlich und wurde von seinem Vater beauftragt, den Veränderungs- und Modernisierungsprozess im Land anzuführen und voranzutreiben. Man traut ihm einiges zu. Es soll bald wieder Kinos im Land geben, man hofft auf die Fahrerlaubnis für Frauen und Konzerte auch außerhalb ausländischer Festivals. Der Wahhabismus soll eher zur inneren Haltung als zur gesellschaftlichen Norm werden, so die Hoffnungen. In Saudi-Arabiens Politik werden allerdings viele Dinge beschlossen oder angekündigt, die dann einfach nie umgesetzt werden. Noch patrouilliert die Religionspolizei. Die weltliche Polizei wird einen Teufel tun und sie aufhalten.

# Zwischen gestern und heute

## Politik und Politisches

Einen Kulturschock bekommt man in Saudi-Arabien schnell mal, er geht aber auch schnell wieder vorüber. Nachhaltig und schockierend waren für mich immer wieder Nachrichten in der Politik und überhaupt das, was man in Saudi-Arabien unter Politik versteht, was eine Nachricht wert ist und wie man Politik im Alltag erlebt. An die verschleierten Frauen, die Geschlechtertrennung, die Hitze, den wilden Straßenverkehr, an all das habe ich mich gewöhnt, die Politik ließ mich auch nach zehn Jahren immer wieder mit einem Kopfschütteln zurück.

Ich bin kein extrem politischer Mensch, aber ich will wissen, was um mich herum vorgeht, welche Themen meine Stadt bewegen und was in der Welt los ist. Daher lese ich regelmäßig Zeitung, internationale Medien ebenso wie die Zeitungen an dem Ort, an dem ich gerade lebe. In Saudi-Arabien gibt es zwar keine Pressefreiheit, aber dennoch eine Menge Zeitungen und Magazine. In englischer Sprache berichten die *Arab News* und die *Saudi Gazette* das, was die Expats lesen dürfen und sollen. Man nennt die *Arab News*, deren Schriftzug in grünen Letter auf dem zartgrünen Grund auf der Titelseite prangt, auch die »Grüne Wahrheit«, denn in der Zeitung steht die Wahrheit und die Art von Nachrichten, die Herrscherhaus und Zensoren der inneren Sicherheit, der Volkserziehung und dem Wissensstand der Bevölkerung für zuträglich halten. Schon da zeigt sich das Politikverständnis des Landes: Nachricht ist, was man zur Nachricht macht. Die Presse soll das Herrscherhaus nicht als kontrollierende Instanz an dessen Aufgabe erinnern, sondern sie ist Teil der Aufgabe des Herrscherhauses, die Bevölkerung zu informieren. Man vergisst das im Alltag schnell, wenn man Lokalnachrichten liest, in denen es um neue Bauprojekte, Ladeneröffnungen, Schulfeste oder ein Event in einer Mall geht. Die Harmlosigkeit des Alltags mit seinen kleinen Ereignissen täuscht über das Große hinweg. Einige Zeitungen habe ich aufgehoben. Sie zeigen, wie anders das politische Koordinatensystem Saudi-Arabiens ist und wie unterschiedliche die Wahrnehmung der Herrscher.

## Was eine Meldung wert ist

Scharia in Somalia«, meldete die *Arab News* am 1. März 2009 als Aufmacher auf der Titelseite. Der Präsident habe sich mit Aufständischen und Shahbab-Milizen geeinigt, das islamische Recht einzuführen, um den Bürgerkrieg zu beenden und das Land zu befrieden. Wer nun noch denke, man müsse gegen die Milizen vorgehen, sei dafür, dass das Land weiterhin geteilt bleibe, wird ein somalischer Politiker zitiert. Die zweite große Geschichte auf der Titelseite lautet »Irakische Truppen haben es drauf« und meldet, dass sich das irakische Militär nun gut genug ausgebildet fühlt, dass es die US-amerikanischen Truppen nicht vermissen wird. Die dritte Meldung ist die Notlandung eines rumänischen Flugzeugs in Timisoara. Es war also nichts los an diesem Tag. Umso mehr zeigt sich, wie Saudi-Arabien tickt: Alles, was arabische Länder alleine und aus sich heraus schaffen, ist gut. Alles, was von fremden Mächten kommt, ist bedenklich und sollte, sobald man es nicht mehr braucht, aus dem Land entfernt werden.

»Iran respektiert Bahrains Souveränität«, titelte die *Saudi Gazette* am 20. Februar 2009. Der schiitische Iran gab eine Bestandgarantie für das mehrheitlich schiitische, aber sunnitisch regierte Königreich Bahrain ab, für das Saudi-Arabien die Schutzmacht ist. »Sicherheit durch Frieden« titelte die *Saudi Gazette* am 28. Mai 2010, als Barack Obama sich im »Krieg gegen den Terrorismus« gegen militärische Präventivschläge aussprach. Die Botschaft ist auch bei solchen Meldungen immer dieselbe: Saudi-Arabien ist zwar die vorherrschende Macht in der Region, will kriegerische Auseinandersetzungen aber unbedingt vermeiden und begrüßt alle internationalen Initiativen, die Konflikte verhindern.

Das Weltbild, das die saudischen Medien zeigen, ist übersichtlich und gut eingeteilt: Islamische Länder sind die, über die am meisten berichtet wird, außerdem über Regionen und Volksgruppen in der islamischen Diaspora, etwa die Uiguren. Der Iran ist mit Vorsicht zu genießen (er ist schließlich Konkurrenz um die Vormachtstellung am Golf). Die Taliban, die Mudschaheddin, die Aufständischen im Jemen und der IS werden zutiefst verurteilt. Das überrascht zunächst, vermutet man da doch fundamentalistische Brüder im Geiste, Saudi-Arabien aber setzt immer auf Stabilität. Aufstände werden stets verurteilt, auch und gerade, wenn sie von Islamisten kommen. Das nutzt der Bevölkerung, vor allem aber dem Herrscherhaus, denn dieses muss sich selbst vor Aufständen schützen und ist an Stabilität interessiert. Aufstand und Terror lohnen sich nicht, trommeln die Medien Tag für Tag. Sie berichten laufend von Hinrichtungen und Verhaftungen im In- und Ausland, von getöteten Terroristen und drakonischen Strafen für alle, die sich dem IS anschließen, von Präventionsprojekten und Ermittlungserfolgen. »Saudis, die im Ausland kämpfen, müssen mit Gefängnisstrafe rechnen«, titelte die *Saudi Gazette* am 4. Februar 2014 über ihrer ganzen Breite von sechs Spalten. Ein neuer königlicher Erlass sieht Gefängnisstrafen von drei bis zwanzig Jahren für Kampfeinsätze vor, aber auch für die Mitgliedschaft, Unterstützung oder Sympathie für terroristische Vereinigungen. Soldaten oder Polizisten werden härter bestraft als Normalbürger. Solche Taten gefährdeten die öffentliche Ordnung und seien gegen das islamische Recht, ließ das Königshaus verlauten. Der Staat vermittelt über die Medien, wie rigoros und intensiv er gegen Terroristen und Gefährder vorgeht, dass dies keine Märtyrer sind und es sich wirklich nicht lohnt, sich dem Terror anzuschließen. Ob das saudische Königshaus oder saudische Privatleute heimlich doch die eine oder andere Terrororganisation finanziell unterstützen oder gesuchten Islamisten Unterschlupf gewähren, ist in saudischen Medien kein Thema. Wenn im Westen darüber berichtet wird, dann auf Verdachtsbasis. Die Wahrheit kennt nur das Herrscherhaus selbst, und dieses verbreitet nur die Wahrheiten, die es für verbreitenswert hält.

## Selbstdesign der königlichen Hoheiten

In jeder Ausgabe jeder Zeitung finden sich Bilder von Mitgliedern des Herrscherhauses, die etwas besuchen, ansehen oder einfach nur anwesend sind. Scheichs und Militärs bewundern Olivenölflaschen bei einer Veranstaltung zum Thema Bäumepflanzen. Der König und seine Entourage kommen am Flughafen in Riad an und werden dort von anderen Adeligen begrüßt. Ein Prinz streichelt einem kleinen Jungen über den Kopf, der einen Schachwettbewerb gewonnen hat. Der Verteidigungsminister steckt einem französischen General eine Verdienstmedaille an. Der Verteidigungsminister trifft seinen marokkanischen Amtskollegen bei einer riesigen Platte Süßigkeiten, die beide fasziniert ansehen. Der Außenminister betrachtet eine Schokoladentorte mit äthiopischer Flagge aus Marzipan. Ein Prinz gratuliert den Gewinnern des »King-Faisal-Preises« für Verdienste um den Islam. König Abdullah überreicht Fußballern den »King's Cup«-Pokal. König Abdullah von Saudi-Arabien kegelt mit Jordaniens König Abdullah II., Adelige aus beiden Ländern sehen zu.

Diese Meldungen zeigen einerseits, wie volksnah das Königshaus ist und wie sehr es seine Bürger wertschätzt, indem man sich bei den unterschiedlichsten Gelegenheiten sehen lässt. Sie zeigen aber auch, welches Verhalten aus der Sicht des Herrscherhauses sozial erwünscht und welche Veranstaltungen gesellschaftlich relevant sind. Das ist in westlichen Demokratien nicht anders, wo Politiker mit ihrer Anwesenheit auch nur bestimmte Veranstaltungen beehren. Die Masse solcher Meldungen in Saudi-Arabien überschreitet aber in meinen Augen die Grenze der Indoktrination. Der Personenkult um das Herrscherhaus wird ja auch mit hochhausgroßen Transparenten betrieben, mit Bildern der Herrscher in Foyers, mit allerlei Lobhudeleien. Die Herrscher zu kritisieren ist selbstverständlich nicht erlaubt, daher ist jede Ausgabe jeder Zeitung ein Steinchen in der selbsterschaffenen gesellschaftlichen Monumental-Darstellung des Königshauses Al-Saud als engagiert, weltläufig, den Bürgern zugewandt, präsent, verlässlich, stolz auf die eigenen Bürger.

Selbstkritik findet in der Öffentlichkeit nicht statt, nicht bei Vorträgen und Auftritten und nicht in den Medien. Kritik am Hause Al-Saud äußern nur Ausländer und ausländische Medien. In Saudi-Arabien selbst ist sie sogar im Freundeskreis verpönt. Man kritisiert die Al-Saud nicht, man macht keine Witze über sie und fragt auch nicht, wo die Frauen und Töchter der Herrscher alle sind. Als König und Hüter der heiligen Stätten ist der Herrscher Saudi-Arabiens unantastbar und über jede unvorteilhafte öffentliche Meinung erhaben. Im stillen Kämmerlein denkt sich dann jeder seinen Teil, der auch ausländische Medien liest.

## Die umfassende Diktatur

Zementpreise auf 14 Rial pro Sack festgelegt«, steht am 19. März 2012 auf der Titelseite. Im Großhandel koste der Sack nur zwölf Rial. Ferner haben die Ministerien für Handel und Wirtschaft sowie das Ölministerium vereinbart, Zementfabriken mehr Öl zu liefern, um die Zementproduktion zu erhöhen. Wer irgendwo Zement zu anderen Preisen sehe, solle dies unter einer kostenlosen Hotline melden.

Das ist kein Sack Reis, der hier umfällt, es ist die beiläufige Erinnerung an die saudische Wirtschaftspolitik, die nicht in allen Bereichen nach den Prinzipien von Angebot und Nachfrage funktioniert. Der Staat kann Preise für wirtschaftswichtige Güter willkürlich festlegen, diese Güter durch Energielieferungen verknappen oder vermehren, ganz, wie es ihm beliebt. In diesem Fall sollten durch staatliche Intervention die Zementknappheit abgemildert und der Zement-Schwarzmarkt trockengelegt werden. Private Investition ist in Saudi-Arabien immer abhängig vom Staat, denn von einem Tag auf den anderen können neue Regeln, Monopole, Preisbindungen oder Bauprojekte ein privates Projekt kippen oder in Gefahr bringen. Der Staat hält alle Wirtschaftsmacht in Händen und kann Händler zwingen, plötzlich zu Festpreisen zu verkaufen, unabhängig vom Einkaufspreis oder der Nachfrage. Auch das gehört zur saudischen Realität und zeigt einmal mehr, wo man lebt: in einer Diktatur, die ihre eigenen Regeln geschaffen hat und in der das Herrscherhaus an nichts gebunden ist außer die Scharia.

Das Königreich Saudi-Arabien ist ein Staat, der mit der Art Staatlichkeit, mit der wir aufgewachsen sind, wenig gemeinsam hat. Natürlich gibt es ein Staatsgebiet, ein Staatsvolk und eine Staatsmacht. Das war es aber schon mit den Gemeinsamkeiten zu dem, was wir aus dem Sozialkundeunterricht kennen. Gewaltenteilung, die große politische Errungenschaft der Neuzeit, gibt es nicht. Eigentlich soll die Verteilung der Staatsgewalt auf mehrere unabhängige Staatsorgane (meistens Gesetzgebung, Rechtsprechung und ausführende Gewalt) verhindern, dass die Staatsgewalt missbraucht wird. Das ist in allen modernen Staaten so – in Saudi-Arabien gibt es keine Gewaltenteilung. Der König ist Staatsoberhaupt und Regierungschef. Die obersten Richter werden vom König ernannt und abgesetzt. Auch die Gouverneure der 13 Provinzen des Landes werden vom König ernannt, meist handelt es sich dabei um Prinzen. Der König kann Gesetze per

Dekret erlassen und braucht dabei keine Zustimmung von seinen Ministern oder Räten.

Auch sind sich die modernen, westlichen Staaten einig, dass die Macht im Staat nicht vom Herrscher oder Königshaus, sondern vom Volk ausgeht. Nur das Volk kann einen Herrscher einsetzen und die Macht auf ihn übertragen. In Saudi-Arabien geht alle Macht vom Herrscherhaus aus. Saudi-Arabien ist eine absolute Monarchie, so, wie es sie in Europa zuletzt vor der Französischen Revolution gegeben hat. Der König ernennt die Mitglieder seines Kabinetts und seiner Räte, etwa des Ministerrats, aus den Ministern, die – man ahnt es – der König ernannt hat, und das nationale beratende Gremium, dessen Mitglieder ... Sie wissen schon. Der amtierende Herrscher ernennt auch bei Lebzeiten seinen Nachfolger, den Kronprinzen, und kann dabei das eigens dafür geschaffene Komitee übergehen. Der Kronprinz wächst dann über Jahre hinweg in seine Rolle als Herrscher hinein. Der aktuelle Kronprinz ist Mohammed bin Salman al-Saud, ein Sohn des Königs, bei seiner Ernennung am 21. Juni 2017 ist er erst 31 Jahre alt. Die Ernennung kam überraschend, nachdem ein Neffe des Königs, Muhammad bin Nayef al-Saud, zwei Jahre lang Kronprinz war. Die Monarchie ist eine Erbmonarchie, aber wer den Thron erbt, wird innerhalb des Königshauses immer wieder neu ausgefochten. Der ehemalige Kronprinz wurde von heute auf morgen aller Ämter enthoben, der neue Kronprinz ist jetzt in Personalunion Verteidigungsminister und stellvertretender Premierminister des Landes. Im ganzen Land wurden also Ende Juni 2017 die Porträts des alten Kronprinzen aus Foyers und Amtsstuben abgehängt und gegen das Foto des neuen Thronfolgers ersetzt, eine photoshoptechnische Meisterleistung, die den Prinzen mit allerglattester Haut und rosigen Lippen präsentiert.

Der Kronprinz muss nicht der Sohn des Königs sein, dem er auf den Thron folgt, aber er muss ein direkter Nachfahre des Staatsgründers und damit ein Al-Saud sein. Frauen sind von der Thronfolge ausgeschlossen.

Was jetzt überrascht: Es gibt Wahlen in Saudi-Arabien. Seit 2015 werden die Gemeinderäte vom Volk gewählt. Auch Frauen dürfen wählen und sich zur Wahl stellen. 20 Frauen haben bei dieser Wahl tatsächlich einen Sitz errungen, von 2100 Mandaten landesweit. Viel zu sagen haben die Gemeinderäte nicht, aber beachtenswert ist die Statistik zur Wahlbeteiligung. Auf die gesamte einheimische Bevölkerung gerechnet lag sie bei 47 Prozent. Männer und Frauen mussten sich registrieren lassen, um zur Wahl zugelassen zu werden. Schlussendlich gingen dann 44 Prozent der zur Wahl registrierten Männer, aber 87 Prozent der registrierten Frauen wählen, was das hohe Interesse der Frauen an Mitsprache und Mitgestaltungsrecht zeigt. Gerade die Frauen haben es satt, bevormundet zu werden, und nehmen jede Möglichkeit wahr, am gesellschaftlichen Leben teilzunehmen.

Die Kommunalwahl war eine Neuerung und ein Experiment. Das saudische Königshaus will Stabilität, Fortschritt und Zufriedenheit, was seine Macht erhält, und wenn das bedeutet, den Bürgern Zugeständnisse wie diese Kommunalwahl zu machen. Parteien und Versammlungen blieben auch während des Wahlkampfs verboten. Gewerkschaften und andere politische Vereinigungen sind ebenfalls nicht erlaubt. Opposition, also Kritiker, gibt es dennoch. Es sind die bereits genannten: Sprecher der schiitischen Minderheit, Vertreter der nomadisch-beduinischen Minderheit, die sich beide sozial benachteiligt und unterprivilegiert fühlen, dazu radikale Islamisten, denen das Land nicht streng genug ist, und Liberale, die mehr Freiheit fordern. Interessanter und für die Politik relevanter sind eher die Allianzen und Fraktionen innerhalb der großen Herrscherfamilie, aber davon bekommt man viel zu wenig mit. Sie treiben im Alltag allerdings manchmal Blüten: Die in Dschidda und Region mit Abstand beliebteste Hühnchenbraterei Al-Baik gibt es in Riad und Umgebung nicht, weil die beiden Städte unterschiedlichen Machtbereichen der Herrscherfamilie zuzurechnen sind. Die Riader Linie der Herrscherfamilie hat Anteile an einer anderen Kette von Hühnchenbratereien und will sich die Konkurrenz durch Al Baik vom Hals halten, weil sie zu Recht Umsatzeinbußen fürchtet. Also kein Al Baik in Riad.

Sogar McDonald's ist in Saudi-Arabien von den unterschiedlichen Linien des Adels geprägt, denen unterschiedliche Firmen gehören und die unterschiedliche Generalfranchisenehmer haben. McDonald's teilt sich in eine westliche und eine östliche Sphäre, jeweils von anderen Prinzen beherrscht. So kommt es, dass es im McDonald's in Riad andere Promotionen und Aktionen gibt als in den Filialen in Dschidda.

Auch ein im Januar 1992 per königlichem Dekret in Kraft gesetztes Grundgesetz des Königreichs Saudi-Arabien ist so ein Zugeständnis. Es enthält 83 Artikel in neun Kapiteln und legt in Artikel 1 fest, dass der Koran und die Sunna die Verfassung Saudi-Arabiens sind und

Arabisch die Landessprache ist. Der König wird auf Koran und Scharia verpflichtet. Damit ist im Grunde schon alles gesagt, denn alles andere ergibt sich wie eh und je aus den religiösen Schriften.

## Räte anstatt Volksvertretung

Das Grundgesetz zementiert die Rolle der Ulema, der religiösen Räte, Gremien und Gerichte, im weltlichen Staat. Weltliches und Religiöses gehen Hand in Hand, sind aber auch voneinander abhängig. Wie die Königsfamilie in der weltlichen Herrschaft dominiert eine Familie die geistliche Herrschaft: die Familie Al-Asch-Scheich. Wie die Al-Saud die Nachfahren des historischen Herrschers aus der Gegend von Riad sind, sind die Al-Asch-Scheich die Nachfahren von Muhammad ibn Abd al-Wahhab, dem Begründer des wahhabitischen Islams. Die vor Jahrhunderten geschmiedete Allianz, hier ist sie wieder. Sie beweist, dass Stabilität etwas ist, das die Al-Saud tatsächlich bieten können. Das Familienoberhaupt ist traditionell auch der Vorsitzende des Schura-Rates, der nationalen Ratsversammlung Saudi-Arabiens. Schura bedeutet Beratung. Es ist normal, dass jemand sowohl politische als auch religiöse Ämter auf sich vereint. Die Allianz zwischen Glaube und Macht wurde in Saudi-Arabien etwa zur gleichen Zeit geschmiedet, als Europa die Trennung von Staat und Kirche vollzog.

Der Schura-Rat ist kein Parlament. Er kann nichts entscheiden, nur beraten oder Ideen hervorbringen. Mitglieder vertreten die Interessen ihrer Region, ihrer Gruppe, ihre religiösen Ansichten oder nur ihre privaten Ziele. Der Rat ist eher wie eine Stammesversammlung, wie sie in der Region seit Jahrhunderten üblich ist. Bei den Stämmen der Wüste hat jeder das Recht, beim Herrscher vorzusprechen und sein Anliegen vorzutragen. In den kleinen Golfstaaten ist das bis heute so: Jeder Bürger kann zur Sprechstunde des Herrschers kommen. Der Herrscher und seine Würdenträger sitzen dann in einem der Empfangsräume und erwarten die Bittsteller. So ein Empfangsraum in einem Wohnhaus heißt Madschlis, auch ein Wohnzimmer heißt Madschlis. Das Wort bedeutet wörtlich »Miteinandersitzung« oder »Sitzplatz«, und so war es früher. Die Mitglieder eines Stammes setzten sich zusammen und berieten. Die institutionalisierten Räte und Ratsversammlungen der arabischen Welt tragen aus dieser Tradition heraus ebenfalls den

Namen Madschlis. Der höchste Rat Saudi-Arabiens heißt in der arabischen Sprache also Madschlis Al-Schura – Beratungsrat.

Erst seit 2011 dürfen auch Frauen in den Schura-Rat berufen werden, seit 2013 sind 30 Frauen vollwertige Mitglieder des Rates. 30 Männer mussten dafür ihre Plätze in dem 150-köpfigen Gremium räumen. Beachtenswerter ist allerdings, dass die Frauen nicht in Nebenräume verbannt und per Videokonferenz zugeschaltet werden, sondern gemeinsam mit den Männern im Plenarsaal sitzen. Diese Bilder haben für die saudischen Frauen eine hohe Symbolkraft. Wieder ein kleines Schrittchen geschafft.

Die Internationale Gemeinschaft tut sich bekanntermaßen schwer mit dem Staat Saudi-Arabien. Die Verbindungen zu den USA, Deutschland, Frankreich und Großbritannien sind traditionell gut und stabil, auch die wirtschaftlichen Beziehungen und Abhängigkeiten voneinander sind intensiv. Solange Saudi-Arabien Stabilitätsgarant der Region und Verbündeter des Westens ist, lässt man das Herrscherhaus innenpolitisch gewähren und setzt es nicht unter Druck. Saudi-Arabien wiederum bringt sich in der Weltgemeinschaft und deren Institutionen so weit ein, dass man ihnen keine Vorwürfe macht. Das Land ist Mitglied der Vereinten Nationen, nimmt an G20-Gipfeln teil, ist Mitglied in der Weltgesundheitsorganisation WHO, die saudische Polizei ist mit Interpol vernetzt. Das Land ist im Golf-Kooperationsrat GCC, dem Gremium der Staaten in der Golfregion und in der Organisation Öl-Exportierender Länder OPEC und der Arabischen Liga. Das Land ist bestens vernetzt und erhält hochkarätige Staatsbesuche (bei denen dicke Handelsdeals abgeschlossen werden) ebenso, wie die Al-Saud anderswo empfangen werden. Andererseits hat Saudi-Arabien das Genfer Abkommen zum Schutz von Flüchtlingen nicht ratifiziert. Das Land lehnt die Allgemeine Erklärung der Menschenrechte, auf die sich fast alle Länder der Welt verpflichtet haben, als größtenteils unislamisch ab und hat sie nicht unterzeichnet. Stattdessen ratifizierte man mit anderen Staaten der Arabischen Liga eine »Arabische Charta der Menschenrechte«.

Die internationale Politik meidet es wegen der Verflechtungen und Abhängigkeiten, mit Saudi-Arabien wegen der Menschenrechtssituation auf Konfrontationskurs zu gehen. Wenn westliche Medien über Saudi-Arabien berichten, dann fast immer über internationale Politik, Wirtschaft und die Menschenrechtssituation.

Berichte über Deutschland und deutsche Politik in saudischen Medien finden sich regelmäßig in den Zeitungen. Als die Bundesversammlung Joachim Gauck zum Bundespräsidenten wählte, beschrieb die *Arab News* ihn als Aktivisten-Pastor und widmete seiner unehelichen Beziehung und der nicht geschiedenen Ehe einen ganzen Absatz – in einem insgesamt positiven Bericht. Die Wahl von Martin Schulz zum Präsidenten des EU-Parlaments war den *Arab News* am 8. Januar 2012 immerhin eine Acht-Zeilen-Meldung wert, allerdings erst nach einer Meldung über Proteste der Opposition in Kasachstan. Bei Angela Merkels Besuch in Riad brachte die *Saudi Gazette* eine Titelgeschichte. Auf dem Bild ist die Kanzlerin allerdings nicht mit saudischen Politikern oder beim Staatsempfang zu sehen, sondern mit saudischen Geschäftsfrauen, die Merkel bei einem Empfang in der Handelskammer von Dschidda getroffen hatte. Die saudischen Frauen tragen Kopftuch und Abaya und strahlen um die Wette, eine hält ein Smartphone für ein Selfie bereit. Die Kanzlerin trägt kein Kopftuch, aber weißen Blazer zu schwarzer Hose, macht die Raute und ziemlich große Augen. Im Artikel geht es dann um Politik und vor allem Wirtschaftspolitik sowie die viertägige Reise der Kanzlerin durch den Mittleren Osten. Das Foto ist charmant, zeigt aber unterschwellig, dass man der Kanzlerin die Augenhöhe verweigert, indem man sie nicht zusammen mit den Herrschern abbildet.

Über die Nachbarländer steht unterschiedlich viel in den Zeitungen. Der notorisch instabile und arme Jemen im Süden ist mit seinen inneren Konflikten sehr oft Thema, während das gemeinsame Nachbarland des Jemen und Saudi-Arabiens, der Oman, sehr selten in den Nachrichten erscheint. Dubai und Abu Dhabi findet man besonders oft in den Wirtschaftsteilen. Ägypten, Libanon und Syrien sind Stammgäste im Politikteil. Algerien, Tunesien und Marokko liefern selten Nachrichtenstoff. Je instabiler ein Land, desto öfter taucht es in den Medien auf, da unterscheiden sich saudische Medien nicht von westlichen.

# Alles, was Recht ist

## Die Scharia

Ich habe ein Foto von einer Hinrichtungsstätte. Dass ich es habe, ist mir aber erst viel später aufgefallen, denn eigentlich habe ich an dem Tag die Überschwemmung in Dschidda fotografiert, durch die die ganze Stadt in einen Ausnahmezustand geraten ist. Ein Platzregen in der Wüste ist selten, und niemand ist wirklich darauf vorbereitet. In Leuchtreklamen und Sicherungskästen gibt es Kurzschlüsse, weil diese nicht genug gegen Wasser geschützt sind. Teppiche, die im Hof oder auf der Veranda liegen, saugen sich voll. Autos bleiben liegen. Schlamm wälzt sich die Straßen hinunter, denn es gibt keine Gullys, in die das Wasser könnte. In der Wüste bräuchte man nur ein oder zweimal im Jahr einen Gully, dafür lohnt sich der Bau nicht. Und so ist eine Unterführung komplett mit Wasser vollgelaufen; Kinder aus dem Viertel bestaunen den neuen tiefen Pool. Teppiche liegen auf der Straße in der Sonne und trocknen.

Vor der Jaffali-Moschee, die strahlend weiß zwischen Hauptstraße und Meer steht, hat sich besonders viel dunkelbrauner Schlamm angesammelt. Ich mag das Gebäude mit den vielen kleinen Kuppeln und komme oft daran vorbei. Es ist ein kleines Wahrzeichen unseres Stadtviertels, traditionell und doch modern, mit den typischen holzverkleideten Fenstern.

Erst beim Betrachten der Bilder fällt mir auf, dass nicht nur die Moschee auf dem Bild ist, sondern auch der Parkplatz – und die Hinrichtungsstätte, die dort steht. Sie besteht nur aus einem Podest und einem kleinen Dach darüber. Wenn, wie an diesem Tag auch, Autos auf dem Parkplatz stehen, nimmt man den Richtplatz kaum wahr, zwischen SUVs, Palmen und Mülleimern. Diese Hinrichtungsstätte ist so unscheinbar, so banal und alltäglich, dass sie im Stadtbild untergeht. Man vergisst, dass sie da ist, und nimmt sie nicht mehr wahr, sie ist ein Stück Stadtmöblierung wie ein Bushäuschen oder ein hoher Bordstein. Auch ich denke nicht jeden Tag daran, wenn ich an der Moschee vorbeifahre. Vermutlich tut das niemand. Im Grunde erinnert nur das kleine Schild mit dem durchgestrichenen Fotoapparat daran, dass der Platz vor der Moschee nicht nur zum Parken verwendet wird. Und erst, als ich das Schild auf meinem Bild entdecke, verstehe ich, was ich da fotografiert habe und dass auch ich den Richtplatz nicht mehr als etwas Besonderes wahrnehme. Es ist genau das, was mich erschreckt.

Öffentliche Hinrichtungen oder Auspeitschungen gibt es in Saudi-Arabien jede Woche. Ich wäre nie auf die Idee gekommen, bei so etwas zuzusehen, und in meinem Kollegen- und Freundeskreis war das niemals Thema. Jeder weiß, was mit zum Tode verurteilten Schwerverbrechern geschieht: Sie müssen sich mit dem sogenannten Blutgeld von der Hinrichtung freikaufen oder werden mit dem Schwert enthauptet. Gelegentlich, und derzeit mit zunehmender Häufigkeit, werden sie begnadigt und kommen mit lebenslanger Haft davon. Die Verantwortlichen lassen die Familien deswegen zumeist bis zum letzten Moment bitten und betteln, um sich dann als milde, weise und gütig feiern zu lassen. Man bekommt als religiöser Scheich oder Richter mehr Prestige, wenn man jemanden begnadigt, als wenn man denjenigen oder diejenige hinrichten lässt. Hinrichtungen sind wirklich der absolute Extremfall.

Die Todesstrafe steht in Saudi-Arabien auf Mord, Vergewaltigung, Raub, Rebellion, Hochverrat, Drogenhandel und -schmuggel, Entführung, Ehebruch, Sodomie, Gotteslästerung und Hexerei. Ja, genau, Hexerei. Man mag es kaum glauben. Und tatsächlich wurden auch im 21. Jahrhundert Menschen in Saudi-Arabien wegen Hexerei hingerichtet, so die Informationen von Menschenrechtsorganisationen und Medien: Ein Mann namens Muri bin Ali bin Issa al-Asiri wurde 2012 in der Stadt Najran hingerichtet; man hatte bei ihm »magische Gegenstände« gefunden. 2011 wurde Amine bint Abdulhalim Nassar, eine 60 Jahre alte Frau, wegen Hexerei geköpft, da sie (angeblich) behauptet hatte, ihre magischen Tränke könnten Krankheiten heilen, und sich diese Tinkturen teuer bezahlen ließ. Auch dieser Fall ging durch die Medien: Ali Hussein Sibat, der Moderator einer libanesischen Esoterik-Fernsehshow, wurde 2008 auf einer Pilgerreise nach Mekka verhaftet, der Hexerei angeklagt und zum Tode verurteilt. Nur auf Druck der libanesischen Regierung und internationaler Menschenrechtsorganisationen konnte der für 2010 bereits anberaumte Hinrichtungstermin verschoben werden. Er kam frei und konnte das Land wieder verlassen.

Es gab auch Hinrichtungen wegen Zuhälterei, Alkoholherstellung oder Brandstiftung. Die überwiegende Mehrheit der Hingerichteten sind jedoch Mörder, mit steigenden Anteilen von Drogendealern, und eine auffallend hohe Zahl der Hingerichteten sind Ausländer. Während etwa ein Drittel der saudischen Bevölkerung Ausländer sind, sind etwa die Hälfte der Hingerichteten keine saudischen Staatsbürger, so die Menschenrechtsorganisation Amnesty International. Das liegt nicht daran, dass Ausländer häufiger Straftaten begehen als Saudis, sondern daran, dass Ausländer das Blutgeld nicht aufbringen können oder dürfen. Das Blutgeld kann einen Verurteilten in manchen Fällen vor dem Tod retten, denn das saudische Recht erlaubt es den Angehörigen von Opfern bestimmter Straftaten, etwa Mord und Vergewaltigung, dem Täter zu verzeihen. Tun die Angehörigen dies, kann sich der Täter durch das Blutgeld von der Hinrichtung freikaufen.

Wer aber Ausländer oder Ausländerin ist, dem wird tendenziell seltener verziehen oder er kann das Blutgeld gar nicht erst anbieten, weil er oder sie mittellos ist. Ob ein Verurteilter psychisch krank oder minderjährig ist, spielt bei der Todesstrafe keine Rolle.

Sich freizukaufen ist auch bei anderen Verbrechen eine gängige Methode, um einer schweren Körperstrafe zu entgehen. Die Medien berichten immer wieder von solchen Fällen: etwa dem des jungen Mannes, dem eine Querschnittslähmung zugefügt werden sollte. Denn bei einem Unfall hatte der junge Mann seinen besten Freund verletzt, sodass dieser querschnittsgelähmt war. Auge für Auge, Zahn für Zahn – das Rechtsprinzip aus Tora und Altem Testament wird in Saudi-Arabien noch heute angewandt, denn es steht genau so im Koran (Sure 5,45). Wer kein Blutgeld zahlen kann, dem widerfährt durch die Justiz das, was er anderen zugefügt hat. Gleiches wird mit Gleichem vergolten, wie in der Antike.

Dieben wird die rechte Hand amputiert, Straßenräubern die rechte Hand und der linke Fuß. Auch dies kann auf Richtplätzen geschehen. Der Deera-Platz in der Hauptstadt Riad, ein scheinbar friedlicher, palmenumstandener zentraler Ort mit Granitpflaster, hat daher den Namen *Chop-Chop-Square*, Hack-hack-Platz. Hier waltet der Scharfrichter seines Amtes. Wer nicht öffentlich bestraft wird, sondern eine Gliedmaße in einem Gefängnis oder gar einer Klinik abgetrennt bekommt, hat danach gelegentlich die Chance, sie chirurgisch wieder annähen zu lassen, raunt man sich zu.

## Die Scharia, das religiöse Gesetz

In Saudi-Arabien gibt es kein Bürgerliches Gesetzbuch oder Strafgesetzbuch, sondern es gilt die Scharia, das islamische Recht. Auf diesem ruht auch die Verfassung und damit das Grundgesetz des Landes. Die Scharia ist kein Buch, das man im Laden kaufen und studieren kann, sondern sie ist die Summe dessen, was sich aus den religiösen Schriften des Islams ableiten lässt. Die Quellen dieses islamischen Rechts sind im Wesentlichen der Koran und die Hadithe, die Aussprüche des Propheten. Wie diese Schriften in der angewandten Rechtsprechung auszulegen sind, ist Sache der islamischen Rechts- und Religionsgelehrten. Daher kann sich diese Auslegung mit der Zeit und dem Zeitgeist wandeln und das Recht in ähnlichen Fällen unterschiedlich angewandt werden. Anders als andere islamische Staaten, etwa die Vereinigten Arabischen Emirate oder Tunesien, kennt Saudi-Arabien kein kodifiziertes säkulares Recht. Die Grundsätze von Rechtsgleichheit und Rechtssicherheit, die in westlichen Systemen tragende Säulen des Rechtssystems sind, gibt es in Saudi-Arabien nicht. Immerhin hat das Land 2009 einen Obersten Gerichtshof geschaffen, der strittige Urteile prüft, insbesondere bei Körper- und Todesstrafen. Seit 2008 gibt es außerdem ein Sonderstrafgericht für terror- und sicherheitsrelevante Fälle. Es ist für Terroristen und Terrorverdächtige zuständig, aber auch für Systemkritiker, Oppositionelle, Demonstranten und Protestierende – nominell für alle Täter, die das bestehende System gefährden könnten.

Es ist unmöglich zu vergessen, wie Saudi-Arabiens Justiz Menschen bestraft. Die Zeitungen und das Fernsehen berichten darüber. Der Staat will, dass die Bürger über die drakonischen Strafen Bescheid wissen. Daher sind viele Hinrichtungen und Auspeitschungen auch öffentlich: Man will potenzielle Täter abschrecken, und ohne dass es ausgesprochen wird, will man die Verurteilten zusätzlich demütigen und entwürdigen. Die Schande einer öffentlichen Auspeitschung mag uns als geringes Übel vorkommen im Vergleich zu den körperlichen Schmerzen und bleibenden Schäden, in Saudi-Arabien ist Schande jedoch etwas, das schlimmer sein kann als Schmerzen. Denn Schande trifft auch die eigene Familie, und im Gegensatz zu Wunden heilt Schande kaum. Dass die vielen verurteilten Ausländer mit der Strafkategorie Schande nichts anfangen können, scheint der Justiz gleichgültig. Erstaunlicherweise finden viele Strafprozesse unter Ausschluss der Öffentlichkeit statt, und oftmals, so Amnesty International, werden Angeklagten keine Verteidiger oder Anwälte beigestellt. Die Strafe hingegen wird eher selten im Gefängnis, sondern öffentlich vollzogen.

Um ausgepeitscht zu werden, muss man sich in Saudi-Arabien nicht viel zu Schulden kommen lassen. Auch das steht in den Zeitungen. Im Sommer 2014 wurde ein 24-jähriger Mann zu 450 Peitschenhieben verurteilt, weil er über Twitter schwule Sexkontakte gesucht hatte. Der system- und islamkritische Blogger Raif Badawi wurde verhaftet und 2014 wegen Abfalls vom Glauben und anderer Vergehen zu 1000 Peitschenhieben und zehn Jahren im Gefängnis verurteilt; internationale Proteste konnten ihn bisher nicht vor seiner Strafe bewahren.

Ein britischer Rentner, der Selbstgekeltertes im Auto hatte und in eine Polizeikontrolle geriet, wurde 2015 zu einem Jahr Gefängnis und 350 Peitschenhieben verurteilt, las ich in der Zeitung. Das hätte uns auch passieren können – uns allen aus der Partyszene in Dschidda. Wir wussten alle, welche Strafen uns erwarteten, aber wir riskierten es dennoch. Vielleicht, weil uns die Strafen so absurd und so surreal erschienen, dass wir nicht damit rechneten, dass es wirklich einen von uns treffen könnte. Wir hatten einfach riesiges Glück. Es war für uns mit den drohenden Strafen genau wie mit dem Hinrichtungsplatz in Dschidda: Alle wissen Bescheid, aber die Wahrheit ist so monströs, dass man sie im Alltag einfach ausblendet.

Der Scharfrichter war in Europa, solange es die Todesstrafe gab, ein Ausgestoßener aus der Gesellschaft. Sein Beruf galt als unehrenhaft. Oft trugen Scharfrichter Masken, um nicht erkannt zu werden. Im mittelalterlichen Europa war der Henker auch derjenige, der Menschen im Gefängnis folterte. Manchmal war der Scharfrichter in Personalunion auch gleich derjenige, der die anderen fiesen Jobs erledigte: Kloaken reinigen, Tierkörper beseitigen, Leute vom Galgen abschneiden. Dafür ernteten die Henker Verachtung und lebten außerhalb der Gesellschaft. In Saudi-Arabien kommt ein guter Scharfrichter auf die Titelseite der Zeitung. Dahin schaffen es nur wirklich prominente Leute. Die *Saudi Gazette* druckte am Freitag, dem 15. März 2015 (was die Wochenend-Ausgabe ist) einen großen Artikel über den Scharfrichter Muhammad Saad al-Beshi, den Chefexekutor des Königreichs. Der erzählt darin ausführlich und detailreich, wie gut er Menschen mit einem einzigen Schlag enthaupten könne und wie er seinem Sohn das

Handwerk beigebracht habe. Zwei Mal betont der Henker, er führe »Gottes Werk« aus. Nein, er habe keine Angst, wegen der neu zugelassenen Hinrichtungsart des Erschießens seinen Arbeitsplatz zu verlieren. Und was mag er nicht an Hinrichtungen? Die vielen Leute, die dabei ohnmächtig werden. Er könne sich nicht erklären, warum man überhaupt hingehe, wenn man den Anblick nicht ertrage.

# Die Securityshow

## Echte und gefühlte Sicherheit

Wenn der König innerhalb des Landes reist, dann so, dass alle etwas davon mitbekommen und er sich trotzdem sicher fühlen kann. Das Herrscherhaus weiß, dass es gerade unter den militanten Islamisten nicht nur Freunde hat. Anschläge sind möglich, der ein oder andere wurde auch schon verhindert, meldeten die Zeitungen. Sicherheit ist ein allgegenwärtiges Thema im Land, obwohl nahezu nie etwas passiert oder passiert ist. Dennoch stehen überall Securityguards, was einerseits Sicherheit vermittelt, andererseits auch das Gefühl erzeugt, dass theoretisch jeden Moment etwas passieren könnte, sonst bräuchte man ja die ganzen Sicherheitsvorkehrungen nicht.

Die Sicherheitsschleusen am Flughafen interessieren den König oder die Prinzen natürlich nicht. Wenn der König von Saudi-Arabien von Riad nach Dschidda reist, begibt man sich mit Hubschrauber oder Wagenkolonne zu seinem eigenen Flughafen in Riad, wo ein eigenes Flugzeug wartet. Das bringt die Hoheiten dann zum privaten Terminal am Flughafen von Dschidda, dem Royal Terminal. Von dort aus geht es mit einer anderen, bereits wartenden Wagenkolonne oder einem Hubschrauber weiter in die Residenz. Die meisten königlichen Residenzen und prinzlichen Haushalte befinden sich im Stadtviertel Obhur, etwas nördlich des Stadtzentrums am Meer gelegen. In Obhur gibt es ein lang gestrecktes eigenes Viertel, das nur aus Adelsresidenzen besteht.

Wenn man schon in Dschidda ist, will man als Hoheit natürlich auch nach Mekka, um beim Beten gesehen zu werden oder noch besser bei der Pilgerfahrt. Nach Mekka zu reisen ist für alle anderen Leute beschwerlich und wegen des hohen Andrangs gefährlich, für Adelige ist es wie eine Schlittenfahrt. Die Straße von Obhur nach Mekka, die Malek-Straße (Straße des Königs), ist vermutlich die beste Straße Saudi-Arabiens. Sie ist zehn Spuren breit und führt direkt ohne Ampeln nach Mekka. Ihr Belag ist immer glatt und eben, die Seitenstreifen immer frisch gezogen, auf dem Mittelstreifen wachsen Palmen. Die Malek-Straße wird im Alltag ganz normal befahren. Sind jedoch Hoheiten anwesend, kann sie jederzeit für den normalen Verkehr gesperrt und damit komplett stillgelegt werden.

Wenn man dann am Straßenrand Gärtner emsig werkeln sieht und Arbeiter kleine Unebenheiten ausbessern, dann weiß man, dass der König bald kommen wird. Während der Pilgerzeit ist die Straße sehr stark befahren, aber wenn die Königsfamilie geruht, nach Mekka zu pilgern, wird die Straße binnen Minuten geräumt und gesperrt. Bereitschaftspolizisten müssen daher immer an dieser Straße warten, da niemand genau weiß, wann die Royal Family aus dem Haus gehen will. Die Geschäfte an der Straße müssen dann schließen, alle geparkten Autos sind bereits entfernt oder werden jetzt schnell weggefahren oder abgeschleppt.

Dann kommen zwei Hubschrauber mit viel Aufklärungssensorik und fliegen die gesamte Strecke von 130 Kilometern ab, einmal rauf und einmal runter. Nicht, dass sich irgendwo verdächtige Personen, Autos oder Gegenstände befinden. In den Hubschraubern sitzen Scharfschützen, das sieht man vom Boden aus. Dann kommt ein Polizeiauto mit Blaulicht und riesigem Getöse und braust mit Vollgas die ganze Strecke entlang. Dem folgen weitere Polizeiautos. Dann kommen Lautsprecherdurchsagen von den Polizeiautos, die am Straßenrand stehen: »Alle Leute weg von der Straße«. Dann rollt die Kolonne. Wieder kommen zuerst Polizeiautos, dann folgen etwa vier der großen, schweren GMC-Kastenwagen. Auch darin sitzen vermutlich Scharfschützen, auf den Dächern haben diese Wagen Gerätschaften, die das Handynetz stören. Dann kommt ein wahrer Schwarm nagelneuer schwarzer Mercedes-Limousinen mit abgedunkelten Scheiben. In irgendeiner sitzt der König, in den anderen seine Entourage. Manchmal denkt man sich: Mensch, der sitzt doch da gar nicht drin. Der ist schon längst in Mekka, weil er im ersten Polizeiauto oder im Hubschrauber mit dabei war. Aber es ist, wie es ist. Diese Macht-Show gehört auch dazu, um den Bürgern die eigene Anwesenheit zu zeigen und nicht nur die Kfz-Flotte, sondern die perfekte Organisation und die Sicherheitsmaßnahmen vorzuführen. Man zeigt, dass man alles und noch viel mehr aufzuweisen hat, was der US-amerikanische Präsident auch in seinem Konvoi hat. Man zeigt den Bürgern und der Welt, wer hier der König ist. Mich hat diese Show ja auch beeindruckt, ich habe sie mir mehrmals extra angesehen. Die Malek-Straße führte direkt an unserem Restaurant vorbei, daher konnte ich bestaunen, was sich da abspielt, ohne von der Polizei verscheucht zu werden.

Nach dem Limousinenschwarm kommen die Servicefahrzeuge vom saudischen Äquivalent des Technischen Hilfswerks, dazu ein bis zwei Feuerwehr-Löschzüge, ein Krankenwagen und ein Auto mit einer riesigen saudischen Fahne auf dem Dach. Dann kommt die Kolonne mit der Entourage, in schicken Mercedes-Bussen, noch ein paar normale Autos, zum Abschluss wieder Polizeiautos. Alle in einem Affenzahn. Dann wird die Straße von der Polizei wieder freigegeben, und dann wird es noch mal richtig interessant. Denn dann kommen mitunter getunte Sportwagen angeröhrt mit jungen Männern am Steuer, die auf der leeren Straße mal richtig Gas geben wollen. Das sind ein paar Minuten, in denen die Normalbürger ihren Spaß haben und mal nicht im Stau stehen, sondern richtig auf die Tube drücken können.

Dass mich in Deutschland so viele Leute nach der Sicherheit in Dschidda gefragt hatten, wunderte mich. 2007 und 2008 war der Islamische Staat noch kein Thema, wohl aber Al-Qaida. Die Welt jagte den aus Saudi-Arabien stammenden Terroristen und Al-Qaida-Anführer Osama bin Laden, und mancher sah Saudi-Arabien als »Wiege des Terrors«. Was die Herkunft von Al-Qaida-Terroristen und die Finanzierung des islamistischen Terrors betrifft, ist da etwas Wahres dran, aber mehr, als in der Zeitung steht, weiß ich darüber nicht. Das bedeutet aber dennoch nicht, dass in Saudi-Arabien Leute mit Sprengstoffgürteln auf der Straße herumlaufen oder man in ständiger Angst vor Anschlägen leben muss – im Gegenteil. Anders als in Afghanistan, Pakistan oder dem Irak ist der Alltag in Saudi-Arabien nicht von Terrorangst und Anschlägen geprägt, und auch die Mutawa, die Religionspolizei, terrorisiert die Normalbürger im Alltag nicht.

Wer sich den strengen Regeln anpasst, muss nicht befürchten, in der Öffentlichkeit von der Mutawa belästigt, von den Behörden gegängelt oder verhaftet zu werden. Das Hörensagen berichtet anderes, das weiß ich, aber Berichte von Gewalt im öffentlichen Raum, Kriminalität und Behördenwillkür kenne auch ich nur vom Hörensagen und aus den Medien. Weder ich selbst noch Leute, die ich kennenlernte, erlebten persönlich Horrorgeschichten, von denen man las oder sich hinter vorgehaltener Hand erzählte. Etwa, dass die Mutawa Frauen, die sie nicht für gut genug verschleiert hielt, mit Autolack besprüht oder dass man ausgepeitscht wird, wenn man eine Zeitschrift mit ins Land bringt, in der Frauen im Bikini abgebildet sind.

Die strengen Regeln und drakonischen Strafen führten, so war mein Eindruck, für den Normalbürger eher zu mehr Sicherheit. Wie auch in Dubai oder Abu Dhabi ist das Risiko, auf der Straße ausgeraubt zu werden, verschwindend gering. Es gibt keine offene Drogenszene, kein Rotlichtmilieu, keine Trinker an den Ecken, keine pöbelnden oder randalierenden Betrunkenen. Wo offiziell kein Nachtleben stattfindet, gibt es auch nicht die unangenehmen Begleiterscheinungen des Nachtlebens wie Antänzer oder Taschendiebe, Grabscher oder Bierleichen. Wie so vieles findet auch die Kriminalität in Saudi-Arabien tendenziell hinter Mauern und verschlossenen Türen statt, und Kriminalität ist in dem Land ja nicht nur Online-Betrug oder häusliche Gewalt, sondern auch Alkohol- und Drogenkonsum, Homosexualität, Aberglaube oder Prostitution. Immerhin das hatte ich in meinem ersten Jahr in Dschidda verstanden: Nur, weil etwas offiziell und in der Öffentlichkeit nicht existierte, bedeutete das keinesfalls, dass es in Saudi-Arabien nicht existierte. Aber was nicht im Alltag sichtbar ist, kann leicht verschwiegen, ignoriert oder auch schweigend toleriert werden. Probleme geflissentlich zu übersehen bedeutet aber auch, dagegen keine Handhabe zu haben und Betroffenen keine Hilfe anzubieten. Ein Alkoholiker oder Drogenabhängiger wird in Saudi-Arabien nahezu keine Therapieangebote finden, da es ihn ja offiziell nicht gibt. Wo man häusliche Gewalt als Tabuthema betrachtet und totschweigt, gibt es nur wenige Frauenhäuser und Hilfsangebote für betroffene Mädchen und Frauen. So ist die Sicherheit im Alltag zwar angenehm, aber sie bedeutet selbstverständlich nicht, dass es im Land keine Kriminalität, keinen gewaltbereiten Islamismus und keine Sicherheitsrisiken gibt.

Präsenz zu zeigen und damit ein Gefühl von Sicherheit zu vermitteln ist die Strategie der saudischen Sicherheitskräfte. Anfangs dachte ich, dass die vielen Streifenwagen, die vielen Polizisten und die vielen Patrouillenfahrzeuge der Mutawa auf den Straßen zu sehen waren, weil ständig so viel passierte und es laufend Einsätze gäbe. Ständig fuhren Polizeiwagen mit Blaulicht durch die Stadt, oft auch zusätzlich mit markerschütterndem Sirenengeheul. Mich beeindruckte das schon. Dabei hatte mir der Besitzer des »Il Villaggio« schon an meinem ersten Tag in Dschidda gesagt, dass ich mir nichts dabei denken solle, wenn die Polizei mit Blaulicht fahre. Die würden immer mit Blaulicht fahren, das habe nichts zu bedeuten, das sei hier eben so. Ich hatte das so interpretiert, dass die Polizei ständig etwas zu tun hatte und ständig dabei war, die Regeln durchzusetzen. Tatsächlich aber, so stellte ich fest, war das Blaulicht nötig, damit die Polizeiautos im Stadtverkehr überhaupt vorankamen. Ohne Blaulicht machte ihnen einfach niemand Platz.

Manchmal sah ich auch schräge Gestalten auf den Straßen herumlaufen, also junge Männer mit schmutziger Thoub oder schräg gebundenem Turban, allein damit fällt einer in Saudi-Arabien ja schon auf und wirkt wie ein Kleinkrimineller oder zumindest wie ein halbseidener Typ. Da hatte ich in den ersten Monaten immer gedacht: Könnte das jemand sein, der bei uns klaut? Sind das die Typen, die Stress machen und wegen denen wir die ganze Polizei und Security brauchen? Die massive Polizeipräsenz ist aber eher Abschreckung, und sie scheint zu wirken. Sie vermittelt einerseits das Gefühl, dass ständig etwas passieren, aber sie sofort eingreifen könnte, andererseits, und das ist wohl die Hauptstrategie, vermitteln die Streifen ein Gefühl von Sicherheit – unabhängig von der Überlegung, ob sie in der Massivität nötig sind oder nicht.

Die im saudischen Alltag allgegenwärtigen Securitymitarbeiter sind ein weiterer Indikator für das präventive Sicherheitskonzept: Man weiß, dass es Risiken gibt, man stellt sich darauf ein, man schreckt aber auch potenzielle Täter mit der Geste der Härte ab und erzeugt allein durch die Präsenz der vielen Securitymänner ein Gefühl von Sicherheit. Mit viele meine ich: Vor jedem größeren Betrieb, Lokal oder Wohnhaus steht ein Sicherheitsmann. Der Securitymann gehört einfach dazu. Wie ein Restaurant nicht ohne Kellner funktioniert, funktioniert ein Gebäude in Saudi-Arabien nicht ohne Security.

Vor unserem Lokal etwa standen, im Schichtdienst, immer zwei Securitymänner, einer am Gästeeingang und einer am Hintereingang. Sie trugen eine polizeiähnliche Uniform und waren nicht bei uns, sondern bei einer Sicherheitsfirma angestellt, die durch ihre Dienstpläne die kontinuierliche Bewachung sicherstellte. Auch in meinem Wohnhaus gab es einen Sicherheitsmann. Die Security steht vor den Malls, vor Bürohäusern, vor Läden. Man gewöhnt sich schnell an ihren Anblick, sie gehören zum Stadtbild. Ich hatte sie schon vergessen, als ich zum Urlaub nach Deutschland flog. Denn außer dazustehen und Sicherheit zu suggerieren haben diese Männer eigentlich keine Funktion.

Bei uns am Lokal hielten sie den Besuchern oder Lieferanten manchmal die Tür auf, manchmal auch nicht. Am Hintereingang fragten sie Besucher, zu wem sie denn wollten und warum, und begleiteten sie dann zum richtigen Ansprechpartner. Anfangs hatte ich gedacht, dass das dringend nötig sei, denn es gäbe sicher viele Vorfälle, wenn schon überall Security stand. Es zeigte mir auch, dass Sicherheit in Dschidda großgeschrieben wird. Vielleicht gab es ja Räuber, die schnell mal die Kasse klauten oder den Gästen die Geldbeutel aus den Taschen? In den lokalen Nachrichten fand ich dazu allerdings nie etwas, was aber nichts heißen musste, denn es gibt keine freien und unabhängigen Nachrichten.

Tatsächlich hatten die Securitys aber fast nichts zu tun, außer den einen oder anderen alleinstehenden Mann aus der Familiensektion herauszubitten, wenn er durch die falsche Tür ins Restaurant gekommen war. Ein wirkliches Sicherheitsproblem gab es bei uns im Lokal nie, das kann ich nach zehn Jahren mit voller Überzeugung sagen. Was die Securitymänner getan hätten, wenn jemand zu klauen versucht oder im Lokal randaliert hätte, weiß ich nicht. Die meisten Securitys, auch an meinem Wohnhaus, waren unkomplizierte Typen, die einfach ihren Job machten, indem sie herumstanden.

Am nützlichsten fand ich sie tatsächlich, wenn ich schwer zu tragen hatte und sie mir die Türe öffneten.

Wie ein professionelles Sicherheitskonzept für unser Restaurant ausgesehen hätte, zeigten uns regelmäßig unsere Gäste aus dem US-amerikanischen Konsulat. Das war von uns nur ein paar Minuten entfernt, und auch dort hatte sich schnell herumgesprochen, dass wir sehr leckeres Essen hatten. Also wurden die Konsulatsmitarbeiter zu sehr guten Gästen und wählten das »Il Villaggio« auch als Restaurant, wenn sehr hoher Besuch kam, von hohen Militärs und Wirtschaftsbossen bis hin zu US-amerikanischen Ministern. Bei solchen Gelegenheiten sahen wir dann, wie die Profis das machen, wenn ein Ort wirklich sicher sein soll. Da fuhren also mal gepanzerte Fahrzeuge vor, und der Gruppenführer sagte zu unseren Securitys: »Bleibt einfach, wo ihr seid, wir machen hier jetzt mal die Sicherheit.« Vor jedem Eingang postierten sich zwei bewaffnete Soldaten, dann kamen Hundeführer mit Sprengstoffsuchhunden und suchten das gesamte Lokal ab. Es war nicht ein Suchhund, es waren immer zwei. Wenn die Hundeführer durch waren, wurden die Zufahrten zum Lokal und manchmal die ganze Straße mit gepanzerten Fahrzeugen abgeriegelt, in denen wieder Bewaffnete saßen. Meistens waren es die großen Chevrolet Suburban SUVs, die da vorfuhren, nur eben nicht in Serienausstattung, sondern als geschützte Fahrzeuge. Erst dann kamen die Limousinen mit den hohen Gästen. Andere Gäste durften bei diesen Gelegenheiten nicht ins Lokal, aber solche Besuche kamen ja auch nicht spontan, sondern mit Ankündigung und Reservierung des gesamten Restaurants. Bei diesen Gelegenheiten sah ich, was es bedeutete, echte Sicherheit herzustellen, und das auch nur für die Dauer einer Mahlzeit. Was die Securityfirmen im Vergleich dazu anboten, war daher eher symbolisch und der Securitymann eben auch kein Soldat oder Polizist, sondern ein kräftiger Kerl, der schaute, dass alles in Ordnung war. Für echte Sicherheit konnte er gar nicht zuständig sein.

Sogar die Sicherheit der Compounds schien mir im Vergleich zu diesen Vorkehrungen fragwürdig. Die Compounds waren zwar von Zäunen umgeben und von Securitys bewacht, sich Zutritt zu verschaffen war aber nicht allzu schwer, solange man jemanden kannte, der dort lebte. Das Leben im Compound schien mir nicht sicherer als bei mir im Haus, es ist nur abgeschlossener. Man kann einigermaßen sicher sein, dass sich die Mutawa nicht dorthin verirrt und kontrolliert, ob im Fitnessstudio alle anständig gekleidet sind und ob die westlichen Expat-Frauen im öffentlichen Raum komplett verschleiert sind. Bei mir im Haus ließ sich die Mutawa aber ebenso wenig blicken. So oder so – ich fühlte mich während meiner ersten Jahre in Saudi-Arabien nie wirklich unsicher.

Das änderte sich nur kurzfristig während des Arabischen Frühlings 2011. In Tunesien, Ägypten und Syrien gingen die Menschen auf die Straße und demonstrierten gegen die alten Regimes und die Chancenlosigkeit der jungen Generation. Das waren die Länder, über die in Europa am meisten berichtet wurden. Doch auch in Kuwait, Bahrain und Saudi-Arabien gab es Demonstrationen. Die Protestwelle schwappte im Februar auf die Arabische Halbinsel, und einige Volksgruppen sahen eine Chance, sich mehr Rechte zu ertrotzen. In Kuwait waren es die Staatenlosen, die meisten von ihnen irakische Flüchtlinge und einige wenige Beduinen aus der Wüste, die für Bürgerrechte demonstrierten. In Bahrain erhob sich die unterdrückte schiitische Mehrheit gegen das sunnitische Herrscherhaus. In Smatah an der Grenze zum Jemen verbrannte sich ein Demonstrant selbst, andere zogen protestierend durch die Straßen Dschiddas. Wie in Bahrain waren es Schiiten, die als Erste aufstanden und ein Ende ihrer Diskriminierung forderten. Es folgten landesweite Demonstrationen für mehr Menschenrechte, bessere Jobs für Einheimische, bessere Berufschancen für junge Saudis. Davon hörte ich natürlich in der Zeitung und über die sozialen Medien, das Leben in Dschidda ging aber weiter wie immer. Man sprach schon über die Vorfälle, aber eher oberflächlich und nur kurz. Das saudische Militär und die Polizei beendeten die Demonstrationen gewaltsam, nach zwei bis drei Wochen endeten die Proteste in Saudi-Arabien.

Saudi-Arabien reagierte insgesamt mit maximaler Härte. Während Kuwait die Proteste selbst in den Griff bekam, rief das Herrscherhaus Bahrains die saudischen Verbündeten zur Hilfe. Die saudische Armee marschierte in einer Blitzaktion in dem Inselstaat ein (eine Brücke führt von Saudi-Arabien aus dort hin) und half der bahrainischen Polizei, den Aufstand gewaltsam zu beenden. Es gab knapp 100 Tote und Tausende Verletzte. Man hat von diesem Krieg im Westen keinen Ton gehört, auch nicht von gewalttätigen und tödlichen Zusammenstößen in Kuwait ein paar Tage zuvor. Zur selben Zeit spielten sich in Japan die Tsunamikatastrophe und die Nuklearkatastrophe von Fukushima ab, in den Nachrichten war einfach kein Platz mehr.

Im Nachbarland Jemen gingen ebenfalls Tausende auf die Straßen und stürzten schließlich die Regierung des Präsidenten Saleh, eines Verbündeten Saudi-Arabiens. Das Land ist seither nicht zur Ruhe gekommen, Saudi-Arabien führt seit 2015 mit einer Allianz arabischer Staaten sowie US-amerikanischer, britischer und französischer Unterstützung Krieg im und gegen den Jemen. Die Militärintervention bekämpft schiitische Rebellen, die den sunnitischen Präsidenten quasi entmachtet haben.

Im eigenen Land konnte Saudi-Arabien seine Leute schnell befrieden: Es gab eine Gehaltserhöhung für Staatsbedienstete und extreme Härte gegen alle Demonstranten und Protestierenden. Der schiitische Religionsgelehrte Nimr an-Nimr, der immer zu friedlichen Protesten für mehr Demokratie aufgerufen hatte, wurde verhaftet und 2016 als Terrorist hingerichtet.

Seitdem Saudi-Arabien im Ausland militärisch und im Inland mit aller Härte gegen regimekritische Schiiten vorgeht, wird ein schiitischer Terroranschlag immer wahrscheinlicher. Im Irak gibt es diese Anschläge bereits. Vergeltungsanschläge von Sunniten folgen dort meist auf

**Das entscheidende Dokument.** Mit der Iqama, der Arbeits- und Aufenthaltsgenehmigung, kann man sich in Saudi-Arabien ausweisen. Als ich ankam, ähnelte die Iqama noch dem alten deutschen Papierführerschein, nur mit eingeklebten Wertmarken. Inzwischen gibt es Plastikkarten.

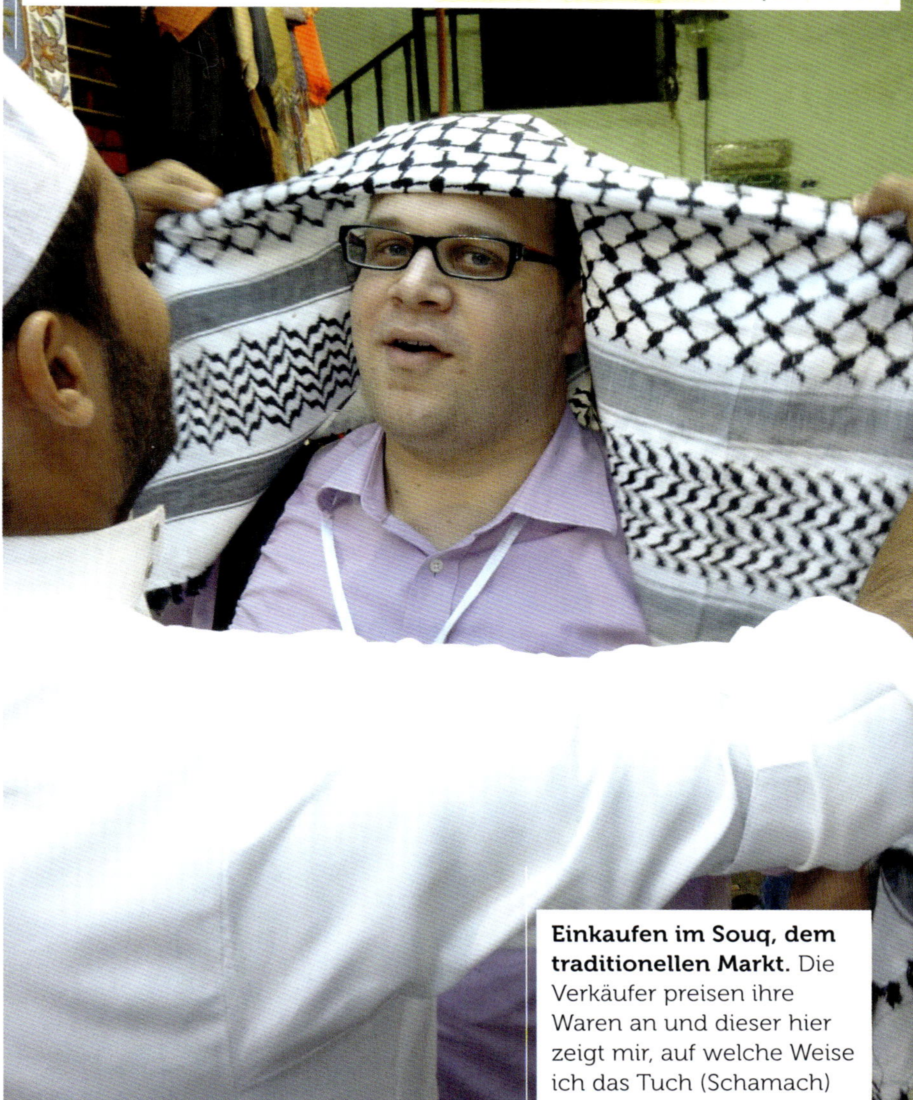

**Einkaufen im Souq, dem traditionellen Markt.** Die Verkäufer preisen ihre Waren an und dieser hier zeigt mir, auf welche Weise ich das Tuch (Schamach) tragen kann.

**Ausflug in die Vergangenheit.** Die Gesteinsformationen mit dem markanten »Elefantenfelsen« (links oben), die antiken Zeichnungen (links Mitte) und die Ruinen der Nabatäerstadt Madain Saleh (diese Seite) liegen sehr entlegen im Norden des Landes. Meine Eltern und ich besuchten die Region um den Ort Al-Ula mit einem lokalen Fremdenführer (links unten). Der lud uns hinterher zum Tee auf die Dattelpalmenplantage seiner Familie ein und erzählte uns von der Landwirtschaft und seinem Arbeitsalltag.

**Winter in Dschidda**. Bei lauen Temperaturen kann man am Stadtstrand picknicken und Shisha rauchen. Brotzeit kauft man beim Imbiss, alle halbe Stunde kommt ein Verkaufswagen mit Eis und kühlen Getränken vorbei.

**König im Anflug.** Wenn königlicher Besuch oder Staatsgäste in der Stadt sind, werden Straßen gesperrt und für die Konvois freigehalten. Wer dort parkt, ob richtig oder falsch, wird abgeschleppt. Die Sperren können sehr lange dauern und riesige Staus verursachen.

**Bus mit Geschichte.** In ausgemusterten deutschen Fahrzeugen, die nach Afrika und in arabische Länder verkauft wurden, chauffiert man Pilger nach Mekka. Deutsche Busse sind bei den örtlichen Veranstaltern besonders beliebt.

**Shoppen im Hof.** Bei den beliebten Frauen-Basaren auf abgeschlossenen Sportplätzen, in Compounds oder auf Schulhöfen bieten nur Frauen Waren an. Da im »Il Villaggio« auch Frauen angestellt waren, konnten meine Kolleginnen auf solchen Basaren italienische Spezialitäten verkaufen.

**Furchtlos.** Baugerüste und Bauarbeiter passen in Saudi-Arabien insofern zusammen, als dass sie sich nicht an internationalen Sicherheitsstandards orientieren. Wenn etwas nicht direkt passt, wird es passend gemacht. Zur Not hält jemand Gerüste und Leitern fest.

**Praktisch.** Die traditionellen Holzfenster spenden Schatten, ermöglichen einen Luftzug ins Haus und bilden einen Sichtschutz für die Bewohner, von innen aber sieht man gut nach draußen. In der Altstadt von Dschidda haben sich einige dieser Konstruktionen erhalten, viele der historischen Bauten sind allerdings renovierungsbedürftig.

**Bayerisch feiern.** In der Wohnung einer deutschen Freundin entstand ein kleines Oktoberfest für unseren Freundeskreis. Das Bier war selbstgebraut, die Dekoration und die CD mit Bierzeltmusik aus Deutschland mitgebracht. Bratwurst, Sauerbraten, Kraut, Klöße und Knabber-Salzbrezeln – auch das ist in Saudi-Arabien also möglich.

**Arabisch reisen.** Wer als Ausländer in entlegene Provinzen fährt, bekommt eine Polizeieskorte. Sie dient dem Schutz, aber auch der Kontrolle des Reisenden.

**Nachhaltigkeit.** Bei der weltweit bekannten »Earth Hour« werden eine Stunde lang die Lichter ausgeschaltet, um Bewusstsein für die Kunst des Energiesparens zu schaffen. Das Rosewood Hotel im Hintergrund hat bei der Aktion mitgemacht, der kleine Kiosk aber noch nicht. Das Thema Nachhaltigkeit wird in Saudi-Arabien immer ernster genommen.

dem Fuß. Noch hat Saudi-Arabien die innere Sicherheit im Griff, aber zu dem Preis, dass Tausende Bürger in Gefängnissen sitzen.

Wir Expats lebten weiter wie zuvor, der Alltag in Dschidda änderte sich kein Stück weit. Auch das Sicherheitsgefühl blieb dasselbe. Manchmal kursierten Gerüchte, dass Facebook und WhatsApp jetzt überwacht würden oder dass mehr Polizei auf den Straßen zu sehen war. Wie auch die Hinrichtungen war das aber in meinem Bekannten- und Kollegenkreis nichts, über das man ständig redete, sondern etwas, das im Hintergrund vorhanden war und mit dem man weiterlebte wie bisher, da es einen persönlich nicht betraf.

# Wasta, Baby!

## Umgang mit Behörden und der Macht der Beziehungen

Die saudische Bürokratie ist genauso erstaunlich wie der saudische Staat. Sie ist einerseits völlig überreguliert; man braucht für jeden Kleinkram verschiedene Formulare und Anträge von verschiedenen Stellen, man zieht Nummern beim Anstellen und muss beim Ausfüllen von allem und jedem furchtbar akribisch sein, damit man nicht geschimpft bekommt, man hätte etwas falsch ausgefüllt.

Dem gegenüber stehen die saudische Gelassenheit, der saudische Familiensinn und die uralte Tradition des Wasta, der guten Beziehungen, mit denen sich alles regeln und erreichen lässt. Hinzu kommt die Gemütlichkeit saudischer Beamter und Angestellter. Wenn man schon arbeiten muss, dann in seinem eigenen Tempo, alle anderen machen es ja auch so. Service ist etwas, das Expats den Saudis zu bieten haben, nicht umgekehrt.

Wenn man bei der Bank oder bei einer Telefongesellschaft etwas am Schalter zu erledigen hat, muss man beim Eintreten eine Nummer ziehen, sich in den Wartebereich setzen und wird dann per elektronischer Anzeige aufgerufen, das funktioniert wie bei einem deutschen Behördengang. Theoretisch. Praktisch ist es so, dass die Bankangestellten bei Schichtbeginn erstmal zehn bis fünfzehn Nummernzettel aus dem Automaten ziehen und bei sich horten. Ganz langsam, eine Nummer nach der anderen, werden diese Zahlen dann aufgerufen. Keiner im Wartebereich steht auf, alle runzeln die Stirn, keiner sagt etwas. Währenddessen haben die Bankangestellten eine halbe Stunde extra Pause, um auf dem Handy zu spielen, einen Freund oder Verwandten anzurufen, zu rauchen und gemütlich Tee zu trinken. Weil alle das Gesicht wahren wollen, beschwert sich niemand.

Die Prozeduren, um ein Visum zu erhalten, geben einen Vorgeschmack darauf, was einen in Saudi-Arabien erwartet. Der Sponsor, in diesem Fall mein Arbeitgeber, muss das Arbeitsvisum bei der saudischen Handelskammer und dem Wirtschaftsministerium beantragen. Zugleich muss man selbst einen Haufen Papierkram ausfüllen; nur maschinengeschriebene Formulare in VERSALIEN werden akzeptiert. Eine Visumsagentur sammelt alles zusammen und achtet auf die Formalien. Ohne diese Agentur geht gar nichts, denn die saudischen Botschaften arbeiten ausschließlich mit solchen Vermittlern zusammen und bedienen keine einzelnen Antragsteller. Ich schickte alle meine Unterlagen, etwa Zeugnisse, Ausbildungsnachweise und Gesundheitszeugnis, in beglaubigter Kopie an die Agentur. Mein Arbeitgeber übermittelte seinerseits Kopien dessen, was in Saudi-Arabien an Formularen und Papieren bei den Behörden abzuliefern war. Diese sollten dann den Visumsantrag an die Botschaft in Berlin übermitteln, die Agentur würde dort ihrerseits Papiere vorlegen und die Botschaft würde mein Visum einstempeln. Kompliziert genug, aber dann ging es los: Mein Visum war nicht da. Als der Agenturmitarbeiter bei der saudischen Botschaft in Berlin vorsprach, meinen Pass in der Hand, wusste niemand von nichts, und im Computer war ebenfalls nichts von und über mich. Dann rollte alles wieder rückwärts: Die Agentur wandte sich an mich, dass das Visum nicht da ist, ich schrieb dem Arbeitgeber, der wandte sich wieder an seinen Ansprechpartner bei der Behörde in Dschidda. Von da ging die ganze Chose von vorne los. Ich rief immer wieder in der Botschaft in Berlin an, ob denn das Visum da sei, man sagte mir aber nichts, ich sollte den Agenturmitarbeiter schicken. Der durfte aber nur zu bestimmten Sprechzeiten in die Botschaft. Das Visum wollte und wollte sich nicht in Berlin einfinden. Immer wieder reklamierte ich beim Arbeitgeber in Dschidda. Der schickte dann eines Tages mit der Post einen großen Brief mit goldenen Lettern und briefmarkenartigen bunten Abzeichen darauf, mit dem alles in Ordnung gehen sollte. Außerdem versprach der Inhaber, mal seine Beziehungen in Dschidda spielen zu lassen. Ein Freund eines Freundes ist Politiker, der rief in der Behörde in Dschidda an, was denn da los sei mit meinem Visumsantrag. Und siehe da – die Botschaft in Berlin konnte mein Visum finden. Das ist Wasta – die Behörden arbeiten erst, wenn jemand mit Einfluss und Beziehungen auftaucht.

Das Ganze brachte mir eine Verspätung von einigen Wochen ein, die ich meinen neuen Job nicht antreten konnte. Es ging aber noch weiter. Die Visumsagentur verlangte nun, obwohl das Visum vorlag und in meinen Pass gestempelt war, noch mehr Papierkram von mir, unter anderem einen kompletten Körpercheck. Nachfragen, wer denn das warum wissen wollte, liefen ins Leere. Erst, als ich ein dickes Kuvert mit medizinischen Unterlagen an die Agentur geschickt hatte, bekam ich den Pass und das Visum. Da dachte ich, dass ich nun die größten Hürden hinter mir hatte, aber – von wegen. Das Thema Visum begleitete mich die ganzen zehn Jahre über. Es muss erneuert werden, das hat einen gewissen Turnus, und auch der deutsche Pass muss ja gelegentlich erneuert werden, und zwar nicht gleichzeitig mit dem Visum. Jedes Mal war das eine Herausforderung, auch, nachdem ich schon viele Jahre im Land war und dann über die Arbeit bereits jemanden kannte, der jemanden kannte, um den Behörden die Initialzündung zu geben, meine Unterlagen überhaupt erst in die Hand zu nehmen.

Wie der Hase im Alltag läuft, merkt man als Neuling in Saudi-Arabien ziemlich schnell. Der Arbeitgeber bietet zwar ein Rundum-Sorglos-Paket für Neuankömmlinge, was aber bei Visum, Arbeitserlaubnis, Identitätskarte und Wohnung endet. Man will aber auch ein Handy, ein Girokonto, ein Postfach und der eine oder andere vielleicht Pay-TV. Das klingt, als könnte man das an vier Feierabenden erledigen, wenn man seine anderen Papiere beisammenhat. Na, von wegen. Ich brauchte mehrere Wochen dazu.

Es geht damit los, dass sämtliche Verträge und Dokumente ausschließlich in arabischer Sprache und Schrift ausgehändigt werden. Es gibt zwar ein Gesetz, das bei offiziellen Verträgen Zweisprachigkeit vorschreibt, Arabisch und Englisch, an das hält sich aber fast keiner. Ich habe einen typografisch wunderschönen Arbeitsvertrag unterschrieben, der in einer Spalte arabisch und in einer zweiten Spalte englisch geschrieben war. Da dachte ich noch, dass das jeder so macht. Mein Arbeitgeber war jedoch immer überkorrekt, andere Firmen wohl eher nicht.

Ein Konto zu eröffnen war noch das Leichteste. Die Banken bieten alle ungefähr gleiche Bedingungen an, über die der Staat wacht. Wucher ist im Islam verboten und damit auch Zinsen. Die heißen dann eben »Leihgebühr«, bei einem Girokonto kann man aber nichts falsch machen, da es meistens nicht überziehbar ist. Kreditkarten von den üblichen westlichen Firmen sind bei jeder Bank erhältlich. Bei Banken braucht man vor allem Geduld beim Anstellen und darf sich nicht ärgern, wenn ein älterer Saudi zur Tür hereinspaziert kommt und ohne eine Nummer zu ziehen gleich drangenommen wird. Er hat entweder Wasta und kennt den Geschäftsführer oder Super-Wasta und der Angestellte am Schalter ist sein Sohn. Gegen Wasta ist kein Kraut gewachsen.

Mit einem Girokonto kann man dann einen Handyvertrag oder ein Prepaidhandy bekommen. Nicht jeder Handyladen will aber jeden Kunden, schickt jedoch auch keinen weg, und nicht jeder indische Handyverkäufer hat wirklich Ahnung, denn vielleicht arbeitet er nur aushilfsweise im Laden, der eigentlich seinem Kumpel gehört, und versteht nicht besonders gut Englisch. Das gibt er aber nicht zu, um nicht sein Gesicht zu verlieren. Der Typ im Handyladen sagte mir jedenfalls, dass ich nicht nur ein Konto mit Kontonummer, eine saudische Identitätskarte und eine Adresse in Saudi-Arabien brauchte, nein, ich brauchte auch einen bestimmten Schrieb von der Bank mit einem offiziellen Stempel und einer beglaubigten Kopie. Also zurück zur Bank, wieder schön lange warten, dann sagte mit der Angestellte, dass es diesen Schrieb nicht mehr gebe und die Staatsbank sogar verboten habe, diesen auszugeben. Der Handyladen bestand aber auf dem Schrieb. Wie schon beim Visum ging es hin und her wie beim Pingpong. Man braucht Ausdauer, wenn man den saudischen Papierdschungel durchwandern will, und Wasta, wenn man will, dass sich etwas bewegt.

## Jede Firma braucht einen Angestellten, der sich um Behördengänge kümmert

Ein Einzelner kann gar nicht alle Lichtungen und Gestrüppe dieses Dschungels durchdringen, daher hat jede Firma einen Moagib – einen Mitarbeiter, der für Behördengänge zuständig ist. Bei uns im Restaurant war es der Personalsachbearbeiter. So ein Moagib ist immer Saudi, denn mit Saudis arbeiten die Behörden am liebsten zusammen. Er kennt auch in jeder Behörde Leute, hat seinen Ansprechpartner und weiß, wem er mal etwas ausgeben kann und sollte. Der Moagib kennt sich auch damit aus, welche Papiere welcher Beamte in welcher Behörde in welcher Form am liebsten hat. Geklammert, in Klarsichthülle oder doch am liebsten in der sehr populären grünen oder blauen Hängemappe aus Karton? Wie ordentlich sollte geschrieben sein?

Welcher Sachbearbeiter freut sich über einen Hundertdollarschein, wenn es mal schnell gehen muss? Wasta und Insiderwissen machen den guten Moagib aus.

Wasta ist nicht dasselbe wie Korruption. Die ist verboten. Wasta ist die Kunst des Netzwerkens und der gegenseitigen Gefallen. Je höher angesehen ein Einzelner oder eine Familie, desto besser auch das Wasta, denn zum einen kennt man dann auch mehr wichtige Leute, zum anderen wollen wichtige Leute auch einen selbst kennen. Da wäscht eine Hand die andere, auch ohne, dass Geld fließt. Wasta ist die nutzbringende Kontaktpflege, die mit immateriellem Austausch verbunden ist. Alle machen mit, und es wird auch nicht darüber geschwiegen, sondern gern davon erzählt, wen man so alles kennt und was einem das alles für Türen geöffnet hat. Habe Wasta und rede davon, denn das erhöht das Sozialprestige und bringt eventuell noch mehr Wasta, denn wenn jemand dich kennt, der du viel Wasta hast, wird der dich vielleicht mal um einen Gefallen bitten, weil du jemanden bei dieser und jener Behörde kennst. Und wenn du ein Wasta genutzt hast, lädt der andere dich vielleicht ein, ein schönes Wochenende in seinem privaten Beachklub zu verbringen. Das System funktioniert über den persönlichen Kontakt und kann nur blühen, weil die Beamten und Angestellten zwar viel Papier bewegen, aber nicht überkorrekt sind, sondern auch die traditionelle Lebensweise noch verinnerlicht haben, bei der alles um Kontakte ging, alles verhandelbar war und manchmal ein Kamel bei einem Deal draufgelegt wurde.

Als Expat kann man im Wasta-Netzwerk nur bedingt andocken. Es nutzt natürlich, Saudis mit gutem Wasta zu kennen, wenn man mal etwas braucht. Die lassen ihre Beziehungen aber nicht aus reiner Sympathie spielen. Ich hatte Glück und konnte bald mit Einladungen zum Gratis-Abendessen im Restaurant oder zu exklusiven Partys punkten. Wenn er selbst und seine Freunde, die er damit mächtig beeindruckt, bei uns essen gehen können, dann drückt ein Compound-Manager schon mal ein Auge zu, sogar, wenn er Inder ist. Das Wasta-System weitet sich automatisch auf die Expats aus, und sie können, wenn sie keine Kontakte zu Behörden haben, untereinander Wasta-Beziehungen knüpfen. Das ergibt sich automatisch, wenn man ein wenig in die Gesellschaft eintaucht. In den Compounds heißt es nicht Wasta, aber da leiht man den netten Nachbarn ja auch mal einen Grillrost, wenn man weiß, dass die das auch tun würden.

Dem sympathiebasierten Wasta steht das machtbasierte Wasta gegenüber. Mit bestimmten Familien will sich kein kleiner Beamter oder Sachbearbeiter anlegen, manchmal nicht einmal der Polizeichef. Daher bekommen die Halter bestimmter Autos nie ein Strafmandat zugestellt, wenn sie bei flotter Fahrt geblitzt werden. Der Polizist, der dieses Knöllchen losschickt, würde ziemlich schnell auf einen ziemlich unattraktiven Dienstposten versetzt. Justitia und die Polizei sind nicht blind und achten sehr darauf, bei wem man ein Auge zudrücken sollte, wenn einem seine Karriere lieb ist.

Offene Korruption gibt es auch, und zwar ziemlich dreiste. Eines Tages etwa spazierte ein hoher Offizier des saudischen Technischen Hilfswerks in Uniform, aber dennoch privat zu ins in Lokal. Er machte sich wichtig und verbreitete viel heiße Luft, überprüfte dieses und jenes und ließ sich Arbeitserlaubnisse der Mitarbeiter zeigen. Bei einer fand er dann einen »Fehler«, den er »sehr gravierend« fand. Er würde umgehend die Behörden alarmieren, sagte er, wir könnten ihm aber auch eine kleine Gebühr zahlen. Ich sah das nicht ein und verweigerte die Zahlung hartnäckig. Ich wies ihn darauf hin, dass alles, was er da tat, außerhalb seiner amtlichen Befugnisse lag und er mich mit seinem Auftreten nicht im Geringsten beeindruckte. Zu dem Zeitpunkt war ich schon lange im Land und ließ mich von solchen aufgeblasenen Typen nicht einschüchtern. Der Offizier hatte wohl einen Expat erwartet, der vor ihm kuschte und den er genüsslich über den Tisch ziehen konnte. Er verließ dann nach kurzer Zeit mürrisch das Lokal, fragte aber den saudischen Securitymann noch im Hinausgehen, wer ich denn sei und was ich denn tat. Wir haben den Offizier nie wieder bei uns gesehen noch jemals etwas von der Sache gehört, daher ließen wir sie auf sich beruhen.

Einen hohen Offizier anzuzeigen ist ebenfalls keine gute Idee, denn als Ausländer gegen einen Saudi auszusagen braucht handfeste Beweise. Sonst ist man kaum durch die Tür der Polizeiwache, wenn der Polizeibeamte denjenigen anruft, den man gerade angezeigt hat, und sein eigenes Wasta verbessert, indem er dem Saudi klarmacht, wie er aus dieser Nummer wieder rauskommt.

## Wasta als Statussymbol

Arbeitgeber können ihr Wasta ausnutzen, um die Löhne ihrer ausländischen Arbeitnehmer monatelang nicht auszubezahlen. Das ist sogar Gang und Gäbe. Man arrangiert sich mit dem Sachbearbeiter im Ministerium, das für die ausländischen Arbeitnehmer zuständig ist. Hier zeigt sich wieder die Doppelgesichtigkeit der saudischen Bürokratie. Der Staat hat versucht, ein System zu schaffen, das genau dieses verhindert. Laut Gesetz ist der Lohn wie vertraglich festgelegt auszubezahlen. Um dies nachzuweisen, muss ein Arbeitgeber dem Arbeitsamt monatlich vorlegen, wie viele Arbeitnehmer bezahlt worden sind, für welche ja auch Steuern fällig werden. Wasta hilft da viel: Wenn ein Arbeitgeber einmal nicht bezahlt und nichts vorlegt, dann kommt eventuell die Anfrage von der Behörde: Wieso wurden die Steuern nicht bezahlt? Wenn man sich als Arbeitgeber auskennt, muss man die Steuern dann eben ein paar Monate lang nicht bezahlen, und es fragt keiner mehr nach. Die Arbeitnehmer haben gegen diese Allianz keine Chance. Da es keine Gewerkschaften und nahezu keine Arbeitnehmer-Interessenvertretungen gibt, hat der unbezahlte Arbeiter niemanden, an den er sich wenden kann, als den Arbeitgeber. Die Chance, dass sich die Situation bessert, wenn sich der Arbeiter beschwert, ist viel viel geringer als die Chance, dass sich die Lebenssituation verschlechtert, wenn man eine offizielle Beschwerde vorbringt. Die Arbeitgeber erhöhen dann mal die Wochenstundenzahl oder lassen mal die Waschräume längere Zeit nicht reinigen. Es kommt sehr häufig vor, dass Löhne nicht ausbezahlt werden und monatelang niemand die Arbeiter unterstützt. Die Botschaften schreiten nur in sehr gravierenden Fällen ein; es ist eher die Ausnahme, dass sich die Diplomaten um ausstehende Gehälter kümmern. Man will sich seine guten und hart erarbeiteten Kontakte ja nicht verderben. Das trifft, wie bei allem in Saudi-Arabien, die Leute in der untersten Schublade der sozialen Kommode am häufigsten und härtesten. Sie sind diejenigen, die weder Wasta noch Lobby haben und mit denen man als Arbeitgeber machen kann, was man mag, solange man es sich nicht mit den Beamten und Sachbearbeitern der Behörden verscherzt.

Der Teufel steckt nicht nur in den Grundfesten des Systems, er steckt auch im Detail. Da es keine Adressen gibt, braucht jeder ein Postfach. Das bedeutet aber nicht, dass die Post dort auch ankommt.

Oder zuverlässig ankommt. Meine Briefwahlunterlagen etwa, die ich sofort angefordert hatte, kamen manchmal nach wenigen Tagen an, einmal aber erst zwei Wochen nach der Wahl. Kann passieren. Man braucht in Saudi-Arabien viel Geduld und Langmut.

Zum Schluss noch eine typisch absurde Geschichte, wie sie in jeder saudischen Behörde jeden Tag vorkommt. Im Sommer 2016 wollte ich an meinem Handyvertrag etwas umstellen lassen. Das ging nicht telefonisch oder online – in Saudi-Arabien geht vieles nur mit persönlicher Vorsprache. Ich musste also zur Geschäftsstelle des staatlichen Telefonanbieters STC. Da kann man aber nicht einfach hineinspazieren und sich anstellen, sondern es geht wie überall: Am Eingang stehen ein Sicherheitsmann und ein Selbstbedienungsautomat, der Wartezettelchen ausgibt. Man wählt auf dem Automaten, was man braucht, dann bekommt man einen Wartebereich oder Schalter und eine Wartenummer zugewiesen. Auf dem Zettel steht auch, wie viele Leute vor einem warten. Der Sicherheitsmann ließ mich aber nicht an den Automaten, was gelegentlich vorkommen kann, sondern fragte mich, was ich denn wollte, tippte ein paarmal auf den arabischsprachigen Touchscreen der Maschine und gab mir dann das Zettelchen. Darauf stand »Wartebereich S, Nummer 10«, mit sieben Leuten, die vor mir warteten. Das kam mir komisch vor, denn das kannte ich schon: Die Sicherheitsleute passen manchmal nicht richtig auf, was man sagt, verstehen einen nicht richtig oder finden einen unsympathisch und tippen dann einfach irgendetwas ein. Also wartete ich, bis der Sicherheitsmann zum Rauchen ging, stellte das Menü des Automaten auf Englisch um und traf meine eigene Auswahl. Siehe da, ich bekam ein Zettelchen mit der Anweisung »Wartebereich G, Nummer 500« mit null Personen, die vor mir warteten. Ich setzte mich also hin und wartete. Da kam der Sicherheitsmann angeschlurft und verlangte den neuen Wartezettel zurück. Seine Begründung: Das sei zwar eine Selbstbedienungsmaschine, aber Kunden dürften die Maschine nicht bedienen, sondern nur er persönlich dürfe Zettel ausdrucken. Weil ... da könnte ja jeder kommen. Außerdem gebe es gar keinen Wartebereich G. Wir diskutierten eine Weile herum, weil ich das nicht einsehen wollte. Schließlich nahm er mir beide Wartezettel weg und holte einen dritten Zettel aus dem Automaten. Auf dem stand nun »Wartebereich C, Nummer 323«, mit einer Person, die vor mir wartete. Ich setzte mich wieder hin und bemerkte, dass es überhaupt nur Schalter für die Bereiche S und C gab. Warum? Keine Ahnung. Der Wartebereich S schien nur für Ausländer zu sein, der Bereich C nur für Einheimische, egal, welchen Service jeder wollte. Ich freute mich schon, dass ich nach zehn Jahren Erfahrung das System durchschaut hatte und nun endlich vorne in der Reihe war. Mit C als Einheimischer und dann auch noch vorne in der Schlange, das ist schon etwas, das man sich erarbeiten muss, indem man sicher auftritt und sich Behördenwillkür nicht bieten lässt, dachte ich stolz. Dann wurde aber als Nächstes die Wartenummer »G-500« aufgerufen, also genau die, die ich selbst aus dem Automaten gezogen und die man mir wieder weggenommen hatte. Ich ging zum Sicherheitsmann und verlangte den Zettel zurück, weil ich jetzt dran sei. Er führte mich dann persönlich zum Schalter, an dem die G-500 aufgerufen war, und ich konnte innerhalb von wenigen Minuten meinen Vertrag ändern. All die Leute, die schon im Wartebereich gesessen waren, als ich ankam, saßen immer noch da und machten jetzt Gesichter, die verrieten, dass sie schon ziemlich lange da saßen. Diese hatten offensichtlich weder Wasta noch Erfahrung im Umgang mit Behörden. Der Sicherheitsmann warf mir einen ziemlich finsteren Blick zu, als ich beim Hinausgehen an der Wachstube vorbeikam.

# Klub oder Hund

## Die arabische Sprache und ihre Fallen

Man kann prima in Saudi-Arabien leben ohne ein einziges Wort Arabisch zu sprechen oder zu verstehen. Durch die vielen Zuwanderer ist das Land zweisprachig – die Verkehrsschilder sind in arabischer und lateinischer Schrift, Hinweise in arabischer und englischer Sprache, alle wichtigen Dokumente sollen zumindest zweisprachig sein. Das Englische hat sich als Geschäftssprache durchgesetzt, weil es anders auch gar nicht geht. Bei den vielen Zuwanderern musste man sich auf eine gemeinsame Umgangssprache einigen, am besten eine, in der jeder schon einige Worte kann, da bleibt nichts anderes als Englisch. Sich gar nicht zu verständigen ist ja keine Option, wenn man Angestellten Anweisungen gibt oder im Fast-Food-Restaurant etwas bestellt. Zumindest so viel Englisch muss jeder Gastarbeiter können, dass er sich vom Vorarbeiter oder den saudischen Arbeitgebern und Kunden seine Anweisungen abholen kann. Das reicht dann aber auch an Kommunikation. Die Zuwanderer und Gastarbeiter sollen sich ja gar nicht integrieren, sondern am besten nach drei bis fünf Jahren wieder in ihre Herkunftsländer zurückgehen. Wer von den Zuwanderern Arabisch spricht, ist automatisch in einer höheren Schublade der sozialen Kommode, egal, ob er nun Ägypter, Libanese oder ein anderer Muttersprachler ist oder ob er sich die Mühe gemacht hat, Arabisch zu lernen.

Es gibt schon Sprachschulen, die Arabisch für Anfänger anbieten, meine Arbeitszeiten lagen aber so, dass ich an den Kursen nicht teilnehmen konnte. Abends arbeitete ich oft lang, und wenn ich morgens in einen Kurs gegangen wäre, wäre mein ganzer Lebensrhythmus durcheinandergekommen. Auch in Moscheen kann man Arabisch lernen, vor allem, um den Koran zu lesen, aber das interessierte mich nicht. Ich wollte vor allem besser mit unseren einheimischen Gästen kommunizieren, denn einige bestanden darauf, auch bei uns auf Arabisch zu bestellen. Nicht, weil sie nicht Englisch konnten, sondern weil es Leute gibt, die in ihrem eigenen Land ihre Landes- und Muttersprache sprechen. Das ist in Saudi-Arabien in manchen Situationen exotisch.

Da ich als Restaurantleiter täglich mit unseren Gästen in Kontakt war, sie begrüßte und auch an die Tische ging, um zu fragen, ob alles in Ordnung ist, musste ich Arabisch lernen, fand ich. Zuerst lernte ich die Zahlen, die sind gar nicht so schwer. Dann begann ich, Begriffe zu lernen, die in unserer täglichen Arbeit oft vorkamen. Ich fragte einfach die arabischsprachigen Kollegen, wie was heißt: Messer, Gabel, Löffel, Tisch, Stuhl, Serviette, die beliebtesten Speisen und so weiter. Auch gängige Formulierungen ließ ich mir vorsagen und merkte sie mir: Begrüßungen, Nachfragen, Verabschiedungen, dann einfache Sätze und immer wieder viele Vokabeln. Die Schrift lernte ich nicht, ich wollte ja vor allem mit den Gästen und auch den Kollegen reden lernen. Auch die Grammatik war mir nicht so wichtig, sondern eher die Standardformulierungen, die immer passen und die man auch immer wieder hört.

Sowas wie »Bring mal ein neues Messer« oder »Noch eine Cola für meinen Sohn«, das lernte ich schnell. Es hilft ja schon, wenn man von einer Frage ein paar Brocken versteht und daraus schlussfolgern kann, was der Gast will, und dann vielleicht eine Standardantwort wie »sehr gern« bereit hat. Man wirkt dann unfassbar professionell und muss nicht für jede Kleinigkeit einen Übersetzer holen. Oder man kann den Gast mit einem praktischen Textbaustein erstmal zufriedenstellen, um dann einen Kollegen an den Tisch zu schicken.

Anderen Expats in Saudi-Arabien geht es ebenso, wenn sie im Verkauf oder im Service arbeiten, wo sie viel mit saudischen Kunden zu tun haben. So ist eine ganz besondere Sprache entstanden: Das in Dschidda gesprochene Arabisch, ich nenne es mal Dschiddawisch, ist ein gebrochenes Arabisch, in dem sich diejenigen untereinander und mit den Einheimischen verständigen, die sich die Mühe machen, sich Arabisch anzueignen. Es ist ein vereinfachtes Straßenarabisch, das den Klang und die Wörter des lokalen Dialekts aufgenommen und doch seine ganz eigenen Phrasen entwickelt hat. Einiges haben die Pakistaner aus ihrer Sprache Urdu mitgebracht, einiges die Ägypter – beide sind große Einwanderergruppen. Auch die Inder haben Wörter und Formulierungen beigetragen.

Dieses Dschiddawisch ist wie das Straßenarabisch der anderen Metropolen auf der arabischen Halbinsel: Es ist Arabisch, aber ein vermischtes, ein regionales, ein inkorrektes. Es ist ein wenig wie das Englisch, das in der Karibik oder in Nigeria gesprochen wird – für die Sprecher eine Fremdsprache, die sich mit vielen lokalen Einflüssen vermischt hat.

Arabisch ist ohnehin eine sehr vielfältige Sprache. Da der Sprachraum von Mauretanien bis nach Zentralasien reicht, gibt es extrem viele regionale Dialekte. Diese können so unterschiedlich sein, dass sich die Sprecher untereinander nicht oder nur kaum verständigen können. Von Region zu Region verwendet man manchmal völlig unterschiedliche Vokabeln für dieselbe Sache, dazu auch komplett unterschiedliche Redewendungen oder Grammatik, etwa bei der Zukunft. Man denke daran, wie unterschiedlich der Anschnitt eines Laibs Brot in Deutschland genannt wird: Kanten, Buckel, Knust, Rand, Scherzl, Knorze oder wie bei uns in Nürnberg Gnädzla. Genauso ist es mit dem Arabischen, nur noch in vervielfachter Form, da der Sprachraum so groß ist.

Das Hocharabisch, die Standardsprache, ist eine reine Schriftsprache, die im Alltag nicht gesprochen wird. Die Grammatik des Hocharabischen ist so komplex, dass kaum ein Mensch so schnell denken kann, um sie beim Sprechen anzuwenden. Gerade die Endungen sind so kompliziert, dass sie im Alltag nie ausgesprochen werden. Diese Hochsprache (man nennt sie Fusha) wird in offiziellen Dokumenten, Gesetzestexten, in Gedichten und im Religiösen verwendet, obwohl das koranische Arabisch dann schon wieder ein anderes ist (man nennt es »klassisches Arabisch«). Manche religiösen Gelehrten sprechen, wenn es um religiöse Themen geht, Hocharabisch. Wer auf der Straße Hocharabisch spricht, wird schief angeschaut. Man weiß dann sofort, dass derjenige irgendeinen Sprachkurs gemacht hat, aber vom echten Sprechen keine Ahnung hat.

Wer aber Straßenarabisch, in meinem Fall Dschiddawisch, spricht, erwirbt sich eine gehörige Portion Respekt und macht sich selbst das Leben leichter. Wenn man nicht nur im Supermarkt, sondern in kleinen Läden einkauft, fragt es sich leichter: Was kostet das? Wie viele Gramm sind da drin? Hast du das auch in einer anderen Größe da? Gibt's das auch billiger? Es handelt sich leichter, wenn man in dieser Insidersprache handelt, weil der Kontakt mit dem Verkäufer viel unkomplizierter ist und man nicht wie ein frisch gelandeter Tagestourist daherkommt.

Die Leute freuen sich, wenn man Dschiddawisch spricht, ob das der indische Verkäufer oder der saudische Gast ist, oder auch die saudische Kunstfreundin, die man bei einer Ausstellung kennenlernt. Man kommt sich automatisch näher, als wenn man Englisch miteinander spricht. Meine gute Freundin Sara, in Dschidda geboren, spricht auch dieses Dschiddawisch, außerdem Englisch und Amharisch, die Muttersprache ihrer Eltern. Dreisprachig zu sein ist in Saudi-Arabien nahezu Standard.

Als blonder Europäer das Arabisch der pakistanischen und nordafrikanischen Einwanderer zu sprechen ist dennoch exotisch und wird auch manchmal etwas belächelt. Bei Taxifahrten entspann sich oft derselbe arabische Dialog, nachdem ich auf Arabisch gesagt hatte, wo ich hin wollte:

Taxifahrer: Wo kommst du her?

Ich: Na, von hier.

Taxifahrer: Wie, von hier?

Ich: Na von hier aus Dschidda eben, ich komme aus Dschidda.

Taxifahrer: Nee, oder?

Ich: Ja klar, wie sonst würde ich so wie du oder die ganzen anderen den lokalen Dialekt sprechen?

Taxifahrer: Ha, neee. Oder?

Ich: Dann rat halt mal, wo ich sonst herkommen könnte …

Ratespiele fand ich bei langweiligen Taxifahrten immer super. Die meisten rieten erstmal, dass ich Amerikaner oder Engländer sei. Andere fanden, dass ich ein wenig syrisch aussah, oder libanesisch. Deutschland hatte niemand auf dem Radar. Gerne kann man bei solchen Fahrten auch raten lassen, ob man verheiratet ist und wie viele Kinder man hat (da wiederholt man dann auch gleich die Zahlen). Man wird schon gefoppt, wenn man so redet, wie die Taxifahrer selbst reden, erntet aber auch Respekt und es erleichtert vieles ungemein, gerade, wenn man den richtigen Preis bereits vor Fahrtantritt aushandelt. Oder: Dem fliegenden Händler einmal freundlich auf Arabisch gesagt, dass man hier wohnt und bitte nicht ständig angesprochen werden will – schon hat man seine Ruhe.

Als blonder Ausländer in westlicher Kleidung bleibt man auch im bunten Dschidda immer ein Exot. Da kann es sein, dass einem die Kinder hinterherlaufen und versuchen, einem Wasserflaschen zu verkaufen, weil sie einen für einen Touristen oder einen Pilger aus einem anderen Land halten. Da wittert der Schmucktrödler in der Altstadt ein gutes Geschäft und der Parfumhändler freut sich schon auf den guten Tagesumsatz. Jedes Mal wieder. Das kann etwas ermüden, aber wenn man dann jedes Mal wieder dasselbe sagt, kennen einen irgendwann alle. Ich imitierte unbewusst sicher auch die Gesten der Saudis, wenn diese mit fliegenden Händlern sprachen. Das geschieht ja automatisch, denn ich versuchte schließlich auch, mir die Sprache der Einheimischen abzuhören. Wie sich Saudis untereinander begrüßten, begrüßte ich bald auch meine saudischen Bekannten.

Wie gut ich mich sprachlich angepasst hatte, fiel mir in Dschidda gar nicht auf. Man spricht zwar immer mehr und mehr, lernt immer wieder etwas Neues dazu, jeden Tag kommen neue Vokabeln, aber irgendwie passierte mir das nebenbei. Bei einem gemeinsamen Urlaub mit deutschen Freunden in Dubai fiel mir erst auf, wie tief ich schon ins arabische Leben, in die Umgangssprache und Formen eingetaucht war. Dubai kannte ich ja auch schon aus der Expat-Perspektive, war aber nicht sehr lange dort gewesen. Mein bester Freund Michi aus meiner Heimat Nürnberg wollte nun mit seiner damaligen Freundin einen zweiwöchigen Urlaub in den Vereinigten Arabischen Emiraten verbringen. Sie hatten die Reise geschenkt bekommen und den ersten großen Haken erst mal gar nicht entdeckt: Wie bei vielen Billigangeboten Standard, ging die Reise nicht nach Dubai, sondern in die Nachbar-Emirate Ras al-Kaimah und Fujairah und in die Wüstenstadt Al Ain. Nach Dubai gab es nur Tagesausflüge mit einfachem Anfahrtsweg von 120 Kilometern. Hotels in Ras al-Kaimah oder dem Emirat Fujairah werden aber oft als Dubai-Reisen angeboten, die Überraschung gibt's dann gratis dazu.

Weil der Flug von Michi und seiner Freundin Verspätung hatte, organisierte ich ihnen von Dschidda aus telefonisch einen Taxitransfer vom Dubaier Flughafen in ihr Hotel nach Fujairah. Gar kein Problem. Wir trafen uns dann ein paar Tage später in Ras al-Kaimah, denn dort war nicht nur Michi im Urlaub, auch ein anderer langjähriger Freund lebte dort mit seiner Familie. Ich fuhr wie immer einen Mietwagen und freute mich, dass der Straßenverkehr in den Emiraten deutlich zivilisierter ist als in Saudi-Arabien. Meine Freunde aber, die mit mir Ausflüge machten, mussten sich das eine oder andere Mal gut im Auto festhalten, wenn sie bei mir mitfuhren, weil da andere Fahrer ohne zu blinken abbogen, ich langsamere Fahrer rechts überholte oder ein anderes Auto noch schnell bei Rot über die Ampel fuhr und uns, die wir schon Grün hatten, nur knapp verfehlte. Für mich war das im Vergleich zu Saudi-Arabien lahmer Provinzverkehr. Ich fuhr bei diesem Verkehr auf der Landautobahn schon mal in einem Zug und ohne wirklich in den Spiegel zu schauen von der ganz linken Spur nach ganz rechts, um die Ausfahrt noch zu erwischen, das macht man eben so. Wir fuhren auch innerorts die üblichen 80 anstatt 50. »Der Toni ... wie der fährt!«, sagte Michi öfter mal. Mir wäre das gar nicht aufgefallen, für meine Begriffe fuhr ich ganz normal, wie alle anderen eben auch. Aber ich war eben auf der Arabischen Halbinsel kein Tourist mehr.

Die Sprache aber war es, die mich von den Touristen am deutlichsten unterschied, das zeigte sich besonders in der touristischsten Gegend der Emirate, im Dubaier Gold-Souq. In dessen holzüberdachter Hauptgasse reiht sich ein Schmuckgeschäft ans andere, alles glitzert und blinkt. Jeder Besucher kommt hierher, und jeder Besucher wird auf dem kurzen Weg zigmal angesprochen. Da sind die Händler, die Leute ins Geschäft bitten wollen, die Getränkeverkäufer, die Spielzeugverkäufer, die Paschminaschalverkäufer und die ganzen Typen, die gefälschte Uhren anbieten und die Leute dafür in Hinterzimmer locken wollen. Kurz: Es ist da total nervtötend, weil ständig jemand ankommt, der einen anquatscht und volllabert. Ich kannte das schon, weil das auf jedem Markt dasselbe ist. Ich sagte gleich dem Ersten drei Sätze auf Arabisch, dass ich mal wieder von hier bin und mich umschauen will und mich melde, wenn ich etwas brauche. Die Händler geben sich dann untereinander fast unmerkliche Zeichen, und man kann sich alles ganz in Ruhe anschauen. »Was hast du denn jetzt gemacht?«, fragten meine Freunde erstaunt. Alle anderen Touristen wurden weiterhin angequatscht, nur wir hatten unsere Ruhe. Ich antwortete: »Arabisch geredet – sonst nichts.« Der Urlaub mit meinen Freunden, die das erste Mal in einem arabischen Land waren, zeigte mir, wie sehr ich mich dann doch schon angepasst hatte.

Besonders interessant war unser Bummel im Dubaier Stadtviertel Al-Karama. Es wird hauptsächlich von Indern bewohnt, die schon sehr lange im Land sind, und ist für seine vielen kleinen Läden berühmt. Bekleidung, Accessoires, Schuhe, Sportartikel, Taschen, all das gibt es dort sehr günstig und vor allem in charmantem Ambiente. Während meine Freunde in einem Modeladen stöberten, unterhielt ich mich mit dem indischen Inhaber im typischen golfarabischen Small Talk.

Der ist in jeder Stadt gleich und geht so: Wo kommst du her, wie geht es deiner Familie, hier ist es um diese Jahreszeit ja echt heiß. Schon mal in Mekka oder Medina gewesen? Falls ja, komm bei mir im Lokal vorbei, ich lade dich dann mal auf einen Saft und eine Pizza ein. Dafür aber, mein Freund, zocke uns heute bitte nicht ab, weil wir ja alle Expats sind und hier versuchen, unser Geld zu verdienen, und uns unterstützen sollten und so weiter. Die Preise in dem Laden fielen dann tatsächlich auch deutlich niedriger aus, als man normalerweise hätte zahlen müssen – und das sogar ohne großes Feilschen.

In einem anderen Laden, einem zum Showroom umfunktionierten Apartment, wurde dagegen knallhart um die modischen Klamotten gefeilscht, und wieder staunten meine Freunde, dass ich mit meinen arabischen Satzbausteinen einen Trumpf nach dem anderen ausspielte. Wir kamen an dem Abend mit Einkaufstaschen voller schöner Dinge zu sehr angenehmen Preisen ins Hotel zurück.

## Die Tücken der Schriftsprache

Die arabische Schrift ist wunderschön, aber selbst, wenn man alle Buchstaben kann, ist sie immer noch kaum zu lesen. Das liegt daran, dass nur ganz wenige starke Vokale überhaupt geschrieben werden, der Rest fällt weg und man muss ihn sich denken. Es gibt zwar kleine Kringel und Striche, die Vokale bedeuten, diese werden aber wieder nur in der hochoffiziellen Sprache ausgeschrieben. Der Name Mohammed wird (nur mit anderen Buchstaben) MHMD geschrieben; daher gibt es in der Umschrift so viele Variationen davon, Muhammad oder Muhamed etwa. Man kann eigentlich nur die Wörter lesen, die man schon kennt und die sich aus dem Kontext erschließen.

Bei neuen Wörtern finden sich interessante Fehlerquellen. Das Arabische kennt zwar mehrere Buchstaben für verschiedene krächzende Kehllaute, aber kein weiches v, kein p, keinen Unterschied zwischen e und i und keinen zwischen o und u. Beim Schreiben unserer arabischen Speisekarte war das immer wieder eine Herausforderung. Einheimische sollten ja eine Speisekarte in arabischer Schrift bekommen, nur waren unsere Gerichte sämtlich italienisch und deren Namen nicht so bekannt wie »Pizza Margherita«. Wir mussten uns behelfen und die Namen so schreiben, wie es unsere muttersprachlichen Kollegen empfahlen, und dann eben in der Unterzeile erklären, was das für ein Gericht war.

Im Bistrobereich boten wir verschiedene belegte Focaccias an, unter anderem ein Klub-Sandwich, »Focaccia Klub«. Das ist nicht italienisch, war aber so gefragt, dass wir es mit auf die Karte nahmen, dort stand es in arabischer Schrift dann unter »FCACCIA KLB«. Eines Tages beschwerte sich ein saudischer Gast erst bei einem Kellner und ließ dann mich als Restaurantleiter kommen. Irritiert zeigte er auf die Karte und fragte konsterniert: »Ist das KALB?« Der Gast war sichtlich entsetzt, aber ich verstand zunächst nicht, was sein Problem war und war selbst etwas konsterniert. Das Sandwich war einer der Renner unserer Karte, es verkaufte sich gut und schmeckte den Gästen. Ich fragte höflich nach, was denn sein Problem mit der Übersetzung sei. Erbost erklärte er mir wieder, dass da »Kalb« stünde, was ich nicht nachvollziehen konnte. Ich erklärte also höflich und in wärmsten Farben: »Das ist ein Sandwich mit hausgemachtem italienischem Brot, darauf ist gegrillte Hühnchenbrust, Rinderspeck, Tomaten, Salat und hausgemachte Soße.« Das schien dem Gast aber nicht weiterzuhelfen, daher rief ich meinen marokkanischen Kollegen dazu. Im Gespräch klärte sich die Sache dann schnell auf: Der Gast dachte, das sei ein Sandwich mit Hundefleisch. Denn die Buchstaben KLB kann man als »Klub« lesen, aber eben auch als »Kalb«, was Hund bedeutet. Hunde gelten als unreine Tiere, sie im Haus zu halten ist haram, und nur als Wach-, Hüte- und Jagdhunde sind sie überhaupt erlaubt. Der Gast war deswegen so irritiert, weil in einem feinen europäischen Restaurant so etwas Unreines auf der Karte stand. Die Sache löste sich in einem Lachen auf und der Gast bestellte dann mit einem Schmunzeln das »Hundesandwich«. Er war zufrieden mit dem Essen und damit, dass man seine Beschwerde ernst genommen hatte und ihm so viel Zeit gewidmet wurde.

Noch am selben Abend ließ ich alle Karten entfernen und brachte sie am Morgen ins Büro des Kollegen, der sie für uns übersetzt hatte. Der war dann bass erstaunt, denn er selbst las intuitiv weder Klub noch Kalb (Hund), sondern »Klab« – so, wie man das Sandwich aussprechen würde. Ich ließ die Übersetzung dann einfach komplett entfernen und es gab nur noch »Klub-Sandwich« ohne arabische Umschrift.

## Wichtige dschiddawische Formulierungen und was sie bedeuten

In Arabischbüchern für Einsteiger stehen ja oft Mustersätze, die sehr hilfreich sind. Genauso oft stehen dort aber Sätze und Wörter, die zwar richtig sind, aber nie verwendet werden. Ich habe daher einige Formulierungen und Worte zusammengestellt, die ich in Dschidda oft gehört und gesagt habe, die so aber in keinem Sprachführer stehen – zumindest in keinem, den ich bisher gesehen habe.

*Hallah wallah! (Hallo)*: Dies ist eine typisch dschiddawische Begrüßung unter Freunden. Die förmliche Begrüßung wäre »Salam aleikum« oder einfach »Salam«.

*Achlan (Hallo)*: Noch eine typisch dschiddawische Begrüßung. Korrekt hieße sie »Achlan wa sachlan«, das wirkt in Dschidda aber sehr förmlich.

*Schlonak! (Hallo)*: Ein Gruß, der aus Syrien nach Saudi-Arabien gekommen ist und sich in Dschidda bei den arabischsprachigen Expats um die 30 durchgesetzt hat, also bei einer kleinen, aber coolen Minderheit. Alle anderen finden »Schlonak!« exotisch und komisch und würden so ein Dialektwort nicht benutzen.

*Keefalik! (Wie geht's?)*: Dies ist eigentlich eine Frage, aber viel mehr ein Gruß, vor allem unter Leuten, die sich schon kennen. Die Antwort ist gar nicht so wichtig. Man kann einfach »Hamdulillah!« (Gottseidank) sagen. Hocharabisch ginge dieselbe Frage: »Kayfa hallu-ka?«.

*Ana gareeb (Ich bin in der Nähe)*: Das sagt man am Telefon, wenn man sich verspätet, um eine Verspätung anzukündigen oder um sich zu entschuldigen. Das Gegenteil ist »Ana baeed« (Ich bin weit weg), das bedeutet, dass man nicht kommen wird oder es noch sehr lange dauert, bis man eintrifft.

*Degiga schwayya (langsame Minute)*: Das bedeutet »Einen Moment bitte« und kann durchaus länger als eine Minute dauern. Es dauert, so lange es eben dauert, eben eine lange Minute lang. Die langsame Minute ist die Schwester der Aufforderung »stana schwayya« (Warte ein wenig).

*Chamsa degiga (Fünf Minuten)*: Alles dauert fünf Minuten, das länger als eine lange Minute dauert. Überhaupt kann alles fünf Minuten dauern. Es dauert eben.

*Mia mia (100, 100)*: Das sagt man, wenn man etwas 100 Prozent gut findet. Das kann ein super Kollege sein, ein Essen, ein Kunstwerk – eben alles, was super, toll, weltklasse, krass, geil ist.

*Nous nous (Hälfte Hälfte)*: Wenn man etwas nicht so toll findet, sagt man, man findet es so 50/50. Etwas wirklich schlecht zu finden und das genau so zu sagen, gilt als unhöflich.

*Marrah kwais! (Mal hübsch)*: Wenn man ein schönes Schmuckstück, Kunstwerk oder Auto sieht, lobt man es als hübsch.

*Marrah mumtaz! (Mal wunderbar)*: Das sagt man, wenn man eine Person hübsch findet.

*Kam floos? (Viel Geld?)*: So fragt man in Dschidda nach dem Preis. Auf Hocharabisch heißt Geld nicht »floos«, sondern »nukuud« und wie viel »bikam«, und nach dem Preis fragt man sowieso anders – aber eben nicht in Dschidda.

*Raali! (teuer)*: Mit diesem Ausruf, manchmal begleitet von einem sanften Kopfschütteln oder Zungenschnalzen, beantwortet man jede Antwort, die man nach einer Preis-Anfrage bekommt. Sie läutet das Feilschen ein, das mit der charmanten Frage »Rachiis?« (billiger) und einem treuherzigen Blick begleitet wird.

*Tani magaz. Kabir fi? / Zakir fi? (Andere Größe. Gibt's groß? /Gibt's klein?)*: Die Frage nach einer anderen Größe ist in Schuh- und Bekleidungsgeschäften hilfreich. Die Schuhgrößen spricht man in arabischen Zahlen aus, die weltweiten Größen von S bis XXL heißen genauso wie im Englischen. Man macht es sich gerade beim Shoppen leicht. Im Hocharabischen würde die Frage nach einer größeren Größe lauten: »Lau samacht, hal eindakum hadha fil hadscham akbar?« Da ist »Kabir fi?« schon praktischer.

*Moussa*: So nennt man unter Männern einen »heißen Feger«, wenn man mit Freunden unterwegs ist und eine außerordentlich hübsche oder besonders aufwändig zurechtgemachte jüngere Frau vorbeikommen sieht. Das würde man der Frau aber nie direkt sagen, das wäre extrem unhöflich.

*Jawal*: Das ist der dschiddawische Name für das Handy. Die meisten anderen Araber nennen es »mobail«.

*Bazoora (Kinder)*: Sie heißen anderswo »aulaad«, manchmal auch »schuttari«. In Dschidda eben noch mal anders. Genau wie die Polizei, zu der man in Dschidda »Moruur« sagt und nicht »Schurta« wie in den meisten anderen arabischen Städten.

*Feen? (wo?)*: Dieses alltägliche Wort gibt es so nur in Saudi-Arabien. In den kleinen Golfstaaten fragt man »waayn?«, auf Hocharabisch »ayna?«.

## Neue Wörter

Die arabische Sprache ist so traditionsreich wie lebendig. Während Sprachpuristen das klassische Arabisch des Korans pflegen, übernehmen die Leute jede Menge Begriffe und Wörter aus anderen Sprachen und kneten diese so dermaßen um, dass man die neuen Begriffe auch wieder nur in der jeweiligen Region versteht. Hier sind einige Beispiele.

*Pantalon (Hose)*: Da es traditionell keine Hosen gab, verwendet man das französische Wort. Genauso wie »kravatta« die Krawatte ist.

*Bufia (Imbiss)*: Das kommt vom französischen »Buffet«.

*Waneit (Toyota Hi-Lux)*: Der beliebte Pick-Up Toyota Hi-Lux hatte früher als Modellkennzeichnung eine »18« am Heck stehen. Das lasen die Einheimischen »One Eight«. Arabisch ausgesprochen wurde daraus der »Waneit«. Wenn jemand heute von einem »Waneit« spricht, meint er nicht automatisch den Hi-Lux, sondern manchmal auch grundsätzlich einen Pick-Up.

*Bibbsi (Pepsi)*: Weil es kein P im Arabischen gibt, spricht man P wie B aus, das kann bei ausländischen Produkten spannend sein. Wenn man »Bibbsi« bestellt, will man Cola, es ist eigentlich egal, wer der Hersteller ist.

*Gachwa (Kaffee)*: Hier ist es umgekehrt. Das arabische Wort versteht man sofort, denn das deutsche Wort »Kaffee« kommt aus dem Arabischen. Genauso ist es mit den Wörtern Zucker, Sofa oder Papagei.

*Gamberi (Krabben)*: Für Crevetten und Shrimps hat sich das spanische Wort »Gambas« im Arabischen durchgesetzt.

*Makkarona (Nudeln)*: Pasta ist ein vergleichsweise neues Gericht in Saudi-Arabien. Alle Nudeln, egal in welcher Form, heißen daher Makkaroni.

## Onkel, Professor, Bruder, Ingenieur: wie man sich anspricht

Höflichkeit und die Wahrung des Gesichts drücken sich auch in der Sprache aus – schon allein, wenn man sich anspricht. Eine Mutter schreit natürlich nur mit dem Vornamen nach einem Kind, spricht man sich aber richtig an, sagt man nicht »Achmet, was ich dich mal fragen wollte …«, sondern schickt ein Ansprachepartikel voraus, das »ya«. »Ya Achmet, was ich dich mal fragen wollte.« Das ist höflich und korrekt. Man spricht sich generell mit Vornamen an, denn Nachnamen wie in Europa gibt es nicht. Der Nachname ist immer der Name des Vaters, auch bei Frauen – sie ändern ihren Nachnamen bei der Hochzeit nicht. Manchmal kommt noch der Name des Großvaters oder Urgroßvaters dazu, oft auch der Stammesname. Heißt also jemand

Achmet bin Salman bin Abdallah Abdulazis al-Ansari spricht man ihn nicht mit »Herr Al-Ansari« an, sondern mit »Achmet«. Das ist sein Name, Salman ist sein Vater, Abdallah sein Großvater und Abdulazis sein Urgroßvater, aus dem Clan oder Stamm Al-Ansari. Wenn dieser Achmet nun sehr hochrangig ist oder man etwas von ihm will, ist es elegant, ihn nicht nur mit Namen anzusprechen, sondern mit einem Titel. Trägt er einen Adelstitel wie »königliche Hoheit« oder »Scheich«, wird man diesen verwenden und »ya Scheich« sagen. Ist er der Chef, auch von einem Imbiss, spricht man ihn mit »ya mudir« an. Der Mudir ist immer der Chef oder der Manager, und wer das ist, hört das auch gern. Man fragt auch mal nach dem Mudir, wenn man irgendwo in der Verhandlung mit einem Angestellten nicht weiterkommt oder es Ärger am Schalter gibt. Wenn Gäste bei uns im Lokal den Mudir verlangten, war ich gefragt. Ist jemand eher im Technischen der Chef, lässt er sich gern Mohandis nennen, »Ingenieur«. Gerade Ägypter lieben es, Mohandis genannt zu werden, auch wenn sie vielleicht nur Taxifahrer sind oder die Reifen wechseln – als Ingenieur fühlt sich fast jeder, der einen Schraubenzieher halten kann. Den Moalim braucht man öfter mal, wenn man mit Bau- oder Handwerkertrupps zu tun hat, die etwas renovieren oder pflastern sollen, denn der Moalim hat, vielleicht, den Überblick und weiß, was gerade geschieht.

Einen guten Freund kann man auch als »mein Bruder« (ya acho) ansprechen, Frauen und eine gute Freundin als »meine Schwester« (ya uchti), aber nicht ein Mann eine fremde Frau, das gehört sich nicht. Einen älteren Mann, der nicht mit einem verwandt, aber gut bekannt ist, kann man respektvoll mit »Onkel« (ya amm) ansprechen, das ist allerdings altmodisch.

Mit Anreden lässt sich auch viel Spaß haben, wenn sie ironisch eingesetzt werden. Den Kumpel, der gerade etwas begriffsstutzig ist, »ya amm« (Onkel) zu nennen, sorgt für Lacher. Wenn ein Handwerker furchtbar herumpfuscht und offensichtlich keine Ahnung von dem hat, was er tut, kann man spöttisch »ya mohandis« (Herr Ingenieur) sagen. Meine Freunde und ich machten uns manchmal den Spaß, uns beim Ausgehen gegenseitig nur mit »ya mudir« und »ya moalim« anzusprechen, obwohl keiner von uns Ingenieur oder Vorarbeiter war. Sehr häufig benutzt man »ya mohammed«, um eine unbekannte männliche Person oder einen Angestellten zu rufen oder anzusprechen. Besonders in kleinen Läden, in Malls, Coffeeshops oder Restaurants macht man das, das ist ein wenig so, wie die Bayern früher jede Bedienung »Zenzi« nannten. Es ist unhöflich, denn eigentlich spricht man in der arabischen Welt Unbekannte mit »Sayyed« (Herr) an, aber in Saudi-Arabien ist Sayyed als Anrede im Alltag ungebräuchlich, gerade wenn es darum geht, Verkäufer, Kellner oder jemanden am Schalter anzusprechen. Das kommt wohl daher, dass der Vorname Mohammed mit Abstand der häufigste ist und ohnehin gefühlt jeder zweite Mann Mohammed heißt.

Man muss wissen, mit wem man Anreden-Späße machen kann, denn echte Scheichs, Ingenieure oder königliche Hoheiten finden solche Wechsel- und Verwechselspiele nicht besonders witzig. Meinen Humor trifft das, daher habe ich gern mitgemacht, wenn ich mal Zielscheibe des Anreden-Spotts war. Etwa, als ich einmal ins ägyptische Scharm El-Scheich in den Urlaub flog. Das ist von Dschidda nur eineinhalb Stunden Flug – einmal über das Rote Meer und schon ist man in dem Badeort angekommen. Nicht einmal Saudis buchen da ein Businessclassticket. Ich entschied mich einigermaßen spontan, ein paar Tage Auszeit zu nehmen, aber der Flug des ägyptischen Ferienfliegers war in der Economy schon komplett ausgebucht. In der Businessclass gab es noch Plätze, die vergleichsweise günstig waren, also buchte ich dafür mein Ticket. Das Flugzeug war in der Economyclass bis auf den letzten Platz gefüllt, in der (zugegeben kleinen) Businessclass war ich der einzige Gast. Auch war ich der einzige Europäer in dem sonst nur mit Saudis besetzten Flugzeug. Die ägyptische Crew erlaubte sich den Spaß, mich deswegen im ägyptischen Dialekt »El Brince« (der Prinz) zu nennen, den ganzen Flug lang, und ständig nachzufragen, ob der Prinz denn noch etwas wünsche. Mir fiel da kein Zacken aus der Prinzenkrone, es war eine sehr lustige Reise.

# Mall oder Corniche?

## Freizeit in Saudi-Arabien

Gemessen an den Freizeitangeboten ist Saudi-Arabien eines der langweiligsten Länder der Welt. Aufgrund der Geschlechtertrennung ist nicht viel los, und aufgrund der zahlreichen religiösen Verbote gibt es kaum interessante öffentliche Events oder Veranstaltungen. Es gibt kein Vereinsleben wie in Deutschland, keine Freiwillige Feuerwehr, keine Nachbarschaftskneipen, keine Kinos, keine Biergärten, keine Klubs und keine Konzerte. Die meisten Dinge, die man als Deutscher so gern in seiner Freizeit tut, sind in Saudi-Arabien verboten oder es gibt sie nur in Männerversionen. Weil man außerdem seine Freizeit gern in der Familie verbringt, ist noch weniger los, denn dann bleibt man zu Hause im Garten oder besucht Verwandte in deren Garten.

Wer keinen Garten hat oder mal raus will, geht in einen der Parks oder an die Corniche. Im Winter, wenn es nicht so heiß ist, kann man schon tagsüber in den Park. Da fällt man dann als Familiengruppe mit Kind und Kegel, Oma, Opa und Tante ein. Man rollt Matten oder ganze Teppiche aus, schleppt Kühlboxen, Kofferradios und Grills heran und lagert dann im Halbschatten von Bäumen oder Sonnenschirmen vor sich hin, während die Kinder auf der Wiese herumkugeln. Parks sind ausgesprochen beliebt und ein echter Luxus, denn sie müssen extrem bewässert werden, ansonsten wäre der schöne grüne Rasen innerhalb eines Tages verbrannt.

An der Corniche gibt es auch Parks, da sind die Lager aber tendenziell kleiner, man flaniert lieber und isst vielleicht ein Eis. In den kleineren Golfstaaten wird inzwischen toleriert, wenn Ehepaare beim Flanieren Händchenhalten, in Saudi-Arabien ist nicht einmal das erlaubt. Nur Männer dürfen miteinander Händchen haltend herumspazieren.

Für mich war das alles nichts. Was sollte ich zwischen all den Familien im Park herumhängen? Im ersten Jahr verbrachte ich meine Wochenenden meistens zu Hause – Waschen, Fernsehen, Chatten oder einfach auch mal richtig Ausschlafen. Das war ganz schön langweilig. Wenn es keine Kneipe gibt, in der man sich nach Feierabend trifft und vielleicht Fußball guckt, wie kann man ungezwungen neue Leute kennenlernen? Wenn man eigentlich keine Leute nach Hause einlädt und man in der Öffentlichkeit wenig gemeinsam unternehmen kann, wie erhalten sich Freundschaften? Ohne Sportvereine oder Stammtische, wie soll man mit Leuten ins Gespräch kommen? Wenn Tanzen aufgrund des Sittsamkeitsgebots nicht erlaubt ist, gibt es auch keine Klubs – wie soll man eine Clique finden, mit der man ausgehen kann? Kann man überhaupt irgendwie ausgehen, auch ohne Alkohol und Tanzen, oder bleibt wirklich nur die Männer-Abteilung im Restaurant? All die Möglichkeiten, die ich aus anderen Ländern kannte, existierten hier nicht. Es schien mir, als sei es gar nicht vorgesehen und auch gesellschaftlich gar nicht erwünscht oder üblich, außerhalb des Arbeitsplatzes neue Leute kennenzulernen oder auch nur mit ihnen ins Gespräch zu kommen. Die gesellschaftlichen Regeln und Verbote in Saudi-Arabien machen einsam, den Neuankömmling wie auch die Einheimischen, denn auch sie haben wenig Möglichkeiten, jemanden kennenzulernen oder Freizeit mit Freunden anstatt mit der Familie zu verbringen.

Bevor ich über das Internet Leute kennenlernte, denen genauso langweilig war wie mir, blieb als einzige Alternative: shoppen gehen. Weil das alle anderen, denen auch langweilig ist, genauso machen, geht fast jeder am Wochenende irgendwann in irgendeine Mall, denn was soll man sonst auch groß unternehmen. Den Saudis geht es da genauso wie den Expats: Wenn sie nicht daheim oder im Park sind, fahren sie in ihrer Freizeit ins Einkaufszentrum. Shoppen ist damit das Nationalhobby Saudi-Arabiens, und die einzige Freizeitbeschäftigung, die Männer und Frauen gleichzeitig am selben Ort ausüben dürfen. Ich würde es nicht Frustshoppen nennen, aber shoppen geht man wirklich auch aus Langeweile und mangels anderer Alternativen.

An den Abenden und besonders am Donnerstag, dem Wochenendtag vor dem ruhigen Freitag, brummen die Geschäfte und Einkaufsmeilen. Die Malek-Straße (Königstraße), die immer brausende Sari-Straße, die Hira-Straße mit ihren vielen kleinen Läden und Lokalen und natürlich die Taliha-Straße, die beliebteste nächtliche Flaniermeile der Stadt. Eigentlich klar, warum man nur nachts einen Stadtbummel unternimmt: Alle Gebete des Tages, die das Geschäftsleben unterbrechen, sind dann vorbei, und die Sonne mit ihrer Hitze stört nicht mehr beim Spaziergang. So sind die Leute von Dschidda Nachtschwärmer, nicht nur die Jugendlichen, sondern alle. Das Baby kommt im Kinderwagen mit und der Großvater ist mit Krückstock unterwegs. Die Nacht gehört allen, auch denen, die man tagsüber niemals auf der Straße sieht – all jene, die nicht zur Arbeit gehen und während der heißen Stunden im Haus bleiben.

## Einkaufsbummel auf der Luxusmeile

Es ist aber natürlich nicht so, dass man die ganze Straße entlangbummelt. Auch die Taliha-Straße ist sechs Spuren breit und führt viele Kilometer lang durch die Stadt. In einem bestimmten Bereich, der durch ein besonders reiches Stadtviertel führt, haben sich aber besonders viele internationale Designer-Boutiquen und hochpreisige Kaufhäuer angesiedelt, daher finden sich dort vor allem die Mode- und Markenbewussten. In diesem Bereich kann man von Laden zu Laden spazieren, aber auch von Laden zu Laden fahren, wenn einem das eher zusagt. Wer spaziert, führt dann auch die Tüten aus den entsprechenden Läden vor und trinkt vielleicht noch einen Tee oder holt sich ein Eis. Es ist ein wenig wie an der Münchner Maximilianstraße, nur ohne die museumshafte Münchner Gemütlichkeit. Es gibt in den dort gelegenen Malls und entlang der Straße Flagship-Stores von Gucci, Chanel, Cartier oder Louis Vuitton, aber auch Bodyshop, Skechers oder Mexx. Und natürlich Fast-Food-Restaurants, wie überall in der Stadt. Fritten und französische Couture sind in Dschidda kein Widerspruchspaar. Und wenn sich so eine Shopping-Meile etabliert hat, will sich kein Unternehmen das Geschäft entgehen lassen, daher finden sich, ähnlich wie bei den Eisenwaren bei mir im Viertel, die Filialen der großen Luxusmarken sämtlich in einer Gegend versammelt, genauso wie die Filialen aller Kettenrestaurants vom Noodle House bis Kentucky Fried Chicken. Kaum eine westliche Luxusmarke will auf den Umsatz mit den saudischen Frauen verzichten, daher haben fast alle Modehäuser dort ihre Filialen, wohl wissend, dass die Kundinnen die gekauften Produkte nie in der Öffentlichkeit werden tragen dürfen.

Die Taliha-Straße ist die ultimative Luxusmeile der Stadt, vielleicht sogar des ganzen Landes. In der Hauptstadt Riad, so hörte ich, sei alles deutlich strenger und viel langweiliger, daher sei Shopping in Dschidda entspannter und glamouröser, wenn man für den Bummel schon nicht nach Dubai oder London ausflog. Saudische Geschäfte sind in dieser Gegend eher selten, aber es gibt sie, denn einige Dinge gibt es nicht mal in der teuersten europäischen Boutique: die schweren arabischen Parfumöle, die edlen Räucherwaren, die funkelnden Abendkleider aus roter Spitze. Und natürlich Schleier aus schwarzem Seidengewebe und Abayas, die schwarzen, bodenlangen Mäntel, die Frauen in der Öffentlichkeit über ihre Kleidung ziehen müssen. Diese gibt es noch nicht von westlichen Designhäusern, aber mancher saudische Schneider appliziert deren Logos oder Teile von deren markant gestalteten Stoffen auf Ärmel oder Säume dieser Ganzkörperschleier, je nach Wunsch der Kundin und aktueller Mode. All das sah ich bei meinen Autofahrten und Spaziergängen in der Taliha-Straße und den anderen wichtigen Einkaufsstraßen.

Donnerstag ist der lebhafteste Tag der Woche. Die meisten Leute haben auch diesen Tag frei, aber die Geschäfte sind geöffnet. Es ist der Tag, an dem man shoppt, bis das Auto voll ist. Kein Witz. Im Supermarkt kann eine Familie am Donnerstag schon mal drei tiefe Einkaufswagen füllen. Mit Riesenpackungen Toilettenpapier und Küchenrolle, Wasserflaschen und Waschmitteltonnen geht das schnell. Die Schlangen an den Kassen sind entsprechend lang und die Kinder entsprechend quengelig. In den Malls kann es so voll werden, dass es Gedränge gibt, und an den Theken der Fast-Food-Läden bilden sich lange Schlangen. Der Lärmpegel in den Malls steigt, weil alle Leute in Wochenendlaune und daher ziemlich ausgelassen sind, und alle irgendwie trotzdem genervt sind, weil es so voll ist und weil das Einkaufen stressig ist. Ich fand es spitze, weil das öffentliche Leben in Saudi-Arabien selten intensiver, lauter, bunter und ausgelassener ist als an einem Donnerstagabend im Einkaufszentrum.

Am Freitagvormittag dagegen ist überall tote Hose. In den Malls öffnen die Geschäfte und Imbisse am Freitag, dem Wochenend-Tag, am frühen Nachmittag. Der Freitag ist ein allgemeiner Ruhetag. Wer einen Ausflug unternimmt, geht in einen Themenpark für Kinder, an die Corniche, in ein Spaßbad (wo nur Männer und Kinder Spaß haben), oder er fährt mit dem Geländewagen in der Wüste herum. Wer ein Boot hat, kann damit aufs Meer fahren, und wer Mitglied in einem privaten Strandklub ist, kann einen Badetag einlegen. Am öffentlichen

Strand zu baden ist unüblich und für Frauen wegen der Sittlichkeit ohnehin verboten.

Was hinter den Mauern der Privatvillen und der Strandklubs passierte, wusste ich anfangs noch nicht. Um in die privaten Klubs und Resorts hineinzukommen, muss man jemanden kennen, der einen einlädt und mitnimmt oder auf die Liste setzten lässt. Kommt man mit dem Auto zu einem solchen Klub, muss man genau wissen, welche Einfahrt man wählt. An der staubigen Straße in Obhur ist ja ein Strandgrundstück neben dem anderen, nur an einigen stehen Schilder. Man braucht also eine Beschreibung wie: das Tor mit dem abgeblätterten Lack neben dem Grundstück, bei dem Hibiskusbüsche über die Mauer wachsen. Beim richtigen Tor fährt man dann vor und hupt. Dann kommt ein Angestellter und öffnet. Wenn er einen noch nicht kennt, schaut er auf der Liste nach, ob man da draufsteht. Dann geht es weiter bis an den Strand. Die Beachklubs sind sehr unterschiedlich. Manche sind einfach nur Meergrundstücke mit einer Hütte und ein paar Liegestühlen und Sonnenschirmen, andere haben ein Restaurant und einen Bootssteg, wieder andere bieten ultimativen Luxus auf: üppige Grünanlagen, durchzogen von kleinen künstlichen Bächen, dazwischen Pool-Landschaften. Es ist fast wie im Urlaub auf Bali, aber nur fast, denn den Mai Tai gibt es nur wieder als alkoholfreien Mocktail. Das macht aber nichts, denn wer Zugang zu solch exklusiven Strandklubs hat, hat privat auch Zugang zu Spirituosen und bringt sich einen Rum für den Cocktail im Flachmann mit. Weil die Klubs privat sind, gelten die Regeln der Hausherren, was bedeutet, dass dort auch Frauen im Bikini herumlaufen können.

Je exklusiver so ein Beachklub ist, desto strenger sind die geschriebenen und ungeschriebenen Regeln und desto schwieriger ist das Aufnahmeprozedere. Einfachere Klubs nehmen Tagesgäste auf, die besseren lassen keine Tagesgäste zu, sondern setzen auf immens hochpreisige Jahresmitgliedschaften. Sie sind daher nur für die Bestverdiener interessant, trotzdem sind die Wartelisten für Mitgliedschaften lang. Jeder Klub nimmt nur eine bestimmte Zahl an Mitgliedern auf, da ja auch der Platz begrenzt ist, das macht sie noch mal exklusiver. Die großen Klubs und Resorts haben, wie Hotels, Ferienwohnungen und Apartments ebenso wie sehr luxuriöse Strandvillen. Diese sind jeweils für ein Jahr zu mieten. Die Wartezeit für ein Einzimmerapartment beträgt zwei bis fünf Jahre, habe ich mir sagen lassen. Einfacher ist es, einen Spind im Keller des Hauptgebäudes zu mieten. Man zahlt auch dafür eine immense Jahresgebühr, bekommt dadurch aber Zutrittsrecht zur Anlage.

Wer nur gelegentlich mal in einen Beachklub möchte wie ich, muss eines der reichen Mitglieder kennen und sich von diesem auf die Gästeliste setzen lassen. Mitglieder des Klubs bekommen je nach Art der Mitgliedschaft das Recht, Gäste einzuladen, die dann nur eine kleine Gastgebühr zahlen. Mitglieder solcher hochpreisigen Strandklubs sind vor allem Saudis oder Expats, die lange im Land leben.

Andere Expats wollen natürlich auch an den Strand, für die gibt es eine Handvoll Klubs, die sich auf diese Klientel spezialisiert haben. Hier gibt es dann Tagestickets oder Zehnerkarten zu vernünftigen Preisen, die Ausstattung ist aber natürlich nicht so edel. Was allen diesen Anlagen gemeinsam ist, ist die hohe Sicherheit. Von außen sind sie nicht einsehbar, drinnen gilt ein striktes Fotografierverbot. Das liegt nicht an der urheberrechtlich geschützten Architektur, sondern an der Privatsphäre. Kein Scheich will schließlich, dass ein Foto seiner Tochter im Bikini auf der Facebookseite eines Wildfremden landet.

## Langweilig? Macht doch ein bisschen Sport!

Für einen neu in der Stadt angekommenen Single ist der Freitag in Dschidda sehr trist, und ich fand es gar nicht schlimm, wenn ich an dem Tag im Restaurant arbeitete. Essen gehen ist nämlich das zweite Nationalhobby in Saudi-Arabien, auch wenn hier die Geschlechter getrennt sind. Wenn sonst nichts los ist, in den Lokalen ist immer was los, auch ohne Alkohol.

Wenn einem in Deutschland langweilig ist oder man Leute kennenlernen will, heißt es ja gern: Geh doch in einen Sportverein. In Saudi-Arabien gibt es diese Art Vereinsleben nicht wirklich. Es gab in den ersten Jahren, in denen ich in Dschidda lebte, nicht einmal richtige Fitnessstudios. Als ich ankam, war da die eine oder andere vereinzelte Muckibude. Während meiner Zeit in Dschidda eröffnete die US-amerikanische Kette Gold's Gym ihre ersten Filialen im Land, das war ein riesen Erfolg. Die Geräte und die Ausstattung kamen direkt aus den USA, und weil man in Dschidda keine halben Sachen macht, war die erste Filiale in Saudi-Arabien auch gleich das größte Gold's Gym der

Welt. Die Investition hat sich ausgezahlt, denn inzwischen hat die Kette in Dschidda allerlei Filialen und auch reine Frauenstudios mit weiblichen Trainern. Frauen haben es schwer, wenn sie Sport treiben wollen, Abaya und Sittlichkeitsregeln sind sehr hinderlich. Man holt sich Fitnessgeräte nach Hause, und wer als Frau unbedingt draußen Sport machen will, schließt sich einer Mall-Walking-Gruppe an, die dann morgens im Nordic-Walking-Stil durchs Einkaufszentrum stapft.

Saudi-Arabien ist durchaus ein sportbegeistertes Land, aber als Zuschauer. Man sieht sich Fußballspiele im Fernsehen an und geht auch in eine Sportsbar, aber die Kinder spielen selten auf der Straße Fußball. Man fährt nicht mit dem Fahrrad herum, in diesem mörderischen Verkehr. Man geht nicht laufen, bei der Hitze. Das Klima ist der Sport- und Bewegungskiller schlechthin. Draußen Sport zu treiben geht nur im Winter, die ganz Harten joggen in ihren Compounds kurz nach dem Sonnenaufgang um fünf Uhr morgens, wenn es nur 33 Grad hat. Wer gern wandert, findet in den Bergen keine Wanderwege, wer gern schwimmt kaum ein Bad mit Schwimmerbecken. Wer gerne Cricket oder Fußball spielt, findet keinen Bolzplatz, sondern wählt eine staubige Brachfläche bei ihm um die Ecke. Berühmt ist der Film *Das Mädchen Wadjda* aus dem Jahr 2012. Er zeigt die Freizeitrealität: Jungs kicken nach der Schule ein bisschen unmotiviert im Staub einen Ball durch die Gegend. Wer ein Fahrrad hat, ist schon ein Exot, und wenn ein Mädchen ein Fahrrad haben will, grenzt das an einen Skandal. In Saudi-Arabien redet man über Sport, treibt aber selbst keinen oder kaum welchen, außer, man ist ein kleiner Junge oder ein exotischer Expat.

Die Compounds brachten den Breitensport erst in die Stadt. Hier haben sich die Zuwanderer ihre sportlichen Freizeitmöglichkeiten geschaffen, mit Tennisplätzen und Squash-Hallen, mit Beachvolleyballplatz und allem Schnickschnack. Die traditionellen saudischen Sportarten wie Falknerei oder Kamelrennen sind nicht mehr sehr modern. Wer Rennkamele hält, reitet ohnehin nie selbst, sondern hat ein Kind als Jockey und jetzt einen Jockey-Roboter. Die Kamele rennen auf der Rennbahn, nebenher fährt ein Schwarm weißer Geländewagen, in dem die Saudis sitzen und per Fernbedienung ihre Roboterjockeys bedienen. Das ist dann schon richtig sportlich. Die Kamele wieder einfangen, sie bürsten und versorgen, das überlässt man den Tierpflegern. Genauso ist es bei der traditionellen Falknerei: Kaum einer zähmt und pflegt seinen Falken selbst, dazu hat man Angestellte. Einen Falken zu haben gilt in manchen konservativen Familien oder bei älteren Menschen und Adeligen als schick, man schmückt sich mit den edlen Tieren und lässt sie im Garten präsentieren, wenn Besuch kommt. Aber man mistet keine Käfige aus und reitet auch selten aus, um auf die Beizjagd zu gehen. Es gibt aber auch echte Vogelnarren unter den Adeligen. Die lassen klimatisierte Freiflugvolieren bauen, trainieren mit den Vögeln, bauen ihnen Sitzstangen für den Beifahrersitz des Jeeps und buchen ihren Falken Sitzplätze in der Businessclass. Im Februar 2017 ging die Meldung um die Welt, dass ein saudischer Prinz alle seine 80 Falken an Bord einer Linienmaschine mitnahm – mit eigenen Plätzen in der First Class. Das kann vorkommen.

Sich einen Hund zuzulegen, um öfters mal raus ukommen, ist ein No-Go. Hunde sind nicht verboten, aber sie sind als unreine Tiere nicht nur als Sandwichbelag, sondern generell unerwünscht. Manche Saudis ekeln sich vor Hunden wie vor Ratten. In Riad ist es seit 2008 verboten, Hunde als Haustiere zu verkaufen oder mit Hunden auf der Straße spazieren zu gehen. Letzteres allerdings nicht wegen des Ekelfaktors, sondern weil es die Sittlichkeit bedroht, denn ein Mann, der mit einem Hund spazieren geht, zieht eventuell weibliche Aufmerksamkeit auf sich, die in einen Flirt münden könnte. Daher ist Gassigehen nicht mehr erlaubt. Im Compound aber tun es die Leute dennoch.

Wenn ein Familienhaustier gewünscht ist, dann hält man am ehesten eine Katze, vielleicht noch einen Wellensittich. In den Städten streunen zahlreiche herrenlose Katzen herum, die der Hitze trotzen und sich an den vielen offenen Mülltonnen und Müllsäcken bedienen. Reiche Angeber finden es schick, sich zu Hause einen Löwen, Tiger oder Gepard zu halten. Ich habe solche Leute nie kennengelernt, aber man hört immer wieder davon oder sieht mal ein Foto im Internet.

Besser und einfacher angeben als mit einem Gepard, einer Falkenschar oder fußballerischem Talent kann man in Saudi-Arabien mit Autos. Sie sind das beliebteste Statussymbol und dadurch auch ein Dauer-Gesprächsthema und für viele das einzige Hobby. Jungs mit getunten Autos treffen sich am Wochenende bei bestimmten Parkplätzen, um sich gegenseitig ihre Autos vorzuführen. Fette Reifen, höhergelegte Geländewagen, das macht was her. Wer einen Supersportwagen hat, ob Lamborghini, getunter Mercedes, Ferrari oder sonst was, fährt damit entlang der Corniche oder der noblen Einkaufsstraße, der Taliha-Straße, auf und ab und lässt sich sehen. Solche Supersportwagen sind das Nonplusultra der Angeberei, noch schicker als ein knallblauer Rolls Royce. Wer solche Wagen fährt, hat meistens mehrere in seiner Garage.

Ein Toyota Landcruiser oder ein Toyota Camry reichen aber schon, um eine gewisse Coolness auszustrahlen. Es sind die beliebtesten Autos der Saudis, hatte ich den Eindruck, und Toyota ist auch die beliebteste und am weitesten verbreitete Marke. Wer einen Toyota kauft, kann nichts falsch machen, finden die Leute, und es ist wahr, dass ein Toyota kaum Wertverlust hat. Einen gut erhaltenen Camry kriegt man immer los, der ist eine solide Investition.

Der Mythos Toyota beruht auf dem riesigen Erfolg des Cressida. Das war in den 80er- und 90er-Jahren die mit Abstand beliebteste Limousine des Landes. Da passten viele Leute rein, damit konnte man driften, die konnte man tunen, die waren leicht zu reparieren. Ob als Taxi, Familienkutsche, Aufreißerschlitten, das war das Auto der Autos. Und es war bezahlbar. Zum Cressida gab es nur eine einzige Alternative, den Toyota Hi-Lux. Dieser Pick-up machte alles mit, sogar Kamele oder eine kleine Ziegenherde passen auf die Pritsche. Der ganze Einkauf passt da drauf, sämtliche Koffer für den Familienbesuch in der Provinz, und wenn man wenig dabeihat, kann man sich auf die Pritsche setzen und picknicken. Wer keine Limousine kaufte, nahm einen Hi-Lux. Der Hi-Lux ist immer noch beliebt, denn das Modell wird, anders als der Cressida, immer noch gebaut. Alte Cressidas rollen immer noch durchs Land, die neue Standardlimousine, der VW Golf Saudi-Arabiens, ist der Camry.

Am Auto herumzubasteln und sich die Ergebnisse dann gegenseitig vorzuführen, das ist was für die Jungs der Mittelschicht. Einer kauft sich Weißwandreifen für den Hi-Lux, der Nächste bestellt im Internet besondere Chromleisten und montiert die daheim in der Garage, ein anderer schraubt einen besonderen Auspuff an. Manche kleiden das Innere mit Teppichen aus, der Nächste nimmt gefälschten Louis-Vuitton-Look oder bastelt einen Fahrzeughimmel aus Plüsch. Besonders beliebt sind Folien, um das Aussehen aufzupimpen. Man kann den ganzen Wagen mattgold folieren oder sich nur Rennstreifen aufkleben, ein Porträt des Königs auf die Motorhaube applizieren oder die Scheiben schwarz tönen. Das komplette Auto regelmäßig in einer anderen Farbe erstrahlen zu lassen ist besonders schick. Meistens macht das der Besitzer nicht selbst, sondern fährt in eine der Straßen, in der eine Autoschrauberbude neben der nächsten ist, und lässt das dort machen. Eine Komplettfolierung kostet umgerechnet etwa 3000 Euro, aber die Aufmerksamkeit ist einem dadurch garantiert. Ich fuhr anfangs noch meinen Dienstwagen, kaufte mir dann aber einen ziemlich schicken blauen Subaru und war ebenfalls versucht, den mal anders folieren zu lassen. Das war mir dann aber das Geld doch nicht wert.

Angesagt ist auch, die Scheiben schwarz und von außen blickdicht zu folieren. Das ist nicht so teuer, wirkt in saudischen Augen aber auch cool. Es gibt Regeln, wie dunkel das Auto sein darf – hinten an den Beifahrertüren und an der Heckscheibe nicht mehr als 50 Prozent Verdunkelung, vorne an Fahrer- und Beifahrertür nur 25 Prozent. Seriöse Folienanbieter sagen einem das, es gibt aber jede Menge Anbieter, die jede Art von Folien führen und auch montieren. Dann hat man ein rundum schwarzes Auto.

Ein Kumpel von mir hatte so eines, das war schon ganz lässig. Er lieh mir einmal sein Auto, weil ich etwas besorgen wollte, und mir kam das Ganze schon nicht geheuer vor. In der Innenstadt oder in Gegenden, in denen viel Polizei unterwegs war, fuhr der Kumpel immer mit komplett heruntergelassenen Fahrer- und Beifahrerscheiben, damit die Polizei die Folie nicht sehen konnte. Das ist ein beliebter Trick. Ich sagte: »Hey, ich fahre mit geschlossenen Fenstern und Klimaanlage.«

Der Kumpel war total entspannt und meinte: »Ach, das ist schon alles okay so« und »Nee, quatsch, Papiere brauchst du keine.«

Prompt kam ich in eine Polizeikontrolle. »Was ist das Problem?«, fragte ich.

»Ich habe ein Problem mit deinen Fenstern«, sagte der Polizist.

»Sind gar nicht meine, sind die von einem Kumpel«, entgegnete ich. Manchmal funktioniert sowas, denn die Polizei auszutricksen und zu belabern ist ein weiteres nationales Hobby. Diesmal nutzte es mir aber wenig. Dem Polizisten war zwar letztlich egal, dass ich keine Papiere dabeihatte, ich musste aber direkt vor Ort die Folie von der Fahrer- und Beifahrerscheibe entfernen. Das war das bestmögliche Angebot, denn wenn ich die Folie nicht direkt entfernt hätte, hätte ich einen Strafzettel bekommen, der Polizist hätte ein Protokoll schreiben und ich aufs Polizeipräsidium kommen müssen. Das will ja keiner wegen einer läppischen Folie. Der Polizist hatte seine Arbeit getan – es waren keine Folien mehr auf dem Auto. Mein Kumpel war total entspannt, als ich ihm den Vorfall beichtete, und sagte: »Ach, macht nichts, klebe ich eben später wieder neue Folie drauf.«

## Der »TÜV«: straßentauglich in fünf Minuten

Die Polizei ist ziemlich nachsichtig, wenn es um Autotuning geht. Noch viel nachsichtiger ist das saudische Äquivalent zum TÜV. Man muss sein Auto tatsächlich regemäßig zu einer technischen Untersuchung bringen, das ist vorgeschrieben. Bis zu meinem ersten saudischen Technikcheck hatte ich mich noch gewundert, wie so viele alte Schrottmühlen in einem Land herumfahren konnten, in dem die Autos doch eigentlich technisch geprüft wurden. Der »TÜV« geht so: Man fährt, am besten schon sehr zeitig am Morgen, zur *Fahas dori*, der technischen Prüfstelle, der einzigen für die gesamte Großstadt Dschidda. Hier reiht man sich mit seinem Auto in eine riesige Warteschlange ein und tuckert langsam vor sich hin, bis man zum kleinen Bezahlhäuschen kommt, wo man eine kleine Gebühr entrichtet. Dann geht es in den Kontrollbereich, wo ein Mechaniker nach einem vorgegebenen System das Auto prüft. Abgaswerte und Bremsleistung, Blinker, Fernlicht und Lenkung, ein kurzer Blick auf den Unterboden und das Reifenprofil. Wenn man sein Auto gut pflegt, kommt man im Allgemeinen auch ohne Beanstandung durch und erhält direkt im Anschluss die Verlängerung für die Betriebserlaubnis seines Autos. Sollte es jedoch vorkommen, dass etwas nicht in Ordnung ist (und das tut es meistens bei den vielen klapprigen Kisten in Dschidda), erhält man keine neue Plakette, sondern eben einen Mängelbericht. Bis dahin ist alles wie beim deutschen TÜV, aber jetzt wird es interessant. Gleich bei der Prüfstation gibt es unzählige kleine Werkstätten. Diese können nicht nur Autos reparieren, sondern für viel weniger Geld das Auto für eine kurze Dauer wieder straßentauglich machen. Hat man abgefahrene Reifen oder sind die Außenspiegel abgefallen, »leiht« man sich diese gegen eine kleine Gebühr aus und lässt sie montieren. Dann noch mal in die Schlange stellen, wieder am Zahlhäuschen vorbei – dieses Mal kostet es nichts, denn innerhalb eines Tages darf man zwei Mal zur Kontrolle. Jetzt passt alles, denn man hat die Mängel ja mit geliehener Ausstattung beseitigt, und bekommt dann auch die Plakette. Wieder bei der Werkstatt angekommen, lässt man dann alles zurücktauschen oder behält das ein oder andere Teil. Autos müssen also nur zum Zeitpunkt der Inspektion die Prüfkriterien erfüllen. Was davor oder danach ist, darum kümmert sich niemand. Das erklärt die große Zahl klappriger alter Mühlen im Straßenverkehr.

## »Motorsport« als halsbrecherisches Hobby

Mein eigenes Auto war technisch immer tipptopp in Ordnung. Da blieb ich der deutschen TÜV-Mentalität treu. Nach Jahren mit einem VW Polo als Dienstwagen leistete ich mir einen Subaru Legacy, einen wirklich schönen Wagen mit viel Power und wie alle Subarus mit Allradantrieb. Es war die GT-Sportausführung mit 245 PS und Vierzylinder-Turbo, eine richtige Rennsemmel. Er sah aus wie eine gemütliche Mittelklasselimousine, machte aber richtig Spaß. Weil ich den technischen Untersuchungen und auch den Gebrauchtwagenverkäufern nicht traute, kaufte ich meine Rennsemmel als Neuwagen. Das war mein größter Luxus in Saudi-Arabien.

In einem autoverliebten Land ist natürlich auch Motorsport beliebt, allerdings eher die Draufgängervariante. Es gibt natürlich ernsthafte Rallyepiloten, die überregionale und internationale Erfolge feiern, was die jungen Männer als Motorsport verstehen, ist aber eine reine Freizeitgaudi: auf der Stadtautobahn, am besten während der Rushhour, mit mörderischer Geschwindigkeit im Zickzack zwischen den anderen Autos herumdüsen. Sich Kopf-an-Kopf-Rennen liefern. An der Ampel mit quietschenden oder durchdrehenden Reifen losfahren. Das macht Spaß und man bekommt die Aufmerksamkeit, die man sich in einem uniformierten Land so sehr wünscht. Für Fortgeschrittene ist Motorsport: Den Landcruiser auf die Seite kippen und auf zwei Reifen fahren, am fahrenden Camry hängen und auf Sandalensohlen auf dem Asphalt dahinschlittern wie ein Wasserskifahrer. Das ist der Quatsch, den saudische Jungs mit ihren Autos machen, sich dabei gegenseitig filmen und die Ergebnisse bei YouTube hochladen. Es gibt viele solcher Auto-Videos, und fast ebenso viele schwere Verkehrsunfälle.

Mit dem Landcruiser geht's dann auch zum Dune Bashing in die Wüste, zum Dünenprügeln. Das ist das, nach dem es klingt: Man fährt mit dem Geländewagen durch die Dünenlandschaft und wirbelt Sand auf. Danach gibt es Picknick in der Wüste oder etwas typisch Saudisches: Beduinencampen.

Diese Touren kann man als Paket mit Anfahrt buchen, selbst anreisen oder gleich alles selbst organisieren. Bei den ersten beiden Varianten geht es durch die Wüste zu einem fertig aufgebauten Camp mit traditionellen Zelten aus gewebten Stoffbahnen. Es gibt Gegrilltes, Tee und Cola, ein wenig Musik, ein kleines Lagerfeuer. Organisiert man das privat, gibt es außerdem meistens noch Sid aus der Schwarzbrennerei oder selbstgemachten Rotwein aus vergorenem Traubensaft,

und allerlei Speisen, die in Tupperboxen mitgebracht werden, außerdem coole Musik und unverschleierte Frauen. Man übernachtet dann in Zelten in der Wüste, freut sich über die Stille und den Sternenhimmel und dass es mal nicht so heiß ist. Beduinencampen kann mit den richtigen Leuten echt Spaß machen oder mit anderen Leuten total langweilig und spießig sein. Gemacht haben muss man es trotzdem. Sogar die Prinzen und Adeligen gehen zum Campen in die Wüste, dafür lassen sie aber sogar Generatoren für die Klimaanlage im Zelt und Toilettencontainer ankarren. Die Camper fühlen sich dann trotzdem wie Beduinen und schwärmen vom einfachen Leben.

## Lieber gemeinsam als allein: Freizeit in Expat-Gruppen

Mit dem Auto herumzufahren, auf artige Kulturveranstaltungen der Konsulate zu gehen oder alleine irgendwo herumzuhängen war mir zu langweilig. Mit einigen Leuten aus dem Freundeskreis entdeckten wir Essen gehen und Restaurantkritik als Hobby. Wir gründeten eine Restaurantgruppe, mit der wir neue Restaurants besuchten und bewerteten. Es gibt in Dschidda eine Website namens *jeddahfood.com*, die ein saudischer Bekannter von mir betrieb. Ich schrieb dafür sehr gerne Erlebnisberichte und Restaurantporträts. Ich freute mich sehr, auch andere aus der Clique dafür zu begeistern. Es machte uns viel Spaß, gemeinsam zum Testessen zu gehen und hinterher über das Essen zu diskutieren, wie es Foodies eben so machen. Unsere Restaurantgruppe wurde zu einer guten Anlaufstelle für Expats, die neu in der Stadt waren – denn da hatten sie in der neuen Gruppe gleich eine aktive Aufgabe. Für Foodies gibt es in Dschidda immer etwas

Neues zu erleben, denn es machen nicht nur ständig neue Lokale auf, es gibt auch immer wieder Aktionen, Probierwochen, Rabattwochen, besondere Buffets, die getestet werden wollen. Auch wir im italienischen Lokal boten manchmal Koch-Workshops oder Probieraktionen in Compounds an.

Mit den neuen Leuten öffneten sich neue Optionen: Wir charterten als Gruppe mal ein kleines Schiff mit Skipper und verbrachten den Tag auf dem Meer mit Baden, Sonnen, Chillen und guten Getränken. Draußen auf dem Meer lässt einen die Mutawa in Ruhe, daher können nicht nur Männer und Frauen gemeinsam einen schönen Tag haben, es können auch beide Badekleidung tragen. Bei diesen Bootsausflügen konnte man glatt vergessen, wo man war, denn die hätten abgesehen von der Hitze auch vor St. Tropez, vor Dubrovnik oder im Starnberger See stattfinden können.

Andere Male erkundeten wir als Gruppe unsere eigene Stadt. Da es so wenige Touristen gibt, die irgendwo hinströmen würden, bekommt man im Alltag gar nicht mit, was eigentlich eine besondere Sehenswürdigkeit ist und was sich besichtigen lässt. Wir buchten einen Guide, der uns durch die historische Altstadt führte und uns auch die traditionelle Bauweise erklärte. Ein andermal besuchten wir eines der alten Kaufmannshäuser. Von denen sind in der Altstadt einige erhalten geblieben, und sie sehen von außen schon sehr spannend aus. Sie sind drei oder vier Stockwerke hoch und mit ihren Holz-Vorbauten gut gegen Hitze und Blicke von außen geschützt. Wir besuchten ein Haus, das einem Privatmann gehört und normalerweise nicht zugänglich und ausgesprochen liebevoll renoviert ist. Innen tat sich ein schattiger Atriumhof mit einem Brunnen auf. Von den hölzernen Balkonen des Hauses rankten Pflanzen, Kacheln sorgten für zusätzliche Kühle. Alles ist in diesen Häuern nicht nur schön, sondern sehr durchdacht. Die Küche etwa befindet sich auf dem Dach, damit die Hitze aus dem Ofen nicht durch das Haus ziehen kann. Durch das Atrium plätschert fließendes Wasser, das bringt Erfrischung. In so einem Hof die Freizeit zu verbringen – gar keine schlechte Vorstellung, fanden wir.

Der Freundeskreis, der aus solchen Unternehmungen zusammenwuchs, war einer aus neugierigen Menschen, die gern etwas ausprobierten und sich für ihre Gegend interessierten. Sara aus Eritrea war dabei, Mohammed aus dem Libanon, Toni aus Deutschland – das war eine gute Keimzelle für weitere Aktivitäten.

Wir wollten gern an mehr Events teilnehmen und mehr Kultur erleben und taten uns schwer, Angebote zu recherchieren und zu finden. Wir hatten Glück und waren in einer günstigen Zeit in Dschidda, einer Zeit, in der auch die Einheimischen Lust hatten, Neues auszuprobieren. Alle waren hungrig nach Entertainment, denn die Freizeit war eine ziemlich langweilige Sache für alle, die sich für mehr interessierten als Shoppen, Essen und Familie. Es brauchte viel Aufwand und Energie von uns, um Freizeit aktiv zu gestalten und etwas auf die Beine zu stellen, und wenn es auch nur eine kleine Aktion war. Im Rückblick denke ich, dass das an der saudischen Servicegesellschaft liegt – und der Tatsache, dass man sich lieber bedienen lässt, als selbst etwas zu organisieren, sich aktiv um etwas zu kümmern oder gar etwas für andere und die Öffentlichkeit auf die Beine zu stellen. Die Servicegesellschaft bremst letztlich die gesellschaftliche Entwicklung, weil sie die Leute phlegmatisch macht und dem Konsumenten, nicht aber dem Akteur entgegenkommt.

# Der Kunde ist Kaiser

## Service in der Wüste anstatt Servicewüste

Dass es nicht leicht sein würde, Saudis für gemeinsame Freizeitaktivitäten und Aktionen zu aktivieren, war mir klar, denn Saudi-Arabien ist eine Servicegesellschaft, in der man sich bedienen lässt und sich üblicherweise eher passiv verhält. Sich bedienen zu lassen ist ein Statussymbol, kein Malus des Faulen. Wer nur etwas Geld hat, dem nehmen die vielen ausländischen Arbeitskräfte alles ab, sogar, wenn man kein indonesisches Hausmädchen daheim hat, das einem das Frühstück bringt. Man kann zum Supermarkt fahren und auf dem Parkplatz warten Leute, die einem während des Einkaufs das Auto waschen oder auch die schwarzen Folien an der Scheibe erneuern. An der Kasse packt ein Supermarktangestellter die Einkäufe in eine Tüte, andere Angestellte helfen auf Wunsch und gegen ein Trinkgeld, die Tüten zum Auto zu bringen und einzuladen. Fährt man zum Tanken, bleibt man im klimatisierten Auto sitzen, während ein Angestellter den Wagen betankt. Man muss das Autofenster nur einen Schlitz weit öffnen, um die Geldscheine zum Bezahlen herauszureichen. Daheim putzt das Hausmädchen die Wohnung, wickelt das Kindermädchen das Baby, wechselt der Hausl die Glühbirnen, mäht und gießt der Gärtner den Rasen. Es ist völlig normal, sich von vorne bis hinten und von früh bis spät Service zu gönnen. Die Sklaverei wurde in Saudi-Arabien gesetzlich erst im Jahr 1962 offiziell abgeschafft. Das bedeutet, es leben heute Menschen in Saudi-Arabien, die früher Sklaven waren, und Menschen, die selbst Sklaven gehalten haben.

Symbolisch für die saudische Service-Mentalität finde ich den *Tea Boy*. Den gibt es in jedem Büro, in jeder Polizeiwache, auf jedem Amt. Früher war das Kinderarbeit, daher kommt noch der Name Tea Boy (Teejunge), jetzt sind es junge oder auch ältere Männer, die den Job als Bürodiener erledigen. Der Tea Boy serviert den Angestellten am Arbeitsplatz Tee, Kaffee, Wasser oder Saft. Er kauft auf Wunsch auch ein Sandwich oder geht etwas kopieren. Dafür muss der Büroangestellte den Bürodiener einfach mit einer Handbewegung herbeiwinken und ihm einen entsprechenden Auftrag erteilen. Durch die Tea Boys, die Bürohelfer, muss ein Angestellter den ganzen Tag nicht von seinem Stuhl aufstehen – außer, er muss auf die Toilette oder es ist Gebetszeit. Wenn ein Saudi einem Gast persönlich und eigenhändig Tee einschenkt, ist das also schon eine Geste ganz besonderer Gastlichkeit und großen Respekts, insbesondere dann, wenn ein Hausmädchen oder ein Tea Boy bereitstünden, um diese Aufgabe zu übernehmen.

Für Saudis ist es selbstverständlich, dass diese Geste verstanden wird, für uns ist es selbstverständlich, dass ein Gastgeber seinem Gast Tee einschenkt. Eine Kleinigkeit wie eine Tasse Tee kann Welten trennen oder die Welt bedeuten. Diese Dinge lernte ich, je länger ich im Land war. Nur, indem man diese Kleinigkeiten verstand, konnte man sich einander annähern.

Obwohl es überall Service gibt, müssen Servicekräfte sehr intensiv geschult werden. Man könnte meinen, dass jeder, der schon einmal in Saudi-Arabien als Kellner oder Putzmann gearbeitet hat, weiß, wie der Hase läuft und sich beim neuen Arbeitgeber schnell einlebt. Weit gefehlt. Servicekräfte sind nicht gewohnt, selbst zu denken oder die Initiative zu ergreifen, sondern genau das zu tun, was ihnen aufgetragen wurde, in genau der Art und Weise, wie es ihnen beigebracht wird. Das merkte ich im Restaurant, wo ich für die Servicemitarbeiter zuständig war: Die Schulungen fielen deutlich intensiver aus als in anderen Ländern. Hinzu kam, dass die italienische Küche und das europäische Servicekonzept nicht nur für das Personal, sondern auch für die Gäste neu waren. Wir mussten viel voneinander lernen.

Dazu kommt auch, dass Arbeiter und Hilfsarbeiter oft sehr schlecht ausgebildet sind, aber in ihrem Heimatland in genau dem Beruf gearbeitet haben, in dem sie im internationalen Vergleich und auch auf saudischem Niveau als blutige Anfänger dastehen. Wir bekamen im Betrieb einmal drei indische Handwerker, die frisch im Land waren, hoch motiviert und ziemlich nett, aber irgendwie auch wie von einem anderen Planeten. Ich nannte sie die »Olsenbande«, denn das waren wirklich drei Charakterköpfe, die da an ihrem ersten Arbeitstag bei uns erschienen. Ein großer Dünner, ein kleiner Dicker und dazwischen ein total schräger Vogel. Werkzeug oder Arbeitskleidung hatten sie nicht, und sie konnten nicht genug Englisch, um zu sagen, was sie denn brauchten, um bei uns das zu arbeiten, was in ihrem Arbeitsvertrag vereinbart war. Da standen sie, in Jeans und Schlappen, und der Chef schickte mich erstmal los, sie mit der Arbeitskleidung und dem Werkzeug zu versorgen, das sie brauchten. Sie sollten in der Firma unserer Restaurantbetreiber als Haus-Service-Leute arbeiten, also so etwas wie Hausmeister, die da und dort etwas reparieren oder installieren. Der eine war zu Hause Elektriker gewesen, versicherte er, fast sowas wie ein Ingenieur. Der andere sagte, er sei gelernter Klempner. Wir fuhren gemeinsam in eine Gegend von Dschidda, in der ein Laden mit Werkzeug und Handwerkerbedarf neben dem anderen ist. Ich sagte den Jungs in einem der Läden, dass sie sich bitte all das Werkzeug und Handwerkszeug aussuchen sollten, was sie brauchten. Eigentlich rechnete ich damit, dass das einige Zeit in Anspruch nehmen würde, aber alle drei waren schnell wieder da. Mit jeweils ein, zwei Schraubenziehern, einer Zange, der eine noch mit einem Hammer. Fertig. Sie sahen zufrieden aus und lächelten. Ich wollte am liebsten in den Hammer beißen, denn genau das war es, was mich oft ärgerte: Fachkräfte, die gar keine waren und auch nicht gelernt hatten mitzudenken und Eigeninitiative zu entwickeln. Denn in ihrer Heimat hatte ihnen irgendwer einen Schraubenzieher in die Hand gegeben und ihnen angeschafft, was sie damit machen sollten. Mit der Zeit dachten sie dann also, sie seien Elektriker oder Klempner. Wenn niemand ihnen etwas auftrug, waren sie hilflos. Wir versuchten, unsere Mitarbeiter fortzubilden und ihnen selbstständiges Arbeiten beizubringen, viele Arbeitgeber wollen das aber genau nicht haben. Sie wollen auch im Handwerker einen Diener, der nur Befehlsempfänger und Ausführender ist. So erzeugt die Servicegesellschaft mit ihrer strengen Hierarchie eine umfassende Passivität: Die einen sind es gewohnt, sich bedienen zu lassen, während die anderen es gewohnt sind, alles aufgetragen und vorgeschrieben zu bekommen. Das ist eine Verallgemeinerung, schon klar, aber es ist auch eine Mentalitätssache und hemmt die Entwicklung des Landes. Wo es generell ungewöhnlich ist, die Initiative zu ergreifen und von sich aus aktiv zu werden, stößt man eher auf Widerstand und Unverständnis denn auf Lob und Anerkennung, wenn man selbst etwas auf die Beine stellen will. Andererseits ist die unternehmerische Konkurrenz dann auch weniger hart.

Wir merkten es mit dem italienischen Restaurant ja selbst: Niemand hatte sich vor uns die Mühe gemacht, ein authentisches italienisches Lokal zu eröffnen, daher waren wir jahrelang ohne jegliche vergleichbare Konkurrenz. Andererseits war es schwer, unser Lokal als etwas Anderes zu etablieren. Wir mussten uns der Service-Selbstverständlichkeit entgegenstellen, um wir selbst zu bleiben und eben nicht so zu sein wie alle anderen.

Von der Eröffnung an hatten wir fast jeden Abend volles Haus, weil die Leute neugierig auf uns waren, aber das hieß in den Anfangsmonaten jeden Abend aufs Neue, den Gästen unser Konzept zu erklären und zu vermitteln, was authentisches italienisches Essen überhaupt ist. Es ging mir fast schon auf die Nerven, jeden Tag das Gefühl zu haben, bei Null anzufangen, aber es war ja genau das, was ich machen wollte. Da hatte ich als Wirt aber die Rechnung gehörig ohne die Gäste gemacht, denn beim Bestellen geht es ja schon los. Saudische Gäste bestellen nicht einfach zwei oder drei Gänge, die dann nacheinander serviert werden, selbst, wenn sie diese Art von Service von Auslandsreisen kennen. Nein, zu Hause wird eben bestellt wie zu Hause, und das bedeutet, dass man allerlei aus der Karte bestellt und erwartet, dass alles auf einmal gebracht, in die Mitte des Tisches gestellt wird und dann jeder von allem probieren kann. Wir hatten echte Probleme zu vermitteln, dass wir das so eigentlich nicht machen wollten, wir ein anderes Servicekonzept hatten und das auch nicht die Art war, wie man italienisches Essen genießt. Die Gäste fanden aber, dass man genau so und nicht anders einen schönen Abend in einem exotischen Restaurant verbringen kann – schließlich könnte dann jeder von allem kosten. Hinzu kommt, dass es bei arabischen Festessen genauso gemacht wird: Platten und Schüsseln mit Speisen kommen in die Mitte, und jeder langt zu, wie es ihm gefällt. Zuerst kommen die kalten und warmen Vorspeisen, die dann aber nicht abgeräumt werden, und irgendwann kommen dann die warmen Hauptspeisen dazu. So wird zu Hause und in arabischen Restaurants gegessen, das kannte ich schon aus meiner Dubaier Zeit. In vielen indischen Lokalen ist es ebenso. Dass in einem gehobenen europäischen Lokal jeder Gast bei jedem Gang einen schön angerichteten Teller für sich bekommt, ist den meisten Gästen zwar bekannt, aber noch nicht vertraut.

Ich versuchte, den Gästen die europäische Menüfolge schmackhaft zu machen und ihnen Gerichte anzubieten, die sie nicht kannten, indem ich sie in leuchtenden Farben beschrieb. Das gefiel mir, und auch den Gästen, denn das waren sie nicht gewohnt, stellte ich fest. Dass ein Wirt tatsächlich wie ein Gastgeber auftritt, auf die Gäste zugeht und sie persönlich begrüßt, an den Tisch kommt und Empfehlungen ausspricht, ist exotisch. Auch, dass ich als Gastgeber auf unserem Konzept beharrte, fanden die Gäste erstaunlich. Oft genug kam es vor, dass jemand ankam und für sich Fettuccine »Alfredo« bestellte, für seine Kinder Chicken McNuggets und für die Frau eine Pizza »Barbecue Chicken«. Wir erklärten dann, dass wir all das nicht hatten, da es keine italienischen Gerichte seien und diese auch nicht auf unserer Karte stünden. Die Gäste sagten dann gerne: »Das ist aber ganz schlechter Service hier«, in anderen italienischen Restaurants in der Stadt gäbe es das ja auch, und außerdem habe man ja Nudeln und Pizza bestellt, und Chicken Nuggets für Kinder sollte man als Restaurant immer haben. Der Kunde ist nicht nur König, sondern Kaiser.

Normalerweise erledigen das alles die Kellner in möglichst unterwürfiger Pose. Einige unserer Mitarbeiter, die bereits Erfahrungen in anderen saudischen Betrieben gesammelt hatten, fielen immer wieder in diese Posen und Muster zurück. Der Dienstleister wird in Saudi-Arabien automatisch wie ein Diener behandelt, und viele Saudis erwarten auch, dass er sich wie ein solcher verhält, nämlich möglichst unterwürfig und als Befehlsempfänger. Ob Wirt, Friseur, Gärtner, Fahrer oder Putzkraft, all die Dienstleister sind dazu da, dem Willen der Herrschaft, also des Gastes oder Kunden nachzukommen. Der Kellner ist im saudischen Verständnis ein Lakai, der zu nichts Besserem taugt und entsprechend von oben herab behandelt wird.

Wir hatten die Kellner so trainiert, dass sie bei der Bestellung auf die Reihenfolge der Gänge achten sollten. Wenn also wieder eine Familie Suppe, Nudeln, Grillteller und Pizza bestellte, sollten die Kellner fragen, wer denn die Suppe aus Vorspeise wolle. Wenn die Gäste dann sagten: »Nee, bring alles zusammen«, hatten die Kellner keine Argumente, um dennoch die Menüfolge beizubehalten. Auch den Kellnern musste ich viel über ihre Rolle erklären – dass die den Gast zwar bedienen, aber auch beraten sollten, und dass sie keine Diener sind und sich nicht unterwürfig, sondern höflich zu verhalten hätten.

Immer wieder sah ich, wie Kellner an den Tischen der Gäste am Tisch knieten, um Bestellungen aufzunehmen. In Asien ist das gang und gäbe, in saudischen Lokalen bedienen asiatische Kellner ebenfalls kniend. Jedes Mal sprach ich den betreffenden Kellner so schnell wie möglich darauf an: »Warum kniest du da vor dem Gast?« Die Antwort: »Ja, so habe ich doch schon immer die Bestellung aufgenommen ...«, kam dann als Erklärung, ebenso unterwürfig. Mir ging das gegen den Strich. Dass sich mein Personal vor einem sitzenden Gast nochmals klein machte, das wollte ich nicht, und ich wollte auch nicht, dass sich das einschlich.

Als Gastronom versuchte ich, Gastlichkeit zu vermitteln und Gastgeber zu sein. Guter Service gehört dazu, aber mich bei den Gästen anzubiedern eben nicht. Ich begegnete den Gästen aufrecht und sah ihnen in die Augen, wenn ich sie begrüßte. Wie ein echter Gastgeber ging ich von Tisch zu Tisch, erklärte das eine oder andere Gericht, gab Empfehlungen und fragte, ob es schmeckt oder ob alles in Ordnung ist.

Für die Gäste war das alles sichtlich ungewohnt. Viele vermieden zunächst den Augenkontakt und wussten nicht so recht, wie sie mit der Situation umgehen sollten. Ich behandelte Männer und Frauen außerdem gleich und fragte auch Frauen, ob der Tisch recht sei und ob ihnen das Essen schmecke. Die Reaktionen waren sehr unterschiedlich: Manche Frauen antworteten gar nicht, andere gaben ein leises »ja« zu hören, und andere antworteten so, wie ich sie angesprochen hatte, nämlich höflich und wertschätzend. Ein Kellner hätte mit den begleitenden Männern vielleicht Ärger bekommen, aber als Manager hatte ich eine gewisse Autorität und konnte mir Dinge herausnehmen, die man einem Kellner vielleicht nicht hätte durchgehen lassen.

Die Gäste, aber auch das Servicepersonal, lernten bei uns eine andere Form der Gastlichkeit kennen. Und nach Feierabend war ich es, der eine andere Art von Service kennenlernte: den arabischen Friseur. Wie oft geht ein Mann in Deutschland zum Friseur? Also, ich gehe etwa alle zwei Monate. In Dschidda ging ich zwei Mal pro Woche zum Friseur, ach was, zum Barbier. Der Friseur schneidet ja nicht nur die Haare, sondern kümmert sich richtig um die Kunden. Er pflegt den Bart oder rasiert dich, entfernt die Haare aus Ohren und Nase, stutzt die Augenbrauen, cremt dich ein, pedikürt die Füße, feilt die Fingernägel. Mir kam das anfangs komisch vor, aber sehr bald genoss ich diese kleinen Wellnessmomente sehr. In Deutschland würde mir das komisch vorkommen, aber in Dschidda ist es völlig selbstverständlich, sich rundum pflegen zu lassen. Herren- und Damensalons sind natürlich getrennt, daher kann ich nicht sagen, was in den Damensalons angeboten wird, aber ich genoss das Komplettpaket beim Barbier sehr. In größeren Salons gibt es auch immer einen Masseur, der im Hinterzimmer Seifenmassagen anbietet oder auch nur die Nackenpartie durchknetet.

Ich wusste ziemlich bald, warum die arabischen Männer immer so gepflegt aussehen: die Bärte sauber gestutzt, die Hände glatt, und erst die Füße ... In einem Land, in dem es für Herren selbstverständlich ist, Sandalen zu tragen, müssen auch die Herren ihre Füße sehr gut pflegen. Gelbe, krumme Zehennägel oder hornige, schrundige Fersen sind ein gesellschaftliches No-Go. Sie verraten, dass jemand nicht auf sich achtet und nicht regelmäßig in den Herrensalon geht. Noch mehr geächtet sind nur Haare an oder in den Ohren. Der Barbier entfernt die äußeren Haare mit einem Feuerzeug, die inneren mit einem Wachsstäbchen und einem kleinen Ruck. Im Hinterzimmer des Barbiers werden auch Körperhaare entfernt, mit Wachs oder traditionell mit Zuckerpaste. Den saudischen Frauen scheinen enthaarte Männer zu gefallen, und es gibt in Bezug auf Haare allerlei religiöse Regeln. Den Bart komplett zu rasieren ist strenggläubigen Muslimen nicht erlaubt, daher sieht man in Saudi-Arabien selten einen glatt rasierten Mann. Ältere Männer tragen weiterhin gern einen Bart wie der König. Längere, nicht getrimmte Bärte findet man eher bei älteren Herren. Viele der jüngeren Saudis bevorzugen einen sehr kurz gestutzten Vollbart, allerdings eher wegen der modischen Erscheinung als wegen der Religion. Ein modisches Erscheinungsbild und ein gepflegtes Äußeres ist gerade jungen Männern sehr wichtig, und zu meiner Zeit war der sorgfältig gestutzte Dreitagebart angesagt. Sollten Frauen einen Bart haben, dürfen sie ihn entfernen.

Sich die Augenbrauen zu zupfen ist sowohl Männern als auch Frauen verboten; das Haar an der Nasenwurzel zu entfernen, ist jedoch erlaubt, so eine aktuelle Auslegung. Es gibt aber ein religiöses Gebot, Achselhaar zu epilieren und Schamhaar zu rasieren. Doch bis dahin reicht nicht einmal der Blick der Mutawa. Wer möchte, kann sich aber auch in diesen Bereichen beim Barbier fachgerecht trimmen und pflegen lassen. Ich genoss vor allem die regelmäßige Rasur, die Gesichtsmassagen und die Pflegecremes der Barbiere. Für kleines Geld gibt es viel Service und Wohlbefinden, was ich gerne regelmäßig nutzte.

# Schlechte Unterhaltung

## Entertainment in Saudi-Arabien

Wer kein Muslim ist, für den gelten die Regeln von halal und haram, erlaubt und verboten, eigentlich nicht. In den meisten muslimischen Ländern kann man als Nichtmuslim alles tun und bekommen, was für Muslime haram ist, inklusive Schweinefleisch und Alkohol und Hunde als Haustiere. Diese Toleranz gibt es in Saudi-Arabien nicht, das ist der große Unterschied zu anderen islamischen Ländern. Jeder muss sich den islamischen Regeln und Gesetzen unterwerfen, auch und insbesondere in der Freizeit und im Privaten, wenn es etwa um Unterhaltung geht.

Kino, Schauspiel, Musiktheater und Popkonzerte sind komplett verboten, weil sie als unmoralisch gelten. Es geht noch nicht einmal um den Inhalt oder die Gestaltung der Darbietungen, sondern darum, dass diese Künste nach Ansicht der obersten Sittenwächter die »nationale Identität« Saudi-Arabiens beschädigen könnten. Das hat nichts mit dem angeblichen religiösen Gebot zu tun, dass Muslime in der Kunst keine lebenden Wesen darstellen dürfen. Es geht eher darum, dass mit diesen »fremden« Künsten auch ausländische Werte und eine »fremde« Kultur ins Land kämen. In Kinos könnten schamlose, gottlose oder unmoralische Filme gezeigt werden, und diese würden dann auch noch von Männern und Frauen gemeinsam angesehen. Kinos seien die »Tore zur Hölle«, wettern religiöse Eiferer, auch in den arabischen Medien. Dasselbe gilt für Popkonzerte und Tanzmusik – auch diese gefährden die Moral. Die Argumente sind ähnlich wie in den 60er-Jahren, als die ältere Generation gegen die »langhaarigen« Beatles und die »Affenmusik« aus den USA wetterte und den moralischen Verfall der Jugend beklagte. Die Schlange beißt sich aber in den Schwanz: Die Sittenwächter beklagen, dass es kaum saudische Filme gibt und Filmkunst nicht zur saudischen Kultur gehört, und genauso ist es bei Hip-Hop, Rock und anderer Musik. Andererseits haben saudische Filmemacher, Musiker oder auch Maler keine Chance, etwas mit ihrer Kunst zu verdienen oder Publikum zu finden, weil sie ihre Arbeiten nicht öffentlich zeigen können. Nur bei Kulturfestivals und in Botschaften werden Filme vorgeführt und es dürfen unter strengen Auflagen Musiker auftreten. Solange es in Saudi-Arabien keine Kinos gibt, wird es auch keine Vielfalt saudischer Kinofilme geben. Unabhängige Filmproduktionen werden aber bestenfalls geduldet, aber nicht durch die öffentliche Hand oder Fonds gefördert.

Musizieren wird ebenfalls nicht gefördert, es gibt keine Musikschulen und keinen Musikunterricht in Saudi-Arabien. Artige Klassikkonzerte oder traditionelle arabische Musik und arabische Klassik sind erlaubt, werden aber nicht hoch geschätzt. Der Musiker, auch der Virtuose, wird nicht verehrt, sondern eher wie ein halbseidener Tunichtgut abgetan. Livemusik in Lokalen gibt es nicht, und nicht einmal in Läden oder Aufzügen dudelt es, weniger wegen der öffentlichen Moral, sondern wegen religiöser Hardliner, die sich durch das Gedudel belästigt fühlen und sich beschweren könnten, schlimmstenfalls bei der Mutawa. Es ist also einfach nichts los in Dschidda, was einen unterhalten könnte.

Wer in seiner Freizeit in einer Band spielt, kann nie außerhalb von Privaträumen ein Konzert geben. Wer Geige lernt, wird schief angeschaut. Wer in seiner Freizeit gern singt, kann nicht bei *Saudi sucht den Superstar* mitmachen, sondern muss sich bei *Arab Idol* im Libanon bewerben. Wer diese Sendung sehen will, braucht Satelliten-TV oder eine gute Internetverbindung. Denn das saudische Fernsehen ist genauso unterhaltungsarm wie das öffentliche Leben. Die wichtigsten öffentlich-rechtlichen Fernsehkanäle sind KSA 1 und Saudi 2. Sie sind nicht unabhängig, das ist kein Sender in der arabischen Welt, sondern unterstehen der direkten Kontrolle des Kultur- und Informationsministeriums.

Auf Saudiyya, auch Saudi 1 genannt, laufen die Hauptnachrichten, die wichtigsten Ratgebersendungen, Wirtschaftsnachrichten, Berichte aus den unterschiedlichen Regionen des Landes, Religionssendungen, Sport, Lebensberatung, Gebet-Liveübertragungen aus Mekka und anderes, das der Staat als wichtig für die mediale Grundversorgung der Bürger erachtet. Etwas traditionelle Musik, harmlose Soaps und der eine oder andere Film werden ebenfalls gesendet, um ein rundes Bild zu schaffen. Filme sind in Saudi-Arabien also nicht verboten, wie es oft heißt, nur Kinos sind verboten. Sich zu Hause allein oder im Kreis der Familie Filme anzusehen, die das Kultusministerium für die Bürger ausgesucht hat, ist erlaubt.

Der Unterhaltungswert für einen Expat geht bei diesem Sender gegen Null. In seinem Statut, das der Sender auf seiner Website veröffentlicht hat, wird explizit darauf hingewiesen, dass die Zuschauer psychologisch beeinflusst werden sollen und der Sender zur islamischen Lebensführung beitragen will. Das Wort »Zensur« steht nicht im Statut, es ist aber genannt, dass der Sender zur »nationalen Einheit« beitragen und den Zusammenhalt zwischen Königshaus und Volk stärken will. Es steht in den Statuten des Senders aber auch explizit, dass man das »richtige Bild« des Islams vermittelt, gegen Extremismus und Militanz kämpft und andere Religionen akzeptiert.

Die Medienpolitik und Zensur der saudischen Regierung bewirkt, dass exzessiv über die Taten der Regierung berichtet wird und niemals Kritik am Königshaus, an der Regierung oder überhaupt der Politik im Land geäußert wird. In den Medien wird berichtet, was das Königshaus alles Gutes für das Volk getan hat, etwa welchen Flughafen oder welches Krankenhaus der König eröffnet hat, welchen Fußballern er welchen Pokal überreicht hat oder welcher Bürgermeister welche neuen Straßen feierlich für den Verkehr freigegeben hat. Manchmal wird auch nur berichtet, welcher wichtige Prinz oder Scheich nach einer Auslandsreise wieder an welchem Flughafen gelandet ist und von welchen anderen Prinzen und Scheichs er dort begrüßt wurde. Es gibt auch fast täglich Meldungen, was die Polizei und andere Exekutivkräfte alles Gutes tun. Kritisiert werden in Fernsehen und Presse nur ausländische Regierungen, kontrovers diskutiert nur die Politik und die Systeme anderer Länder. Kritik am eigenen System ist nicht erlaubt, Kritik an sozialen Missständen nur sehr eingeschränkt möglich. Schlechte Nachrichten oder auch Berichte über soziale Probleme, über Kriminalitätsraten oder staatliche Geldverschwendung gibt es nicht, obwohl es aus diesen Bereichen vermutlich einiges zu erzählen gäbe.

Saudi 2 ist der Sender für das praktische Leben. Es gibt Sendungen mit Gesundheitstipps, Sendungen zur Berufswahl, Sendungen für Bräute und Sendungen zur Politik. Es gibt viele Sportsendungen und ein wenig Comedy. Er sendet, und das ist bemerkenswert, wo es doch dem Ministerium so sehr um die Bewahrung der saudischen Kultur geht, in englischer Sprache, egal wie stark der Akzent der Interviewpartner ist. Außerdem gibt es einen staatlichen Sport- und einen Nachrichtenkanal. Der Nachrichtensender ist die saudische Gegenveranstaltung zu Al-Jazeera aus dem kleinen Nachbarland Katar oder dem Dubaier Nachrichtenkanal Al-Arabiya und bringt Nachrichten aus saudischer Perspektive. Man nennt das die »grüne Wahrheit«: Grün ist die Farbe des Islams und auch die Farbe alles Offiziellen in Saudi-Arabien. Grün sind die Logos der staatlichen Fernsehsender und der Schriftzug der seriösen englischsprachigen Tageszeitung *Arab News*, die auch ich regelmäßig las. Auch die *Arab News* hat den Spitznamen »grüne Wahrheit«. In den staatlichen Sendern moderieren durchaus auch Frauen und werden auch Frauen in Sendungen eingeladen. Sie sind dann zumeist nicht vollverschleiert, sondern tragen ein Kopftuch. Hände und Gesicht sind frei zu sehen. Die Zeitungen bringen sogar Comics und Cartoons, denn ein wenig Spaß ist erlaubt. Da gibt es *Hägar* und *Garfield* wie überall auf der Welt, und sogar einen einheimischen Cartoon, der einen Saudi in Thoub die Tücken des Alltags erleben lässt. Solange nicht König oder Islam kritisiert oder Frauen herabgewürdigt werden, sind Karikaturen erlaubt. Nicht erlaubt sind dagegen Horoskope – das wäre Zauberei. Auf den bunten Seiten der saudischen Zeitungen erscheinen daher Comics, Rätsel, Sudokus und der Wetterbericht, aber niemals das Horoskop.

## Sex und Erotik sind verboten, Gewalt und Horror erlaubt

Wer Spielfilme sehen will, schaut den Sender Dubai One oder einen der Ableger der MBC-Gruppe, eines regionalen privaten Satellitenfernsehens. Dubai One ist besonders beliebt, auch bei mir, denn nur dort kann man die Filme einigermaßen ungekürzt sehen; sie laufen in englischer Sprache mit arabischen Untertiteln. Denn wenn einmal Filme im saudischen Fernsehen laufen, dann ist dort jeder Kuss und jede Szene mit zu viel Haut herausgeschnitten. Szenen, die als pro-israelisch, anti-arabisch oder anti-islamisch eingestuft sind, werden ebenfalls entfernt. Vieles wird auch gar nicht gesendet; der berühmteste Fall eines verbotenen Films ist vermutlich *Sex and the City 2*, der zwar in Abu Dhabi spielt, aber dort schon wegen der stereotypen Darstellung der Araber nicht gedreht werden durfte und den die Emirate dann auch nicht in den Kinos zeigten. Gewaltdarstellungen und Horror sind dagegen für erwachsene Zuschauer uneingeschränkt erlaubt; dieses Vorurteil stimmt tatsächlich. Und anders als in Deutschland, wo Filme mit FSK 16 oder 18 erst nachts im Fernsehen laufen, werden diese auf der Arabischen Halbinsel jederzeit gesendet. Bei Videospielen ist es genauso: Alles Erotische oder Sexuelle ist verboten, Ballerspiele und andere Brutalitäten sind erlaubt.

Für besonders religiöse Menschen gibt es Sender, die 24 Stunden Livestreams aus den Moscheen in Mekka und Medina senden, und Radiosender, auf denen den ganzen Tag lang Koran-Rezitationen zu hören sind. Zur Gebetszeit werden ohnehin alle saudischen Sender unterbrochen, um den Gebetsruf zu übertragen. Es gibt über Satellit natürlich noch 1253 andere Sender aus aller Welt, die meisten sind jedoch verschlüsselt. Aber wer Bollywood-Filme sehen will oder Nachrichten aus Russland, der wird in Saudi-Arabien nicht lange zappen müssen.

Um auch Sender sehen zu können, die vom Anbieter verschlüsselt sind, muss man einen freundlichen Satellitenmeister finden, der einem den Sat-Receiver gegen eine kleine »Gebühr« so einstellt, dass man fast alle Pay-TV-Kanäle einwandfrei sehen kann. Man braucht dazu den Receiver eines bestimmten deutschen Herstellers, um ihn in einen »Ultimativen Receiver« umzuwandeln, wie man das in Dschidda nennt. Fast alle Expats haben einen solchen. Das deutsche Modell eignet sich besonders gut, sagt man, da die Software darauf am besten geeignet ist, mit etwas Programmier-Know-how und Fingerspitzengefühl zum maximalen Ergebnis zu kommen.

Es gibt auch einige unverschlüsselte deutsche Sender, die über die Satelliten Astra, HotBird oder Nilesat zu empfangen sind, und diese deutschen Sender hatte ich schnell gefunden. Auf den »Ultimativen Receiver« verzichtete ich, mir reichte das normale Satellitenfernsehen völlig aus.

Bis ich den bestsortierten DVD-Laden Dschiddas entdeckte, verging allerdings einige Zeit. Offiziell gibt es in Saudi-Arabien keine unzensierten DVDs zu kaufen, man darf auch keine aus dem Ausland mitbringen. Filme werden streng zensiert und so geschnitten, dass kein Stück Frauenhaut zu viel zu sehen ist, keine Berührung, kein Kuss und natürlich kein Sex. Gewaltszenen sind erlaubt – solange darin keine entblößten Frauen zu sehen sind. Es hat natürlich keiner Lust, diese zensierten Filme anzusehen. Also kauft man die DVDs mit den neuesten Filmen auf dem Schwarzmarkt – im Kino kann man die Filme ja auch nicht sehen, außer im Heimkino, und dafür braucht man DVDs. Der Laden, der die ganze Stadt mit den neuesten Hollywoodproduktionen versorgte, war offiziell ein Laden für Spielekonsolen, Games und deren Zubehör. Im Schaufenster und in den Vitrinen war allerlei solcher Schnickschnack ausgestellt, kaufen wollte das dort aber niemand – die Ware war nur Dekoration. Man ging im Laden gleich an die Theke und ließ sich einen dicken Ordner geben oder nahm einen, der gerade frei auf dem Tresen stand. Im Ordner befanden sich Kopien von DVD-Covern, zwei pro Seite, ordentlich in Klarsichthüllen verpackt. Kannte man diese Filme schon, sah man den Verkäufer treuherzig an und fragte, ob er noch mehr Filme hatte. Dann holte er einen anderen Ordner unter der Ladentheke hervor mit den allerneuesten Neuerscheinungen, darunter auch Filme, die eben erst in Europa oder den USA in die Kinos gekommen waren.

Man schrieb dann die Nummern der Filme auf einen kleinen Zettel oder einen Post-it-Sticker, den man einem Angestellten zusteckte. Der rief dann von seinem Handy aus irgendwo an und gab die Nummern durch. Dann musste man etwas warten und bezahlte schon einmal. Eine DVD kostete 15 Rial, umgerechnet etwa drei Euro. Nach ein paar Minuten fielen dann in einem hinteren Bereich des Ladens die DVDs aus einem Loch in der Wand in ein Körbchen. Der Verkäufer packte die Ware diskret in ein neutrales Tütchen.

Das System war ziemlich schlau: In dem Laden gab es keinerlei DVDs. Die wurden für die Kunden immer frisch auf Bestellung zusammengesucht. Das Loch in der Wand war die Verbindung zu einer Fälscherwerkstatt in der Wohnung direkt über dem Laden. Da mussten viele Helferlein an sehr leistungsfähiger Technik sitzen und ständig DVDs brennen, stellte ich mir vor. Die fertigen Produkte schickten sie dann über eine Rutsche hinunter in den Verkaufsraum. Bei einer Kontrolle, etwa durch die Mutawa, ließen sich die Löcher in der Wand flugs verschließen und – zack – hatte man einen Elektronikladen, in dem wie zufällig Kataloge mit Filmtiteln herumlagen. In dem Laden wurde ich ein guter Kunde, und gute Kunden wussten dann schon mal vor allen anderen, welche Neuheiten es bald geben würde. Es gab für die Stammkunden einen E-Mail-Newsletter und einen Rabatt, wenn man bei einem Einkauf zehn oder mehr DVDs mitnahm. Die Behörden wussten natürlich, was da gespielt wurde, und machten den Laden gelegentlich dicht, aber ein paar Wochen später hatte der immer wieder offen, denn irgendwer musste genug Wasta haben, dass dieser DVD-Handel nicht hops genommen wurde.

## Zensur mit dem schwarzen Edding

Bücher und Zeitschriften gibt es in Saudi-Arabien selbstverständlich auch. Immer wieder fragten mich Leute, ob Bücher denn verboten seien, und ich frage mich wirklich, woher dieses Gerücht kommt – es ist wirklich totaler Quatsch. Der Markt für religiöse Sach- und Fachbücher und religiöse Erbauungsliteratur ist riesig; anders als in Europa sind religiöse Bücher kein Minderheitenprodukt, was angesichts der Religiosität des Landes nicht weiter verwundert. Es gibt aber auch andere Sachbücher sowie Romane und Kinderbücher in arabischer und englischer Sprache. Wer gerne liest, wird in Saudi-Arabien zwar keine erotische Literatur finden, aber die Krimis werden ihm nicht ausgehen. Christliche Bücher sind allerdings verboten, sogar die Einfuhr ist verboten, denn das würde gegen das Missionierungsverbot verstoßen. Nicht einmal eine Bibel darf man ins Land bringen – offiziell zumindest. Es wird aber geduldet, wenn jemand bei der Einreise ein einzelnes Exemplar für sich selbst dabeihat. Auch ausländische Magazine sollte man nicht dabeihaben, denn da es keine Pressefreiheit gibt, werden alle Magazine, die ins Land sollen, von der Zensurbehörde geprüft. Es darf in Büchern oder Zeitschriften nichts stehen, das gegen das Herrscherhaus, den Islam oder die Sittsamkeit gerichtet ist. Die meisten Anzeigen in westlichen Modemagazinen fallen da schon unter die Zensur, sodass freie Körperstellen mit schwarzem Edding übermalt werden. Außerdem schreibt das Zensurgesetz vor, dass Druckwerke sich höflicher Sprache bedienen sollen, der Weiterbildung dienen müssen und weder die Menschenwürde noch die Ordnung und Harmonie im Lande beeinträchtigen dürfen. Frau im Bikini? Gefahr für die öffentliche Ordnung! Jungszeitschriften sind daher fast immer Computer- oder Autozeitschriften.

In fast allen Städten der Welt gibt es ein aktuelles Magazin mit Veranstaltungs- und Ausgehtipps. Es heißt international meistens *What's up* oder *What's on*, in Deutschland geben Städte wie München sogar ihre eigenen Veranstaltungsbroschüren heraus und betreiben Infoportale. Nicht so in Dschidda. Dort gibt es zwar ein Hochglanzheft, das *What's*

*Up* (Was ist los) heißt, es stehen aber keine Veranstaltungen darin. Das werbefinanzierte Hochglanzheft, das alle zwei Monate erscheint, enthält Restauranttipps, Artikel über Mode und Autos, Game- und Buchempfehlungen, manchmal Hinweise auf eine neue Galerie. Es zeigt, ganz deutlich, was in Dschidda so los ist: Konsum und gepflegte Langeweile. In den zehn Jahren, die ich in Dschidda war, hat sich allerdings viel geändert. Fotos von Frauen mit etwas tieferem Ausschnitt, die 2006 in Zeitschriften noch mit schwarzem Edding übermalt wurden, regten 2016 keine Zensoren mehr auf. Auch die Diskussion, ob man nicht doch wieder Kinos eröffnen könnte, flammte immer wieder auf.

Bei internationalen Filmfestivals wie dem *European Film Festival* probt Saudi-Arabien regelmäßig das Kinogehen, und zwar so richtig – denn bei Kulturfestivals dürfen sowohl Frauen als auch Männer in die Vorstellungen. Wie das geht? Die Filmvorführungen finden in Konsulaten statt, bei denen man sich drei Tage vorher per E-Mail anmeldet, wenn man den Film sehen möchte. Es gibt ein Programmheft mit allen Vorstellungen und allen Kontakten.

An der zehnten Auflage des Europäischen Filmfestivals in Dschidda waren im April 2016 die Botschaften von Frankreich, Griechenland, Italien, Deutschland, Großbritannien, Irland, Belgien, Norwegen und der Türkei mit jeweils einer Veranstaltung beteiligt. Meine eritreische Freundin Sara und ich gingen zu fast jedem Film, schon allein wegen der Abwechslung, aber auch, weil das Programm richtig gut war. Im Deutschen Konsulat gab es *Jenseits der Stille* zu sehen, nicht gerade der neueste Film, aber der Abend war dennoch ein ganz Besonderer, wie auch die ganze Woche. Nicht nur einmal alle 14 Tage, sondern fast jeden Abend etwas unternehmen zu können, das war schon was, und die Filme waren Stadtgespräch bei allen, die sich für Kino interessierten.

Kulturfestivals sind für Saudi-Arabien wie Generalproben. Wenn dort alles gut geht, und beim nächsten Festival die öffentliche Ordnung wieder nicht zusammenbricht, kann das übernächste Festival noch größer werden. Oder es kann eine Veranstaltung auch mal ohne Festival stattfinden. Dass die Welt nicht untergeht, wenn Männer und Frauen gemeinsam eine Vorstellung besuchen, hat sich inzwischen herumgesprochen.

## Stand-up-Comedy in Saudi-Arabien: Soll das ein Witz sein?

Schon 2009 war es in Dschidda und Riad soweit: Der saudisch-amerikanische Comedian Ahmed Ahmed trat live auf. Er macht unpolitische Stand-up-Comedy und ist in der Region ein absoluter Superstar. Jeder kennt ihn aus dem Fernsehen. Er macht Späße über Stereotype und den Alltag, wie es Comedians eben so machen. In Riad musste er bei seiner Live-Tournee gleich einen Zusatzabend einschieben, weil die 900 Plätze im Saal zu schnell ausverkauft waren. In Dschidda war der Saal mit 800 Zuschauern ebenfalls ausverkauft. Das klingt wenig, wenn man an Stadionkonzerte in Europa denkt, aber für Saudi-Arabien ist das eine gigantische Großveranstaltung – es war die erste ihrer Art. Die erste große Live-Comedy-Show und die erste Großveranstaltung, bei der Frauen und Männer gemeinsam im Saal waren. Die Zeitung *Arab News* widmete dem eine ganze Seite, und da ging es weniger um die Comedy als um die Bedeutung dieses Ereignisses als gesellschaftlicher Türöffner. In der Zeitung äußerten sich alle Beteiligten positiv über die Veranstaltung und hoffnungsvoll, dass es so etwas öfter geben könnte. Wenn das nicht im Sinne des Königshauses wäre, hätte die Zeitung so nicht erscheinen können.

Ich war selbstverständlich auch bei der Show und kann sagen, dass das nicht nur positiv war, sondern absolut überwältigend. Die Stimmung im Foyer und im Saal war einzigartig, die Luft brannte, und das nicht nur wegen der Witze, sondern weil alle wussten, dass sie da etwas Historisches erlebten, ein Stück Freiheit genossen, das absolut keine Normalität war. Die Stimmung war so ausgelassen, so wild auf Amüsieren, so befreit, als würden Mario Barth und Robbie Williams gemeinsam in einem Oktoberfestzelt auftreten. Dieser Abend hat etwas bewegt, nicht nur bei denen, die da waren und noch wochenlang davon redeten. Es war nicht wie ein Geist, der aus der Flasche gelassen wurde, sondern eher wie eine Tür, die sich einen Spalt weit öffnet und den Blick freigibt auf das, was man den Leuten so lange vorenthalten hatte. Und all diese Leute stellten jetzt den Fuß in den Türspalt, damit der Spalt zumindest offen blieb.

# Völlerei im Fastenmonat

## Die Gastro-Szene in Dschidda

Wer bis hierher gelesen hat, hat mitbekommen, dass ich ein Foodie bin. Schließlich bin ich ja auch Gastronom, daher interessiert mich in jeder Stadt die Gastro-Szene ganz besonders. In Dschidda musste ich zum einen die Konkurrenz beobachten, sagte ich mir, zum anderen probiere ich selbst gern Neues aus, ganz egal, wo ich bin. Ob gegrillte Insekten oder gekochte Schafsaugen – wenn's nicht schmeckt, kann ich's ja immer noch zurückgehen lassen, denke ich mir.

Durch die vielen Gastarbeiter ist das Essensangebot in Dschidda ausgesprochen vielfältig. Ob sudanesisches oder nigerianisches Grillrestaurant, libanesische Falafelbude oder türkischer Döner, es gab die Küche vieler Länder – aber bis wir das »Il Villaggio Restaurant & Lounges« eröffneten, nirgendwo eine wirklich typische italienische Pizzeria. Dafür jede Menge US-amerikanische Fast-Food-Ketten mit amerikanischer Pizza, also der mit dem dicken Boden und dem noch dickeren Belag.

## Ketten-Restaurants, wohin das Auge blickt

Nach der Anzahl der Restaurants zu beurteilen ist US-amerikanisches Fast Food oder Fast Food im amerikanischen Stil das beliebteste Essen der Saudis. Als neuem Expat macht es einem die hohe Dichte internationaler Franchise-Lokale leicht, sich außer Haus zu verpflegen, ohne sich mit einheimischen Spezialitäten auseinandersetzen zu müssen. Da hast du die Klassiker McDonald's, Burger King, Kentucky Fried Chicken, Pizza Hut, Subway und Starbucks, die man überall auf der Welt findet. Für den Europäer etwas fremd, aber dennoch stark vertreten sind Domino's, Hardee's, Cinnabon, Chili's, Dunkin Donuts, Krispy Kreme, Applebee's, Ruby Tuesday, Papa John's oder Coffee Bean & Tea Leaf. Es findet sich alles, von der Billig-Kette bis zum High-End-Franchise, das eigentlich schon kein Fast Food mehr ist, etwa Cheesecake Factory, Texas Road House, Pizza Express, P.F. Chang's, Ihop oder Shake Shack. Keine internationale Kette will sich den Mittleren Osten als Markt entgehen lassen, daher gibt es diese Restaurantmarken nicht nur in Saudi-Arabien, sondern auch in den kleinen Golfstaaten. Diese Art Gastronomie ist auf ihre Weise typisch arabisch: Man setzt als Gastronom ungern auf eigene Ideen, um damit Erfolg zu haben, sondern die Idee des Restaurant-Business ist es, ein erfolgreiches Konzept aus dem (westlichen) Ausland nach Saudi-Arabien zu bringen und damit wesentlich einfacher zum Erfolg zu kommen. Man findet auch eigenständige saudische Restaurants mit ähnlichem Speisenangebot wie die Franchise-Gaststätten, aber die haben es einerseits gegen die Konkurrenz schwer und müssen andererseits auch viel Überzeugungsarbeit leisten, da saudische Gäste einem US-amerikanischen Franchise eher vertrauen als einem einheimischen Burgerladen.

Gewiefte saudische Geschäftsleute nutzen diese Effekte für sich aus und entwerfen die Corporate Identity ihres Betriebs, von der Serviette bis zur Leuchtreklame, im Stil der amerikanischen Ketten oder auch täuschend ähnlich. Hefty Burger, Kudu Sandwiches und Barnie's Coffee sind solche Beispiele: Es sind lokale Unternehmen, sehr gute Kopien und damit auch sehr erfolgreich.

Eine besondere Erwähnung verdient die US-amerikanische Kette TGI Friday's (*Thank God it's Friday*, Gott sei Dank ist es Freitag). Dieses mittelpreisige Lokal, in dem es Burger, Salate, Ofenkartoffeln und Co. gibt, erschien mir immer besonders populär. Der Name macht es in der Region zum Selbstläufer, denke ich – Gott zu danken, dass es Freitag ist, das trifft den Islam perfekt. Ohne es zu ahnen haben die US-amerikanischen Gründer das ideale Wochenendlokal für die islamische Welt erschaffen mit einem Werbespruch, der direkt zu Herzen geht.

## AlBaik, die Königin der Hühnchenbratereien

Die westlichen Lokale haben aber in Dschidda und Umgebung eine echt harte einheimische Konkurrenz: die Hühnchenbraterei Al-Baik. Die Karte ist ähnlich wie bei Kentucky Fried Chicken, aber Al-Baik hat Kultstatus. Der Erste hat 1974 aufgemacht, das gelb-weiß-rote Logo mit einem Hühnchen mit Zylinder weckt bei vielen Saudis also Kindheitserinnerungen. Egal wann man in welche Filiale kommt, es ist dort rappelvoll, die Leute drängeln und es ist ein riesen Lärm, weil die Angestellten Bestellnummern über den Ausgabetresen rufen und die Kunden wiederum ihre Nummern rufen, um schneller dranzukommen. Wenn die Filiale nach der Gebetszeit wieder öffnet, stürmen die Leute herein, weil jeder der Erste sein will. Das ist ein echtes Hauen und Stechen und eine der wenigen Gelegenheiten, bei der man Saudis rennen sehen kann. Auf Al-Baik können sich alle einigen, vielleicht auch, weil es eine saudische Kette ist und sie einem so vertraut ist. Im Flughafen von Dschidda gibt es seit Neuestem gleich zwei große Al-Baik-Filialen, und das nicht, weil die Leute da noch schnell Hühnchen essen, sondern weil die Leute Al-Baik-Essen mitnehmen in andere Landesteile. Wegen unterschiedlicher finanzieller Interessen unterschiedlicher Linien des Herrscherhauses gibt es Al-Baik nur an der saudischen Westküste. Reist man von dort nach Riad oder Dammam, bringt man seinen Freunden oder Kindern Essen von Al-Baik mit, das man im Flughafen kauft. Jemandem etwas von Al-Baik mitzubringen ist ein echter Freundschaftsdienst.

Ich selbst aß eher selten bei Al-Baik. Nicht, weil es mir nicht schmeckte – der Laden hat definitiv die besten frittierten Hühnchenteile und Shrimps aller Fast-Food-Restaurants. Es ist einfach nicht die Art von Essen, die ich regelmäßig zu mir nehmen möchte. Anders ist das bei den Einheimischen – und das viele Fast Food fordert von ihnen bereits seinen Tribut in Form von Diabetes und Fettleibigkeit. Die Zahlen sind alarmierend, liest man immer wieder in der Zeitung. Für Gastarbeiter ist Al-Baik allerdings eine echte Option, denn die Speisen dort sind vergleichsweise günstig, schmackhaft, frisch zubereitet und machen richtig satt.

## Zu Gast bei der ganzen Welt: Lokale in Wohngegenden

Bei kleinen Lokalen in Wohngebieten wird es dann schon interessant, vor allem, wenn es keine Kette ist und der Name nur in arabischer Schrift an der Tür steht. Man fragt sich dann manchmal, ob es dort Falafel oder Kebab gibt oder es vielleicht doch die Annahmestelle einer chemischen Reinigung ist. Genau in diesen Läden gab es aber das, was ich haben wollte: authentische Speisen. Das richtig gute indische Tandoori fand man nicht in den Malls oder Einkaufsstraßen, sondern in Vierteln mit indischen Expats. Diese kleinen Lokale sind sehr typisch für die Einwandererviertel und ähneln sich stark: Auf dem Tisch liegt eine Plastikdecke, man sitzt auf Gartenstühlen, die Speisekarte ist ein laminierter Zettel. Zu trinken gibt es Wasser aus Halbliterflaschen, die man sich selbst aus einem großen Kühlschrank nimmt, und manche Lokale bieten zusätzlich Cola und frisch gepresste Säfte an. Es gibt keine Serviette, aber auf dem Tisch steht eine Kleenexbox, die steht in Saudi-Arabien allerdings auch bei Staatsbesuchen auf dem Tisch.

In diese Lokale geht man nicht, um ein feines Steak zu essen, sondern um günstig satt zu werden und weil es schmeckt wie zu Hause. Eine Mahlzeit kostet um die zehn Rial, das sind umgerechnet zwei Euro, und das ist das Erfolgsgeheimnis dieser vielen Eck-Lokale: Keiner kann für diesen Preis selbst kochen, zumal, wenn er allein lebt. Die meisten Gastarbeiter sind ohne ihre Familie im Land und arbeiten zwischen zehn und zwölf Stunden pro Tag. Danach noch in der WG zu kochen – darauf hat niemand Lust. Daher gehen viele ebenso oft zum Essen wie zum Barbier. Ich fand es herrlich und mied bald die westlichen Restaurantketten. Meine Kollegen staunten, was ich alles an Imbissen kannte und dass ich auch in die Gegenden ging, in denen nur Schwarzafrikaner lebten. »Nigerianisches Barbecue? Wo hast du denn das gefunden?«, fragte mich etwa unser saudischer Personaler mit echter Neugierde. »Du bist doch erst so kurz hier, und ich habe das selbst erst ein- oder zweimal gegessen, und das habe ich mir bringen lassen, da der Imbiss in einer schmutzigen Gegend ist. Und du isst sowas!« – »Na klar«, antwortete ich dann, »man muss ja alles probieren!«

Dabei lernte ich, dass es bei Einwanderern wie Saudis eine große Wertschätzung für frisch zubereitete Speisen gibt, dass das Essen mit den Fingern ganz normal ist und dass es zwar viele westliche Fast-Food-Lokale gibt, aber noch viel viel mehr kleine, regionale Imbisse, die mit günstigen Preisen und authentischer Küche locken.

Lokale mit typisch regionalem saudischem Essen sind eher selten, sodass sie schon wieder exotisch sind – sieht man von den allgegenwärtigen Schawarma-Läden oder Hühnchenbratereien ab. Ohne Schawarma würde das Leben auf der Arabischen Halbinsel vermutlich zusammenbrechen: In ein dünnes Fladenbrot wird als Grundlage gegrilltes Fleisch vom Drehspieß gepackt, darauf kommen je nach Anbieter ein paar Streifen Salat oder Tomate, eingelegtes Gemüse, Sesamsauce, oft auch drei bis vier Pommes. Das Ganze wird zu einem Päckchen gerollt und kostet umgerechnet etwa einen Euro. Schawarma ist für Saudi-Arabien das, was in Berlin die Currywurst, in Bayern die Leberkässemmel und in Nürnberg die drei Bratwürste im Weggla sind: ein schnelles, warmes und günstiges Mittagessen, das man am Straßenverkauf holt und entweder eingepackt mitnimmt oder schnell im Stehen isst. Es ähnelt dem Dürüm Döner, ist aber meist etwas kleiner und meistens ohne Zwiebeln oder Joghurtsauce. Wer Zeit hat, kann sich auch in ein Restaurant setzen und sein Schawarma als Tellergericht essen, wie beim deutschen Döner ist dieses Sandwich aber zum Mitnehmen gedacht. Zur Not kann man es auch kalt essen, die Pommes sind dann allerdings gut durchgeweicht. Schawarma ist das, was eigentlich jedem schmeckt und worauf sich alle einigen können, vom Bauarbeiter bis zum Chef eines Firmenimperiums

## Saudische Küche ist Hausmannskost

Traditionelle saudische Küche isst man traditionell daheim, sie ist im wahrsten Wortsinn Hausmannskost. Die Hauptzutat ist Basmatireis. Den gibt es immer, oft mit Gewürzen wie Kreuzkümmel, Kardamom oder Safran verfeinert. Dazu etwas saftig geschmorte Hühnchenteile oder Lammkeule und eine relativ salzige Soße – das ist es schon. Reis und Hühnchen oder anderes Fleisch, vielleicht noch ein Salat dazu, sind das saudische Standardessen. Die Küche ist eher einseitig. Man isst, neumodisch, auch gern Nudeln in Béchamelsoße oder Reisfleisch mit Hammel. Als Dessert nimmt man den Brotpudding Umm Ali oder Masoob, eine Art Bananenpudding mit schwerer Sahne, Honig und Nüssen, zu sich.

Als Standardvorspeise oder Snack findet sich in saudischen Kühlschränken immer ein säuerlicher Frischkäse (Labneh), die Kichererbsenpaste Hummus, westlicher Schmelzkäse, Oliven und Tomaten. Dazu isst man millimeterdünnes, weiches Fladenbrot, das man jeden Tag frisch holt und das in einer knisternden Plastiktüte eingepackt ist. Diese Combo ist auch das traditionelle saudische Frühstück. Ganz anders und auch populär zum Start in den Tag ist Fuul: Ägyptische Fava-Bohnen werden dafür mit vielen Gewürzen in einem großen Topf mit kleiner Öffnung zu einem Brei zerkocht. Der wird warm gegessen und ist sehr sättigend, dazu gibt es wie üblich scharfe Sauce. Und wieder andere frühstücken Tameez, das ist ein fast pizzagroßes, mit Sesamkernen bestreutes Fladenbrot.

Toast mit Marmelade oder Frühstücksflocken haben sich aber auch schon auf die Tische geschlichen, das heißt, wenn überhaupt am Tisch gegessen wird. Traditionelle Familien breiten zum Essen eine dünne Plane auf dem Boden aus, einer Malerplane ähnlich. In deren Mitte kommen Teller und Schüsseln mit allen Speisen. Dann setzen sich alle drum herum auf den Boden und jeder nimmt sich von jeder Speise, was er möchte. Dafür benutzt er ein Stück Brot als Greifer oder auch nur die Finger. Dazu gibt es Wasser, Saft oder auch Tee. Zum Nachtisch isst man frische Früchte und manchmal einen sehr süßen Pudding oder auch sehr süßes, vor Honig triefendes Gebäck.

Datteln gibt es eigentlich zu jeder Mahlzeit, Gelegenheit und Tageszeit. Gästen oder Geschäftsfreunden zum obligatorischen Begrüßungskaffee eine Dattel anzubieten ist selbstverständlich. In Hotelfoyers stehen Schalen mit kunstvoll aufgetürmten Datteln und daneben eine Dallah, die arabische Schnabelkanne aus Metall, mit Kaffee. Die Kaffeekanne ist das Symbol der Begrüßung und Gastfreundlichkeit. Der Kaffee ist ungesüßt und eigentlich auch erst mit der Dattel genießbar. Arabischer Kaffee ist nicht mit dem europäischen zu vergleichen. Er besteht aus ungerösteten grünen Kaffeebohnen und sehr vielen Gewürzen wie Nelken, Kardamom oder Safran. Dies alles wird traditionell in der Dallah in den glühenden Kohlen des Lagerfeuers, heute auf dem Herd, aufgekocht, bis ein gelb-graues Gebräu entsteht, das unserem schwarzen Kaffee nicht einmal ähnelt. Der Geschmack ist leicht bitter, aber nicht unangenehm, und sehr aromatisch, und zusammen mit einer Dattel entsteht eine sehr schmackhafte Kombination. Der Kaffee wird in kleinen, henkellosen Tassen serviert, den Finjans, die etwa die Größe von Espressotassen haben. Es braucht viel Übung und Geschick, einen arabischen Kaffee, den Gachwa, hinzubekommen. Wer das als Ausländer meistert, erntet bei seinen Gästen hohen Respekt.

Man kauft Datteln auf dem Markt, im Supermarkt, beim Bagala oder in Dattel-Fachgeschäften, die besonders feine Sorten oder gefüllte Datteln anbieten. Man darf sich saudische Datteln nicht so vorstellen wie die klebrigen Dinger, die man um die Weihnachtszeit bei uns bekommt. Datteln sind hochwertige und bisweilen auch hochpreisige Lebensmittel, je nach Sorte. Welche Sorte die beste ist, darüber können Saudis richtig lang diskutieren. Auch darüber, ob es barbarisch ist, Datteln mit Mandeln zu füllen. Und ob frische oder getrocknete Datteln besser schmecken. Datteln kann man frühstücken, zum Tee naschen oder abends vor dem Fernseher knabbern. Da gibt es dann auch Nüsse oder Sonnenblumenkerne, und neumodisch auch Kartoffelchips.

Geht man arabisch essen, dann geht man am ehesten zum Libanesen. Die libanesische Küche ist in der arabischen Welt so etwas wie die französische in Europa: Sie gilt als besonders delikat und geradezu als hohe Kunst. Beim Libanesen gibt es jede Menge Mezze, kleine kalte und warme Vorspeisen. Davon bestellt man viel mehr, als man wirklich essen kann, und wieder kommen die Tellerchen und Schüsselchen in die Mitte des Tisches, damit sich jeder von jedem etwas nehmen kann. Danach, wenn eigentlich alle schon satt sind, gibt es Gegrilltes mit Reis.

Wenn Saudis nicht zu Hause essen, dann wollen sie entweder Altbekanntes wie Burger oder etwas total Exotisches wie die Pizza Margherita bei uns. Und am liebsten wollen sie eigentlich beides. Es war eine Herausforderung für unsere Küche, zwar authentisch italienisch zu kochen, dies aber trotzdem dem saudischen Geschmack anzupassen. Das ging schon damit los, dass wir Schinken, Speck und Wein oder Likör, die in viele traditionellen Gerichte gehören, durch andere Lebensmittel ersetzen mussten, ohne den Geschmack entscheidend zu verändern. Wir verzichteten auf Pommes als Beilage, was viele Gäste irritierte, und machten ihnen stattdessen Rosmarinkartoffeln schmackhaft, eine völlig unbekannte Beilage. Wir leisteten viel Überzeugungsarbeit.

Gegen eines konnten wir uns aber nicht wehren: scharfe Sauce auf den Tischen. Die gibt es in jedem saudischen Lokal – wir verzichteten mit Absicht darauf. Doch keine Stunde verging, in der Gäste nicht scharfe Sauce verlangten. Unser italienischer Chefkoch war geradezu beleidigt. Ich versuchte immer und immer wieder, den Gästen zu erklären, dass wir authentisch italienisch kochten und die Gerichte bereits fertig abgeschmeckt aus der Küche kamen, die scharfe Sauce wurde trotzdem verlangt, und da es sie nicht gab, meckerten die Gäste. Der Koch weigerte sich, an die allgegenwärtige chemische Billig-

Chili-Sauce auch nur zu denken, also einigten wir uns auf Tabasco. Diese Chilisauce steht zwar nicht auf italienischen Restauranttischen und kommt aus den USA, ist aber immerhin ein hochwertiges Produkt und war einigermaßen mit unserem Konzept vereinbar. »Solange du mir das Zeug nicht in die Küche bringst, stell es halt auf die Tische«, schimpfte der Chefkoch. Und siehe da, die Gäste waren glücklich. Ohne scharfe Sauce schmeckt Saudis ihr Essen einfach nicht. Immerhin gelang es uns, dass das eine oder andere Rezept aus unserer Küche in der Zeitung veröffentlicht wurde – ohne scharfe Sauce.

## Ramadan: Schlemmen im Fastenmonat

Während des Fastenmonats Ramadan ist alles anders. Muslime dürfen dann von Sonnenauf- bis Sonnenuntergang nichts essen oder trinken, nicht einmal einen Schluck Wasser oder ein Bonbon. Essen und Trinken in der Öffentlichkeit ist generell unter Höchststrafe verboten, auch für diejenigen, die nicht fasten, etwa Christen, Hindus, Schwangere oder Frauen, die ihre Tage haben – diese sind nämlich vom Fasten befreit. Wer tagsüber essen, trinken oder auch rauchen möchte, tut das im Verborgenen, wenn er nicht Bekanntschaft mit der Mutawa machen möchte. Nicht einmal in Hotels internationaler Ketten oder Malls bekommt man in den Restaurants etwas; in manchen Hotels kann man aber den Room Service kommen lassen. Das Essen und Trinken in öffentlichen Bereichen ist strikt untersagt, daher bleiben Restaurants und Cafés tagsüber geschlossen.

Das Leben in der Stadt kommt tagsüber nahezu zum Erliegen. Die tägliche Arbeitszeit ist auf sechs Stunden verkürzt, die Leute bleiben zu Hause und sparen Energie. Der Ramadan ist die »staade Zeit« des Jahres, in der man in sich geht, zumindest tagsüber.

Denn abends geht es auf – da gibt es dann die Festlichkeiten in den »Iftar-Zelten«. Jeden Abend nach dem Fastenbrechen gibt es erstmal eine Dattel und ein Tässchen arabischen Kaffee, danach eine ziemlich große Mahlzeit im Kreis der Familie. Nie wird in Saudi-Arabien so viel gegessen wie im Fastenmonat. Dann rührt sich auch wieder etwas auf den Straßen, denn man besucht sich gegenseitig oder trifft sich mit Leuten in einem der Iftar-Zelte, an der Corniche oder im Park auf eine Schischa, ein paar Gläser Tee oder noch mal einen großen

Teller Essen. Jeder gastronomische Betrieb muss sich in diesem Monat umstellen. Das Mittagsgeschäft entfällt komplett, abends bieten viele gehobenere Lokale und die gehobeneren Hotels ein spezielles Iftar-Buffet in ihren Restaurants oder eigens errichteten Festzelten an und bewerben dies in der lokalen Presse. Wenn schon, dann wollen die Leute zu Iftar richtig viel essen und auch richtig lange sitzen bleiben. Für umgerechnet 40 bis 50 Euro bekommt man einen wirklich guten All-you-can-eat-Genuss mit verschiedensten internationalen und nationalen Vorspeisen (Mezze), Suppen, einer großen Brotauswahl, Hauptspeisen verschiedenster Küchen und Kontinente, oft von den Köchen direkt am Buffet zubereitet. Immer dabei sind auch Fuul, Tameez sowie Hühnchen und Reis, die saudischen Klassiker. Das Buffet soll keine Wünsche offenlassen, aber auch möglichst extravagant sein. Ganz wichtig sind auch üppige Desserts, Süßigkeiten und natürlich Datteln; auf dem Nachspeisenbuffet darf Umm Ali nicht fehlen, denn kein Saudi will in der Fastenzeit auf die liebste und reichhaltigste Nachspeise verzichten.

Die Öffnungszeiten der Lokale verlagern sich deutlich nach hinten, die Lokale schließen erst kurz vor dem Morgengebet. Manchmal wird in den frühen Morgenstunden noch mal ein besonders üppiges Gericht aufgetragen, zu einer Mahlzeit namens Sohour. Dieses Mahl vor dem Sonnenaufgang soll nahrhaft genug sein, den Fastentag auch durchzustehen. Es kommt gut und gerne vor, dass Lokale im Ramadan bis vier Uhr morgens geöffnet sind. Auch wir boten im Restaurant ein Buffet an, allerdings mit italienischen Speisen. Pizza gab es in der Zeit bei uns nicht, auch kein Á-la-carte-Essen, sondern Pasta, Fisch und Fleischgerichte und besonders üppige Nachspeisen.

Ramadan ist auch insofern wie der Advent in Deutschland, als dass man ständig irgendwo eingeladen wird – in Familien, bei Geschäftspartnern, bei Freunden. Im Grunde kann man jeden Abend irgendwo anders Feiern, und viele tun das auch. Die Nacht wird noch mehr zum Tag als sonst. Und dann muss man ja auch noch Geschenke kaufen für das anstehende Fest Eid al-Fitr. Der Shoppingstress ist derselbe wie in der christlichen Welt, der Hausputz muss auch gemacht werden, und den Deko-Stress gibt es auch. Man verschönert das Zuhause mit bunten Laternchen und allerlei Schnickschnack und isst um ein Vielfaches mehr an Süßigkeiten als zu anderen Jahreszeiten. Auch die Straßen werden mit bunten festlichen Lichtern dekoriert. Man grüßt sich nicht wie sonst, sondern mit »Ramadan Kareem« oder »Ramadan Mubarak« (großzügiger /gesegneter Ramadan).

Und wie im Advent hat im Ramadan die Wohltätigkeit Hochkonjunktur. Geld zu spenden ist eine der Fünf Säulen des Islams, im Ramadan besonders freigiebig zu sein gilt als religiös erwünscht. Also sind alle Wohltätigkeitsorganisationen auf Sammeltour. Ärmere Menschen zu einem Iftar-Festessen einzuladen gilt als selbstverständlich, daher bieten viele Moscheen und Gemeindezentren diese Armenspeisungen an, die von reicheren Gemeindemitgliedern bezahlt werden. Vermehrt sieht man Jugendliche an Straßenkreuzungen, die abends kurz vor dem Fastenbrechen kleine Fresspakete an Autofahrer verteilen. Denn wer beim Fastenbrechen noch im Auto sitzt, soll auch etwas haben. In den Tütchen befinden sich zwei Datteln, ein Tetrapack mit Saft, etwas Obst und ein Fläschchen Laban (saurer Trinkjoghurt) und ein Gebäckstück.

Im Fernsehen laufen während des Ramadan besondere Serien, über die dann das ganze Land spricht. Serien, die immer laufen, zeigen besondere Folgen, die dann echte Straßenfeger sind. Die Zeitungen schreiben in Ramadan-Beilagen darüber und über die neuesten Deko-Trends und die besten festlichen Rezepte.

Der Ramadan endet mit dem mehrtägigen Fest Eid al-Fitr. Es ist wie Weihnachten nicht das wichtigste religiöse Fest des Jahres, aber das, das am intensivsten gefeiert wird, mit allem Konsum und aller Fresserei, die man sich vorstellen kann. Ich habe nicht mitgefeiert, sondern immer im Restaurant gearbeitet. Viele der muslimischen Mitarbeiter nahmen sich die Tage frei, um nach Hause zu fahren oder mit ihren Familien in Dschidda zu feiern, ich war nicht ungern im Restaurant. Zum einen gibt es eine Feiertagszulage und extra freie Tage, zum anderen war immer so viel Betrieb, dass es sich für den Restaurantleiter gehörte, anwesend zu sein. Den Urlaub nahm ich dann, wenn der ganze Trubel vorbei war und die Stadt wieder zur Normalität zurückfand.

Auch bei der Arbeit war an den Feiertagen eine ganz besondere Stimmung. Den ersten Feiertag verbringen die Leute meistens mit der engeren Familie, da gehen sie eher nicht essen, sondern es kommen die nichtmuslimischen Expats, die frei haben, aber nicht feiern. Am zweiten Tag besucht man die entferntere Verwandtschaft und geht abends vielleicht essen, daher kamen die großen Gästescharen eher dann. Es ist besonders wichtig, an Eid den Kindern viel Aufmerksamkeit zu schenken und extra Süßigkeiten für sie bereitzuhalten. Die Gäste waren immer besonders gut angezogen, denn während die Kinder Spielsachen bekommen, schenkt oder gönnt man sich als Erwachsener zu Eid neue Kleidung, die dann natürlich gleich ausgeführt wird. An Eid kommt keiner in Jeans und T-Shirt, sogar die Kinder bekommen kleine Anzüge angezogen oder eine neue Kinderthoub. An Eid waren die Gäste auch am ehesten bereit, besonders hochpreisige oder in ihren Augen besonders ausgefallene Gerichte zu bestellen. Es sind die Tage im Jahr, an denen man sich mal etwas gönnt und das Essen nach der langen Fastenzeit auch richtig zelebriert. Man feiert ausgiebigst und achtet eher wenig auf die Höhe der Zeche. Zur Feier des Tages hielten wir für die Gäste immer noch spezielle Süßigkeiten bereit, die wir dann mit vielen Dankesworten bei der Verabschiedung überreichten.

An Eid und in den Tagen danach stellen die Apotheker und Drogeriemärkte die Medikamente gegen Sodbrennen und andere Verdauungsbeschwerden immer schon in großen Mengen und griffbereit in den Verkaufsraum. Auch das gehört zu dem einige Tage dauernden Prozess, in dem Saudi-Arabien nach dem Ramadan wieder zu seiner Normalität zurückfindet.

# Roadtrip und Pilgerströme

## Als Tourist in Saudi-Arabien

Es gibt zwei Arten von Touristen in Saudi-Arabien: muslimische Pilger, die nach Mekka und Medina wollen, und die wenigen Leute, die es schaffen, ein Visum zu bekommen, um das Land oder einen dort lebenden Verwandten zu besuchen. Als Besucher zu kommen, ist nahezu ein Ding der Unmöglichkeit. In den zehn Jahren, die ich im Land war, ist es uns nicht gelungen, ein Besuchsvisum für meinen jüngeren Bruder zu bekommen. Meine Frau durfte mich nicht besuchen. Keiner meiner Freunde aus Europa durfte zu Besuch kommen. Ein einziges Mal waren meine Eltern da. In zehn Jahren habe ich also genau einmal Besuch aus meiner Heimat bekommen, abgesehen von Freunden und Bekannten, die ohnehin geschäftlich im Land waren.

Saudi-Arabien will keinen klassischen Tourismus im Land haben, also keine Besucher, die dort ihre Ferien verbringen, im Land herumreisen, am Strand Party machen oder Sehenswürdigkeiten besichtigen. Es wurde 2008 und danach gefühlte 17 weitere Male groß verkündet, dass sich das ändert, aber die staatliche Initiative für mehr Tourismus versank wieder in der Vergessenheit. Eine Zeit lang wurden Visa für Kulturreisen ausgestellt, diese waren aber an strenge Auflagen und bestimmte Reiseveranstalter geknüpft. Im Grunde will Saudi-Arabien auch nicht, dass Leute kommen und die Sehenswürdigkeiten und die Kultur kennenlernen. Die Heimatmuseen sind ein einziger Jammer, verstaubt und amateurhaft, die historischen Gebäude sind schlecht gepflegt und nicht erschlossen. Das ist schade, denn wer Saudi-Arabien wirklich kennenlernen will, muss auch die Historie und das Erbe kennenlernen, und das nicht beim inszenierten Beduinencampen oder im windschiefen Heritage Village.

Es gibt jedoch keine Touristenvisa für Individualreisende, die das Land erkunden wollen. Man darf, wenn überhaupt, nur in Gruppen kommen und wird dabei ständig begleitet, das heißt überwacht. Nicht einmal Bürger der benachbarten Golfstaaten sind als Touristen willkommen. Immer wieder heißt es, dass die Einreisebestimmungen gelockert werden sollen, weil Tourismus Geld ins Land bringt und Jobs schafft, passiert ist aber noch nichts.

Wer nach Saudi-Arabien reist, ist geschäftlich im Land – oder auf Pilgerfahrt. Da die heiligen Städte Mekka und Medina in Saudi-Arabien liegen, kann sich das Land nicht komplett abschotten, sondern muss den Pilgern den Weg zu ihrer religiösen Pflichterfüllung ermöglichen. Jeder Muslim hat die Pflicht, einmal im Leben die große Pilgerfahrt, die Hadsch, zu absolvieren – diese findet zu einem festgesetzten Termin statt, der sich wie die anderen Ereignisse des islamischen Jahres durch die Jahreszeiten schiebt.

Pilger kommen jedoch das ganze Jahr über ins Land, denn die kleine Pilgerfahrt, die Umrah, ist zu jeder Zeit möglich.

Die Pilgerreise ist üblicherweise eine Pauschalreise in der Gruppe. Saudi-Arabien gewährt jedes Jahr jedem Land eine gewisse Anzahl an Pilgervisa und stellt diese dann dem jeweiligen Pilgerbüro des Landes zur Verfügung. Es kann also nicht jeder Muslim zu jeder Zeit ein solches Visum bekommen. Man geht in seinem Heimatland in ein Pilgerbüro und beantragt das Visum oder bucht eine Reise. Ich stelle mir das vor wie damals in der DDR – man beantragt etwas, und dann ist es abhängig von Status, Finanzkraft und Glück, ob man es bekommt. Jüngere müssen einige Wartejahre in Kauf nehmen, woraus sich auch das oft hohe Alter der Pilger erklärt. Allerdings soll man die große Pilgerfahrt auch erst mit einer gewissen inneren Reife und Lebenserfahrung antreten, und ansparen muss man sich die Reise schließlich auch. Wer die große Pilgerfahrt, die Hadsch, absolviert hat, darf sich Hadschi nennen (genau wie Hadschi Halef Omar), und das ist ein Titel, der mit einer gewissen Ehre und Würde verbunden ist und nicht zu einem Jugendlichen passt.

Im Pilgerbüro stellt man sich aus verschiedenen Bausteinen seine Reise zusammen. Am Ende hat man ein Komplettpaket mit Flug, Hotel, Transfers, Verlängerungstagen und Ausflugsprogramm in der Preisklasse und Kategorie, die man sich eben leisten kann. Die Reisebüros übernehmen dann auch die Buchung der Visa, das sind spezielle Pilgervisa. Das System ist gut eingespielt und die Visa werden nahezu immer erteilt, denn Pilger will man schließlich aus religiösen Gründen im Land haben – und weil sie viel Geld bringen. Ich persönlich finde ja, dass die Reisen sehr günstig sein sollten und Pilger tendenziell eingeladen werden sollten, aber mir schien oft das Gegenteil der Fall zu sein: Die Gruppen wurden regelrecht abgezockt und gaben ihr ganzes Erspartes für eher schlechte Leistungen aus. Für das, was die Leute bekommen, nämlich Massentourismus und Massenabfertigung, sind die Preise zu teuer, wenn man sich so umhört.

## Dschidda im Ausnahmezustand

Alle Pilger landen im Flughafen in Dschidda. Manche tragen schon dort ihr Pilgergewand aus weißen Stoffbahnen, andere legen es erst in Mekka an. Die meisten Pilger kommen nicht im eigentlichen Terminal an, sondern im Hadsch-Terminal, das nur zur Haupt-Pilgerzeit geöffnet ist. Das Hadsch-Terminal war bei seiner Eröffnung in den 80er-Jahren das größte Freiluftzelt-Terminal der Welt. Die Pilger fliegen ja nicht mit Linienmaschinen, sondern die allermeisten fliegen in Chartermaschinen, die ausschließlich mit Pilgern besetzt sind. Trotzdem ist auch im regulären Terminal die Hölle los. Wenn man sich mit Krankheiten aus aller Welt anstecken will, braucht man nur einmal durch die Halle gehen, das Gefühl hatte ich und vermied es, während der Hadsch irgendwo hinzufliegen. Jeder meidet in der Zeit große Menschenmassen, und trotzdem gibt es jedes Jahr zur Hadsch eine Grippe- und Erkältungswelle in Dschidda. Das ist ein bisschen wie bei der Frankfurter Buchmesse oder dem Münchner Oktoberfest – wenn so viele Leute zusammenkommen, bringen die auch viele Keime mit, und hinterher sind dann alle krank.

Landet man während der Hadsch in einer Linienmaschine, gibt es eine Durchsage, dass die Pilger an Bord als Erste aussteigen sollen und alle anderen sitzen bleiben, bis die Pilger weg sind. Das funktioniert dann sogar meistens, denn die Pilger werden direkt im Hadsch-Terminal in Busse verfrachtet, während die Normalreisenden den »normalen« Ausgang nehmen. Nur die Reichsten der Reichen fliegen mit Privatjets direkt zum Privat-Terminal in Dschidda und genießen den Transfer zu und zwischen den heiligen Stätten in klimatisierten Limousinen oder Vans mit schwarzen Scheiben.

Bei den Hunderttausenden ist es eine Herausforderung für die Veranstalter, die Pilgergruppen so zu leiten und zu sortieren, dass jeder zu seinem Bus kommt. Die örtlichen Veranstalter sind das gewohnt und schaffen das tatsächlich, auch wenn man das Gefühl hat, es herrscht totales Chaos und keiner weiß, wo er hinmuss. Am Ende kommen dann doch alle in Mekka an. Die Art des Reisebusses ist für die Suchenden schon mal ein guter Anhaltspunkt, in welche Richtung sie am Busterminal laufen sollten. Denn je nach Preis der Reise fällt das Transportmittel aus. Bei teuren Reisen gibt's den neuesten klimatisierten Bus von Mercedes oder Volvo. Daneben stehen Hunderte von ausrangierten Mercedes-Bussen aus dem Ausland, vor allem aus Deutschland. Diese sind zwischen 20 und 30 Jahren alt und wurden von namhaften deutschen Busunternehmen irgendwann ins Ausland exportiert, und da fahren sie nun also. Es kommt öfter vor, dass man auf der Autobahn eine Kiste mit der Aufschrift »Busreisen Huber« oder »Müllers Urlaubs-Express« überholt, noch komplett mit deutscher Beschriftung und deutschen Nummernschildern. Nur die TÜV-Plakette ist abgekratzt und ein saudisches Kennzeichen ist über das deutsche geschraubt oder geklebt. Ich stellte mir vor, dass die Reiseveranstalter vielleicht damit warben, Busse *Made in Germany* zu haben und mit den deutschen Aufschriften dies unterstreichen und Vertrauen erwecken wollen, egal, wie viele Millionen Kilometer der Bus schon auf dem Zähler hat.

Je nach gebuchtem Paket werden die Pilger dann untergebracht: In einer der Zeltstädte im Tal Mina, in einem kleinen Hotelapartment in der Stadt Mekka oder, größter Luxus, in einem der neuen Hoteltürme mit direktem Blick auf das Allerheiligste, die Kaaba.

Das ist das schwarze, kubische Gebäude, das man aus dem Fernsehen kennt und um das sich die gigantische Masdschid Al-Haram spannt. Sie ist das Zentrum der islamischen Welt, denn in Richtung der Kaaba verneigen sich alle Muslime beim Gebet. Man betet aber nicht die Kaaba als solche an, sondern Gott. Die Kaaba, ein uraltes Granit-Gebäude, soll jener Ort sein, an dem Adam und Eva erstmals zu Allah, dem einen Gott, gebetet haben. Das Innere dieses Quaders ist leer bis auf drei Säulen und einen Steintisch. An der Außenseite befindet sich ein schwarzer Stein, der nach der Überlieferung als Zeichen der Verbundenheit zwischen Gott und Adam und dessen Nachkommen vom Himmel gefallen ist. Ich war natürlich selbst nicht dort, denn Mekka zu besuchen ist nur Muslimen erlaubt. Man sieht die Kaaba aber ständig im Fernsehen, wenn Gebetszeit ist, und da die Religion ständig Thema ist, spricht man eben auch darüber.

Das Grab der Eva soll einer anderen Überlieferung nach übrigens in Dschidda liegen und war jahrhundertelang Pilgerziel. 1928 wurde das historische Gebäude zerstört, aber die Pilger kamen weiter an die Stätte, bis sie 1975 zubetoniert und in einen Parkplatz verwandelt wurde, weil die Behörden keinen »Götzendienst« dulden wollten.

In Mekka sind die Pilgerrituale religiös streng geregelt. Jeder weiß, was wann zu tun und zu absolvieren ist. Dabei sind auch weite Strecken zu bewältigen, es ist an jeder Station ein ständiges Kommen und Gehen, die Leute laufen durcheinander, da die einen gerade ankommen und die anderen schon wieder ihren Bus suchen.

Daher gibt es inzwischen als Verbindung zwischen dem Berg Arafat und Mina eine Art S-Bahn, die das erleichtert. Beides sind Stationen auf dem Pilgerweg. Eine Hochgeschwindigkeitszugverbindung zwischen Dschidda, Flughafen, Mekka und Medina sollte eigentlich 2013 fertiggestellt werden, aber wie so oft bei saudischen Großprojekten ist da irgendwie Sand ins Getriebe gekommen, und die Eröffnung ist inzwischen auf 2018 verschoben. Es ist mit dieser Bahn ein wenig wie mit dem Berliner Flughafen – sie sieht fertig aus, aber irgendwie fährt sie dann doch nicht.

Obwohl die Behörden, Reiseveranstalter und Sicherheitskräfte die Menschenmassen in Mekka und Umgebung gewohnt sind und das vielleicht modernste Crowd-Management-System der Welt mit vielen Überwachungskameras haben, kommt es immer wieder zu schweren Unfällen und Massenpaniken. Es sind einfach zu viele Leute dort, und auch zu viele Leute in Bewegung. Das Problem ist auch, dass die Zahl der Pilger so schnell so rasant gestiegen ist, dass die Stadt Mekka diesem Ansturm nicht mehr gewachsen ist. Die Straßen sind zu schmal für die vielen Leute, die Rettungswege immer verstopft. Man hat versucht, Straßen möglichst zu begradigen und die Pilgerströme dadurch zu kanalisieren, und man hat in die Höhe gebaut. Das hat aber zur Folge, dass starke Winde entstehen, die in den Häuserschluchten und den geraden Straßen die Leute tatsächlich umpusten. Wenn es regnet, schießen Flutwellen durch die Straßen.

Es ist immerhin ein Versuch, der Massen Herr zu werden, aber gerade in Mekka haben die Massen eine eigene Dynamik. Die Leute sind euphorisch, voller Vorfreude, voller Adrenalin. Sie hören nicht immer auf die Anweisungen der Sicherheitskräfte, sondern wollen ihr persönliches Hadsch-Erlebnis genießen, die Reise ihres Lebens.

Man hat versucht, nur eine bestimmte Zahl an Hadsch-Visa auszugeben, damit die Menschenmasse nicht noch größer wird. Das hat nicht funktioniert, da die lokalen und internationalen Reiseveranstalter ein großes finanzielles Interesse daran haben, dass möglichst viele Leute kommen. Hinzu kommen all jene, die kein Visum brauchen, weil sie schon da sind – muslimische Expats, Einheimische oder Leute aus den Nachbarländern, die mit dem Auto gekommen sind. Diese versuchte man zu reduzieren, indem man zur Hadsch-Zeit eine Erlaubnis braucht, um nach Mekka zu fahren. Diese Erlaubnis wird aber nur sporadisch kontrolliert, daher fahren einfach so viele Einheimische mit dem Auto nach Mekka, wie eben gerade lustig sind. Keiner weiß also, wie viele Leute wann und wo unterwegs sind und wie aufgekratzt die Leute sind, wenn sie in eine Engstelle geraten.

In Dschidda verlaufen sich die Massen dann Gott sei Dank. Wer ein günstiges Paket gebucht hat, hat vielleicht nur eine Stadtrundfahrt gebucht, die anderen verteilen sich auf die Hotels.

Zur Hadsch ist in Dschidda Ausnahmezustand. Es ist merklich mehr los als sonst, gerade in der Altstadt, den Einkaufszentren und Flaniermeilen, aber es ist nicht bedrohlich wie in Mekka. Es ist eher so wie München zur Oktoberfestzeit oder zur Spielwarenmesse in Nürnberg. Sehr viele Leute sparen ihr ganzes Leben lang auf die Pilgerfahrt hin, und wer kann, hängt nach der religiösen Pflichterfüllung noch ein paar Tage in Dschidda dran, zum Shoppen und um ein wenig die Stadt zu genießen. Wenn man schon so eine weite Reise unternommen hat und etwa aus Indonesien, Gambia oder Tadschikistan nach Mekka gereist ist, will man auch nicht mit leeren Händen nach Hause kommen. In Mekka selbst kauft man Koranausgaben, Gebetsketten, Moscheenwecker, Schlüsselanhänger, Schneekugeln und anderen Mekka-inspirierten Nippes. Wer dort noch nicht genug gekauft hat, findet dasselbe Angebot dann auch noch mal in Dschidda. Die Souvenirstände in der Altstadt machen den Großteil ihres Jahresumsatzes zur Zeit der Hadsch, und selten werden so viele Teppiche verkauft, obwohl die gar nicht in Saudi-Arabien hergestellt werden.

Gekauft wird aber auch, und das wunderte mich anfangs, ganz Alltägliches. Omo- und Tide-Waschmittel, Milchpulver, Schokolade, Seifen, alles von westlichen Herstellern. Parfüms und Kosmetikartikel verschiedener Preisklassen sind wohl das meistgekaufte nichtreligiöse Mitbringsel. Diese Produkte sind in Saudi-Arabien günstiger als in vielen Herkunftsländern der Pilger, erklärten mir meine Mitarbeiter. Auch sie schickten regelmäßig Waschmittel nach Bangladesch. Wer reich ist, kauft Goldschmuck oder Designerklamotten ein. Da jedes Jahr Millionen Pilger kommen, ist das ein wichtiges Geschäft für die Stadt.

## Pilgerzeit ist Urlaubszeit

Gerade die Pilger aus reichen arabischen Nachbarländern oder auch aus dem eigenen Land nutzen gern die Gelegenheit, noch zwei Wochen Strandurlaub dranzuhängen. Um die Zeit der Hadsch herum sind die Hotels in Dschidda dann extra teuer – wo es anderswo Messepreise gibt, gibt es in Dschidda Hadsch-Preise. Ob dort, bei Autovermietungen, Ausflügen in die Wüste oder Eintritten in Strandklubs, alles wird zur Zeit der Hadsch teurer. Konservative kritisieren das zu Recht. Denn bei der Hadsch sollen alle gleich sein und es soll ums Spirituelle, nicht ums Materielle gehen. Sogar Prominente legen zur Hadsch ihr Pilgergewand an, was in den Medien auch berichtet wird. Ob ein beliebter Schauspieler aus Indien, ein US-amerikanischer Rapper oder islamische Staatsoberhäupter, sie alle kommen in weißes Tuch gehüllt und lassen sich während der Pilgerfahrt traditionell den Kopf rasieren (wenn es Männer sind). Frauen tragen weiße Pilger-Abayas oder weiterhin das traditionelle Schwarz. Wenn Prominente kommen, bekommt deren Pilgerfahrt einen Schickimicki-Touch, weil sie in der Zeitung stehen und die Stadt darüber tratscht, in welchem edlen Hotel wer denn abgestiegen ist und wo in Dschidda man die Promis eventuell treffen könnte.

Leute aus Dschidda flüchten gerne vor der Hadsch, indem sie in den Urlaub fahren, bevor der ganze Trubel losgeht und erst nach der Hadsch und den Feiertagen wieder zurückkehren. Die Zeit der Hadsch mündet nämlich direkt in das höchste religiöse Fest des Jahres, Eid al-Adha, das Opferfest. Es wird nicht so groß gefeiert wie Eid al-Fitr, aber wie bei uns zu Ostern gibt es ein Festessen, Verwandtenbesuche und die Leute haben frei. Während also die Pilger nach Dschidda strömen, nutzen die Dschiddawis die Chance, selbst in den Urlaub zu fahren.

Aber wo machen Saudis Urlaub – und was machen sie im Urlaub? Saudische Familien machen im Grunde dasselbe wie europäische Familien: Sie fahren in ein schönes Hotel irgendwo am Strand und lassen es sich dort gutgehen. Beliebte Ziele für solche Urlaube sind die Vereinigten Arabischen Emirate, Ägypten, Bahrain, aber auch Indien, die Malediven, Indonesien, Malaysia, Thailand und Sri Lanka. Die Reichen flüchten traditionell vor der Sommerhitze in kühlere, auch westliche Gefilde. Früher sagte man in Ägypten und im Libanon im Sommer »Die Araber kommen«, denn dann bezogen die Saudis dort ihre Sommerresidenzen. Inzwischen sind die USA und Europa noch beliebtere Sommerziele. Deutschland, Großbritannien, Frankreich und die Schweiz liegen vorne. Auch der so viel zitierte Medizintourismus bringt Saudis nach Europa, wenn unter den Medizintouristen auch deutlich weniger Saudis als Leute aus den kleinen Golfstaaten sind. Saudi-Arabien hat die medizinische Versorgung im Inland so gut ausgebaut, dass immer weniger Patienten im Ausland behandelt werden müssen. Den Medizintourismus gibt es ja deshalb, weil die Bürger Anspruch auf kostenlose medizinische Vollversorgung haben, es aber lange Zeit in Saudi-Arabien nicht für alle Krankheiten die nötigen Spezialisten und Therapiezentren gab. Das hat sich geändert, Deutschland und speziell Bayern bleiben aber attraktive Urlaubsziele. Die Frauen, auch die verschleierten Frauen, fühlen sich dort sicher und können sich frei bewegen, die Saudis mögen das in ihren Augen milde Klima, das viele Grün und die schönen Geschäfte.

## Durch die Wüste in den Norden

Für Saudis ist es einigermaßen leicht, Touristenvisa für die USA oder europäische Länder zu bekommen. Ich dagegen musste jahrelang kämpfen, um Besuchsvisa für meine Eltern zu ergattern, und auch bei meinen Eltern ein wenig Überzeugungsarbeit leisten, dass ihnen wirklich nichts passiert, wenn sie mich besuchen kommen. Für meinen Bruder konnte ich nie eines bekommen, obwohl auch er mich sehr gern besucht hätte. Ich versuchte, die Besuchsfrage immer dann anzubringen, wenn es daran ging, meine Aufenthalts- und Arbeitsgenehmigung zu verlängern. Das muss man regelmäßig tun, dann wird eine neue Wertmarke in die Iqama-Karte geklebt und man kann sich wieder rechtmäßig ausweisen. Mir war schon aufgefallen, dass mein Aufenthaltsstatus irgendwie anders war als der aller anderen Expats.

Die Iqama war dieselbe – ein großer Lappen, der in keinen Geldbeutel passte und aus braunem Papier bestand. Nichtmuslime bekamen eine braune Karte, Muslime eine grüne, damit das Wichtigste gleich geklärt war. Mehr wusste ich dann auch nicht, denn in der Karte war alles in arabischer Schrift geschrieben. Wenn ich bei der Visumsverlängerung dann nach Besuchsvisa fragte, druckste der Sachbearbeiter der Firma immer herum und suchte Ausreden. Irgendwann stellte sich heraus, dass die Tätigkeitsbeschreibung, die auf meiner Iqama-Karte stand, gar nichts mit dem Restaurant zu tun hatte, sondern dass ich als Privatkoch des Vaters unserer Restaurantinhaberin geführt wurde. Sie hatten das so hingebogen, um mich überhaupt nach Saudi-Arabien holen zu können, denn es hatte anfangs ja große Schwierigkeiten mit meinem Visum gegeben. Den Mann, dessen Privatkoch ich laut Visum war, habe ich in zehn Jahren genau zwei Mal gesehen. Dass aber sein Name in meiner Iqama stand war Instant-Wasta, das war ziemlich gut, das zu wissen.

Das Visum für meine Eltern konnte ich damit aber nicht als Angestellter des Restaurants und über unseren Personaler beantragen, das wäre aufgefallen, und als Privatkoch darf man keine Leute zu Besuch ins Land holten. Nur bestimmte Expats dürfen überhaupt Besuch bekommen, privates Hauspersonal, Arbeiter oder einfache Mechaniker dürfen keinen Familienbesuch haben. Als ich das bemerkte, fiel mir auch auf, dass ich meine damalige Ehefrau gar nicht so einfach mit nach Saudi-Arabien hätte bringen dürfen, was wir eigentlich geplant hatten.

Weil aber die Familie sehr wichtig ist, unterstützte mich die saudische Chefin. Der Angestellte sagte mir dann irgendwann, dass ich das Visum bekommen würde, das aber Geld kosten würde, Bakschisch, »unter dem Tisch«. Sprich, man würde dem Sachbearbeiter bei der Behörde Geld zustecken müssen, dass er das Besuchsvisum ausstellt, obwohl ich gar nicht besuchsberechtigt war.

2010 war es dann soweit, dass meine Mutter und mein Vater zu Besuch kommen durften. Die Ausnahmegenehmigung kann nur ein sehr hoher Beamter ausstellen, und das kostet auch wieder was. Mein jüngerer Bruder bekam keines, denn es hieß, man wolle ihn nicht im Land haben – ohne weitere Begründung. Ich wollte nichts dem Zufall überlassen und plante akribisch wie ein kleines Reisebüro, was wir alles unternehmen würden. Für den Rundgang durch die Altstadt von

Dschidda buchte ich einen Fremdenführer, einen Einheimischen, der uns die Architektur und die Tradition erklärte. Obwohl ich schon einige Jahre im Land war, lernte ich dabei auch etwas Neues. Ich organisierte einen Nachmittag in einem Strandklub und dass meine Eltern zu einer Party in einem Compound gehen konnten, eine Art Tanztee, um auch diesen Aspekt saudischen Lebens kennenzulernen.

Beim Ministerium für Innere Sicherheit und der Tourismusbehörde beantragte ich außerdem einen Ausflug in den Norden des Landes, nach Mada'in Saleh. Das ist eine Sehenswürdigkeit, von der viel gesprochen wird, die aber so entlegen ist, dass kaum jemand dort war: die Ruinen einer nabatäischen Stadt. Die Nabatäer, eine Hochkultur der Antike, haben die sensationelle Felsenstadt Petra in Jordanien gebaut und in ähnlichem Stil auch Mada'in Saleh. Um eine Genehmigung zu bekommen, dort hinzureisen, musste ich eine Agentur einschalten. Die verlangte von mir Kopien aller Pässe und Visa, Buchungsbestätigungen und eine Bestätigung meines Arbeitgebers, dass meine Eltern im Land Urlaub machen dürfen. Da sie als Individualtouristen und nicht mit einer Reisegruppe kamen, war das für unsere Reise in den Norden so vorgeschrieben. Seit es in der Region Al-Ula einen tödlichen Zwischenfall mit einer französischen Reisegruppe gegeben hat, sind die Regeln verschärft. Noch schlimmer als Touristen sind in den Augen der saudischen Regierung tote Touristen oder Touristen, die Ärger machen.

Meine Mutter hatte Kopftuch und Abaya zu Hause schon anprobiert, war aber sehr aufgeregt, als sie dann in Dschidda ankam. Am Flughafen lief sie schnurstracks durch die Schiebetür in die Ankunftshalle, mein Vater ganz lässig hinterher, und war dann auch gleich mittendrin im Gewusel. Dann kommen nämlich alle möglichen Leute an und fragen, ob man ein Taxi oder einen Kofferträger braucht, es ist laut und voll. Das machte die Aufregung noch größer, und meine Mutter wollte ja auch nichts falsch machen in einem so strengen Land. Alleinreisende werden am Flughafen sofort in Beschlag genommen und zugelabert, in Arabisch und gebrochenem Englisch. Wenn man kein Meister im Abwimmeln ist, hat man die skurrilsten Gestalten am Hacken, bis man klein beigibt oder jemand kommt und einem hilft. Ein, zwei richtige Sätze, und man hat wieder seine Ruhe. Bei mir in der Wohnung gab es dann das saudische Standardessen – Hühnchen mit Reis – und die Eltern packten Geschenke aus – Nürnberger Lebkuchen, durchgebratene Bratwürste im Brötchen, Schinken-Käse-Brote, lauter Soulfood für mich.

Die Stadttour mit dem verifizierten Tourguide war auch für mich spannend. Denn als Guide darf er Gästen zu viel mehr Sehenswürdigkeiten Zutritt verschaffen, als man als einzelner Einheimischer je zu sehen bekommen würde. Um historische Gebäude zu bewahren, sperrt die Tourismusbehörde sie nämlich einfach ab und setzt einen Security davor, der niemanden hineinlässt. Das hat einen Grund, denn Saudis und Araber im Allgemeinen neigen dazu, alles anzufassen und auch daran herumzurütteln, um zu sehen, ob es noch hält. Genau wegen dieser Marotte aber hält nichts allzu lang, weil eben ständig an allem genackelt wird.

Mit dem Guide durften wir aber nicht nur in die historischen Kaufmannshäuser hinein, er kannte auch viele Geschichten über Handel und Alltag der Vergangenheit und sogar die Händler von heute. In einer kleinen traditionellen Bäckerei durften wir mal etwas probieren, wir erfuhren viel über die natürliche Klimatisierung durch Luftzug und warfen sogar einen Blick in ein historisches Badehaus. Dadurch, dass eigentlich nie etwas abgerissen oder renoviert, sondern an anderer Stelle einfach neu gebaut wird, sieht vieles in Saudi-Arabien etwas heruntergekommen aus, aber tatsächlich ist genau dadurch das wirklich Authentische erhalten geblieben. Viel zu wenige Gäste haben die Möglichkeit, dieses Kulturerbe zu besichtigen, finde ich, und viel zu wenige Geschäftsleute nutzen die Chance, auch ein wenig Kultur und Geschichte zu schnuppern.

Natürlich besichtigten wir auch die schönsten Skulpturen im Kreisverkehr, die sogenannte »schwebende Moschee«, die auf Stelzen am Meer steht, die Fontäne an der Corniche – also alles, was Dschidda ausmacht. Meine Mutter entspannte sich zunehmend, sie musste nicht einmal ein Kopftuch tragen. Sie hatte es immer dabei, trug es aber nicht, da es ja nicht Pflicht ist und niemand ihr deswegen Stress machte. Das Tragen der schlichten, schwarzen Abaya war für meine Mutter kein Problem – alle anderen trugen den Umhang schließlich auch, fand sie, daher fühlte sie sich nicht diskriminiert oder unbehaglich exotisch. Im Gegenteil, sie erkannte auch schnell einen Vorteil der Abaya, nämlich dass man sich für einen spontanen Ausflug nicht erst schick machen muss, sondern straßentauglich ist, sobald man den Umgang angezogen hat. In Deutschland in Pyjama oder Jogginganzug aus der

Tür zu treten wird belächelt, in Saudi-Arabien kann man darin auch mal zum Supermarkt gehen, ohne aufzufallen.

Unser Ausflug nach Mada'in Saleh war der Höhepunkt des Besuchs – für meine Eltern ebenso wie mich. Die Fahrt führt 600 Kilometer durch Wüste und Berge. Ein Navi nutzt nur bedingt, da die Karten nicht besonders aktuell sind. Die Kartenfirmen können nicht oft genug ins Land, um die Karten zu aktualisieren, aber im Land selbst macht das eigentlich auch nichts. Wenn man etwas nicht findet, fragt man, wenn man zu spät kommt, ist man eben zu spät, das ist dann Gottes Wille – inshallah. Wenn man etwas gar nicht findet, ist es Gottes Wille, dass man da nicht hinfindet.

Das Navi wollte, dass wir durch Medina fahren, was aber nicht erlaubt ist, denn Nichtmuslime dürfen nicht nach Medina. Auf der Umfahrung wurde die Beschilderung in die Richtung, in die wir wollten, immer dünner, die Straßen wurden immer schlechter und das Navi zeigte an, dass wir gar nicht mehr auf einer Straße waren. Ich folgte dann einfach dem Verkehrsfluss, um die Schnellstraße wieder zu finden. Eine Stunde hatten wir verloren, weil die Beschilderung nicht funktioniert hatte – aber das ist der Standard. Schilder fallen ab, Schilder werden falsch aufgehängt oder umgedreht, oder sie verschwinden.

Je weiter wir Richtung Norden fuhren, desto mehr veränderte sich die Landschaft. Einige Hügel und Berge waren von bunten Flechten überzogen, die grün und blau schillerten. Etwa einhundert Kilometer vom Ziel entfernt pausierten wir, ich machte ein paar Fotos, meine Mutter stand mit wehenden Haaren neben dem Auto, mein Vater in einem sehr bunten T-Shirt. Es fuhren kaum mehr Autos, aber ein Polizeiauto fuhr heran, wendete, und der verblüffte Polizist kontrollierte uns. Wir sahen ihm eindeutig zu exotisch aus. Wer wir denn seien und was wir denn vorhätten? Er ließ sich unsere Pässe zeigen und eskortierte uns bis zur nächsten Bezirksgrenze, dem Checkpoint der Oasenregion Al-Ula und der gleichnamigen Kleinstadt. Dort wurde nochmals kontrolliert, ob wir da überhaupt sein durften, und telefonisch im Hotel nachgefragt, ob wir denn wirklich gebucht hätten. Es kam dann ein weiterer Polizist, und wir durften nicht alleine weiterreisen, sondern mussten ihm und seinem Pick-up hinterherfahren. Der fuhr schneller durch den Ort, als die Polizei erlaubt, ignorierte rote Ampeln und Verkehrsschilder. Dann hielt er abrupt an und fuhr rechts ran, was mich irritierte, denn weit und breit war kein Hotel zu sehen. Der Polizist sprang aus dem Wagen und rannte auf ein parkendes Auto zu. Aus dem stieg ein anderer Saudi aus, die beiden begrüßten sich herzlich mit Wangenküssen, wechselten ein paar Sätze miteinander, dann spurtete der Polizist wieder zu seinem Pick-up-Streifenwagen und die wilde Fahrt durch Al-Ula ging weiter. Der Tacho zeigte stellenweise 110 Stundenkilometer an, innerorts. Meinen Eltern wurde ganz anders, aber ich hatte ja ein schnelles Auto und konnte mithalten. Im Hotel wurden wir dann schon von zwei Mitarbeitern des Staatsschutzes erwartet, die uns auffällig unauffällig beobachteten.

Das Hotel war ziemlich schlicht. Es hatte zwar vier Sterne, aber eben saudische vier Sterne. Es gab einen Pool, aber nur für Männer, das Essen machte auf international, war aber einfach nur karg, die Räume waren einfach ausgestattet, aber sehr sauber.

Für den Ausflug nach Mada'in Saleh hatten wir wieder einen Tourguide gebucht, einen jungen Einheimischen, dessen Eltern eine Palmenfarm betrieben. Er fuhr vor uns her, wir dahinter, über Feldwege und Stock und Stein. Hinter uns fuhr ein kleiner weißer Jeep mit Männern vom Staatsschutz, der uns den ganzen Tag über verfolgte. Der Staatsschutz wollte nicht, dass wir unbeobachtet irgendwo hingingen, und wollte mir sogar am zweiten Abend verweigern, das Hotel zu verlassen, um in der Stadt anderes Essen holen zu gehen. Ich musste sehr bestimmt darauf hinweisen, dass das erlaubt war und ich es deshalb tun würde, auch deshalb, weil es im Hotel keine einheimischen Speisen gab. Wir wollten aber Hühnchen mit Reis, gefüllte Teigtaschen mit Fleisch und Bananen, Brot und Hummus, erklärte ich, und appellierte an die Sicherheitsbeamten, dass sie das doch sicher verstehen konnten, wo sie doch selbst offensichtlich aus Al-Ula kämen und es doch eine Schande wäre, wenn Gäste keine lokalen Spezialitäten probieren könnten. Die beiden willigten ein, warnten aber, dass sie nach mir suchen gehen müssten, wenn ich in einer Stunde nicht zurück sei. Die beiden waren eigentlich sehr gastfreundlich und nett und nur wegen ihres Auftrags, uns zu bewachen, anfangs etwas störrisch.

Al-Ula ist im Vergleich zu Dschidda ein winziges Dorf. Es gibt nur eine Tankstelle, einen kleinen Markt für Obst und Gemüse, einen Hauptplatz mit allerlei Geschäften. Da ist keine Mall, kein Hypermarket, kein westliches Fast Food.

Die Nabatäerstadt war sehr beeindruckend, auf ein sehr großes Areal verteilt sind dort Häuser aus dem Fels gemeißelt und mit prächtigen Portalen verziert. Es ist wunderschön dort, auch in seiner unvermittelten Schroffheit. Nur Sandwege führen dort von Haus zu Haus, es gibt keine Schautafeln, keine Toiletten und erst recht keinen Souvenirladen. Man kann dort auch nicht mit einem an der Leine geführten Kamel für ein paar Selfies im Kreis reiten.

Diese wunderschöne Sehenswürdigkeit ist UNESCO Weltkulturerbe, steht aber sehr einsam in der Wüste. Dadurch ist sie umso eindrucksvoller mit ihrem rot und gelb schimmernden Sandstein. Unerschlossen hat sie in der Wüste der Zeit getrotzt.

Spektakulär ist auch der aufgelassene Bahnhof von Al-Ula. Hier hielt in der Vergangenheit die Hedschasbahn, eine Bahnlinie, die die syrische Hauptstadt Damaskus mit Medina verband. Das Osmanische Reich wollte die Strecke bis nach Mekka weiterbauen, der Erste Weltkrieg machte dem ein Ende und zerstörte die meisten Streckenabschnitte. Die Bahn fuhr nicht mehr, der Bahnhof von Al-Ula wurde verlassen und mit ihm die dort stehende kleine Dampflokomotive, Waggons, Werkzeuge. Eben alles, was sonst niemand brauchen konnte. Und so stehen die Reste eben immer noch im Bahnhof. Mitten in der Wüste eine 100 Jahre alte Lokomotive. Auf Initiative des saudischen Tourismusministeriums haben Restaurierungsarbeiten begonnen, ein kleines Museum zur Eisenbahngeschichte gibt es bereits. Es liegen Zementsäcke herum, eine Schaufel lehnt an einer Wand – man sieht, dass sich jemand um die Stätten bemüht.

Wir waren natürlich noch im Heimatmuseum und in der Altstadt, aber besonders beeindruckend fand ich, als uns der Tourguide zu einem Tee zu sich nach Hause auf die Farm einlud. Er zeigte uns die verschiedenen Arten von Palmen, er zeigte uns aber auch seine Falken, die er in einem Verschlag an einer Felswand hielt. Die Vögel hatten dort Sitzplätze und eine Voliere. Im Schatten einer Palme entfachte unser Guide ein kleines Feuer, bereitete Tee für uns zu und gab uns Datteln, Süßigkeiten und etwas salziges Gebäck. Hier gab es keinen Tea Boy, sondern wir wurden in traditioneller Gastfreundschaft von einem Saudi empfangen und umsorgt. So verbrachten wir eine Stunde des späteren Nachmittags, als wären wir in der Zeit zurückgereist. Es war auch nichts gestellt an dem Tag, keine Touristenshow – wir erlebten das echte Saudi-Arabien. Ich hatte das Gefühl, an diesem Tag der saudischen Kultur noch ein Stück näherzukommen.

# Halloween im Mehrzweckraum

## Feiern in Saudi-Arabien

Ein Tanztee, bei dem es nicht nur Tee, sondern auch Wein gibt, bei dem unverschleierte Frauen mit fremden Männern tanzen und der Saal mit kleinen Tischchen so gestaltet ist wie in einem Klub der 50er-Jahre – das hatten meine Eltern nicht erwartet. Dass ich für diese Party Tickets besorgt hatte, verriet ich nicht, als die Eltern zu Besuch kamen – nur, dass es eine Überraschung geben würde. Und die ist mir damit echt gelungen, denn meine Eltern hätten nicht damit gerechnet, dass so etwas möglich ist und sie auch noch daran teilnehmen können.

Die Partyszene Dschiddas ist das, was mir aus den zehn Jahren am intensivsten in Erinnerung geblieben ist, weil die Partys ein so starker Kontrast zur sonstigen Strenge des Landes waren und daher umso ausgelassener gefeiert wurden. Ich selbst habe ausgiebig mitgefeiert und wurde im Lauf der Jahre vom ausgeschlossenen Neuling zum gern gesehenen Gast und zum Partyveranstalter. Ich liebe Partys, schon immer, ich mache gerne mit meinen Freunden so richtig einen drauf: Weggehen, komplett abschalten, die Nacht durchfeiern, tanzen, trinken, Spaß haben, eben mal so richtig auf die Kacke hauen, das gehört für mich zum Leben dazu.

In Dschidda konnte man aber nicht auf diese Weise weggehen, dachte ich, bis ich auf Facebook Mohammed aus dem Libanon kennenlernte. Wir hatten nur losen Online-Kontakt, als er mich 2008 eines Tages einlud zur *Cosmo Party*. Ich reagierte blitzschnell: »Party? Bin ich dabei.« Wir chatteten noch etwas hin und her, ob ich wirklich eine Karte kaufen wollte. Dann trafen wir uns das erste Mal und merkten: Wir haben viele gemeinsame Interessen, wir sind gleich alt, funken auf derselben Wellenlänge, wollen mehr im Leben als immer nur arbeiten. Ich wusste direkt, dass wir uns noch öfter sehen würden, und so kam es auch.

Die Partyszene war eine Offenbarung für mich. Ich weiß noch, wie ich mit meiner guten Freundin Sara auf eine der ersten saudischen Partys ging: In einem Privathaus traf man sich, es lief coole Elektro-Musik, die Leute waren alle westlich gekleidet und tranken Cocktails. Es war wie in einem kleinen europäischen Klub, nur dass die Stimmung besser war, denn wenn in Saudi-Arabien schon mal gefeiert wird, dann richtig, und der Reiz des Verbotenen bringt zusätzliches Adrenalin in die Angelegenheit.

Verboten ist an dieser Art von Veranstaltung alles, bis auf dass eine Gruppe Männer sich gemeinsam in einem Haus aufhält. Mit Ausnahme von traditionellen Darbietungen sind Tanzen und tanzbare Musik verboten (gefährlich für die Moral), Alkohol und unverschleierte Frauen gehen gar nicht. Die jüngeren, westlich orientierten Saudis schert das wenig, sie wollen sogar, dass möglichst viele Europäer auf ihre Partys kommen und internationale DJs auflegen, damit das Flair international ist. So verschlossen das Land politisch ist, so aufgeschlossen sind manche Leute privat, und für einen schönen Abend riskieren sie Kopf und Kragen. Es gibt Leute, die mit selbst gebrautem oder selbst geschmuggeltem Bier und sorgsam gebastelter Deko ein privates Oktoberfest feiern. Es gibt Leute, die eine Nikolausparty oder Weihnachtsfeier machen, komplett mit mühsam über Ecken und bestimmte Blumenhändler organisiertem Christbaum. Weihnachten als solches ist ja schon eine Art verbotener Party; es ist ein Fest, das es nicht geben soll. Während in den kleinen Golfstaaten die Läden durchaus auf Weihnachtsgeschäft mit Expats und Touristen hoffen und entsprechend dekorieren, die Hotels Weihnachtsessen anbieten, ist dies in Saudi-Arabien komplett verboten. Genauso ist es mit dem Valentinstag – es dürfen zu dieser Zeit keine Pralinen in Herzschachteln verkauft und keine Schaufenster mit Herzchen dekoriert werden, darauf achten Staat und Mutawa, denn der Valentinstag ist nun einmal kein islamisches Fest. Da ist dann die Kreativität der Einzelnen und der Geschäftsleute gefragt, wenn man dennoch Weihnachten, Ostern oder Valentin feiern möchte. Man muss die Blumen für die Liebste rechtzeitig vor dem Feiertag bestellen und diskret abholen, Karten und Dekoration bastelt man am besten selbst oder bringt sie aus dem Ausland mit. Weihnachts- und Osterdekoration innerhalb der eigenen vier Wände ist erlaubt, nur zu kaufen gibt es sie nicht oder nur sehr eingeschränkt, wenn man jemanden kennt, der einen Händler kennt, der ganz hinten im Lager auf Anfrage Lichterketten findet oder einen LED-Leuchtstern aus China. Gerade bei Weihnachtsdekoration ist das Expat-Netzwerk sehr hilfreich. Verlässt jemand Saudi-Arabien, nimmt er nie alles mit nach Hause oder in ein anderes Land, sondern lässt das in Saudi-Arabien Seltene und Wichtige im Land, etwa Weihnachtsdekoration oder auch Karnevalskostüme. Solche Dinge werden von Expat zu Expat weitergereicht oder weiterverkauft, damit auch die Nächsten feiern können.

War man einmal auf einer Party und ein guter Gast, kommen weitere Anfragen nach dem Motto: »Party?!? Bring Freunde mit!« Gute Gäste sind immer gern gesehen, aber nicht sehr leicht zu finden, und öffentlich für einen Event, den es gar nicht geben darf, zu werben, geht ja auch nicht. Die Stimmung wird auch besser, wenn neue Leute kommen. Gerade bei saudischen Partys treffen sich immer wieder dieselben Gäste: Cousins und Cousinen, ein paar Kumpels. Irgendwann wird's dann langweilig. Es kamen also Veranstalter auf mich zu und sprachen mich an: »Hey Toni, du hattest doch letztens so coole Freunde dabei, kannst du die vielleicht nächstes Wochenende auch mitbringen?«

Da ich über die diversen Gruppen sehr gut vernetzt war, konnte ich immer Leute als Gäste motivieren und speziell zu Konzerten oder Events einladen, von denen ich wusste, dass die Leute daran Spaß haben würden. Leute zusammenbringen, das kann ich gut, und das sprach sich schnell herum. Jemand brauchte 100 gute, diskrete Gäste für ein Event? »Toni besorgt sie dir!« So eine Party muss den Veranstaltern ja auch etwas Geld einbringen, damit sie wiederum Techniker und die Miete der Lichtanlage finanzieren können. Die ganz großen Events waren allerdings meistens kostenlos für die Gäste, denn dahinter steckten Prinzen aus dem Haus Al-Saud, bei denen es nicht ums Geld ging.

So war meine geheime Facebook-Gruppe »What's happening in Jeddah« auch ein Informationspool für geheime Veranstaltungen. An Partys in Saudi-Arabien ist ja alles geheim, nicht nur, dass sie stattfinden. Wer dort war oder auch nur hingehen will, muss geheim bleiben. Die Leute, die Licht- und Soundanlagen installieren, die Techniker, Kellner, Securitys, alle müssen dichthalten. Derjenige, der die Eintrittskarten druckt, muss dichthalten. Die Gäste dürfen die Karten nicht irgendwo herumliegen lassen.

In der Facebook-Gruppe postete ich alle Veranstaltungen, die zu den Leuten passten, oder lud bestimmte Leute gezielt ein. Natürlich sind auch hier noch Vorsicht und Geheimniskrämerei angesagt. Manchmal schreibt man auch nur in eine Message oder SMS Dinge wie: »Willst du am Samstag was Tolles erleben? Dann melde dich hier«, und dann steht da die Nummer eines Prepaidhandys oder eine Mailadresse. Wer sich dort meldete, bekam weitere Details mitgeteilt. Um ein Ticket im Vorverkauf zu erwerben, musste man sich dann wie Mohammed und ich persönlich treffen. Nicht immer stand der Ort oder die genaue Zeit auf den Tickets – oft fand sich auch hier eine Telefonnummer oder ähnliches, wo man sich erkundigen konnte.

Wenn ich Veranstaltungen gezielt bei Leuten bewarb, musste ich auch darauf achten, anderen Veranstaltern nicht das Wasser abzugraben, denn die Szene ist dann doch so klein, dass potenzielle Gäste rar werden können. Ich war Multiplikator, aber auch Filter, und die Seite entwickelte sich rasch auch zur Fähigkeitenbörse. Über die Seite kam ich mit saudischen DJs in Kontakt, mit Licht- und Tontechnikern, mit den verschiedensten Leuten aus der Partyszene. Bis es irgendwann auch nahe lag, dass wir gemeinsam das erste eigene Event planten. Die Rollen im Team fanden sich ganz natürlich – ich war selbstverständlich für die Gästelisten zuständig. Mir ging es dabei nicht ums Geldverdienen, sondern um den Spaß. Ich machte das ja alles in meiner Freizeit. Manchmal setzte ich bei Events auch richtig viel eigenes Geld in den Sand.

Zwischen 2011 und 2013 gab es in Dschidda fast jedes Wochenende eine illegale Party. Alle fieberten aufs Wochenende hin, denn dann würde man sich wiedersehen und sich freuen, dass man wieder einmal feiern konnte, obwohl der Staat einem das verbieten wollte. Die Szene war ein multikulturelles Netzwerk aus Gleichgesinnten, und es entstanden selbstverständlich auch dort Freundschaften.

Dass wir nie Ärger mit der Mutawa bekommen haben und ich nie eine Razzia erlebt habe, war eine Kombination aus Glück und Geschick. Unser Kreis war wirklich handverlesen, die Leute waren ausgesprochen zuverlässig. Niemand wollte irgendjemanden gefährden, niemand sich selbst und anderen den Spaß verderben, daher hielten alle immer dicht. Je öfter man so etwas machte, desto sicherer fühlte man sich auch. Die Gefahr aufzufliegen, war immer da, aber sie war eher eine Herausforderung für uns und ein besonderer Kick als etwas, das uns Angst machte. Es fühlte sich nicht wie Leichtsinn an, und ich denke, dass es das auch nicht war. Leichtsinnig war sicher, nach jeder Party im Auto nach Hause zu fahren, egal, was man getrunken hatte, es schien uns aber nicht anders möglich. Taxi oder Bus fallen aus, wenn man etwas getrunken hat, und angeheiterte, gemischte Gruppen in einem Auto ebenfalls. Am besten, man fährt dezent allein nach Hause, und ich gebe zu bedenken, dass rote Ampeln und Verkehrsschilder in Saudi-Arabien ohnehin eher Vorschläge sind als Verpflichtungen.

Die Autos waren bei Untergrundveranstaltungen immer ein Problem und mussten einigermaßen dezent geparkt werden, sodass nicht eine Straße komplett zugeparkt wurde und die Anwohner sich fragten, ob es vielleicht eine Party gäbe. Lieferanten und Techniker mussten mit Lieferautos immer zeitversetzt kommen, um nicht aufzufallen, und im Hof oder anderweitig außer Sichtweite ausladen. Autos von Gästen, die nicht auf das Privatgrundstück des Veranstalters oder in den Compound passten, mussten diskret geparkt werden, um keine Polizeistreifen auf den Ort aufmerksam zu machen. Bei Partys in Beachklubs war das vergleichsweise leicht, denn dort gibt es genug Parkmöglichkeiten. Besonders praktisch und sicher waren Partys in verlassenen Beachresorts, denn dort fährt man hin, geschmeidig durchs Tor, wo die Karte kontrolliert wird, und rollt dann durch die dunklen Gassen der leer stehenden Villen zum eigentlichen Event. Solche Strandpartys sind besonders ausgelassen – man ist draußen, tanzt unterm Sternenhimmel, die Lichtanlage wirft bunte Strahlen in die Nacht. Wenn der Klub entlegen genug ist, kann die Musik so laut sein, wie sie will. Die Schattenseite solcher Partys, vor allem in entlegenen Locations, ist, dass es keine Hilfe gibt, falls etwas eskaliert. Man kann ja nicht die Polizei rufen, wenn Leute sich danebenbenehmen, wenn sie randalieren oder Frauen belästigen. Das muss die Security regeln, und zwar allein. Sara und ich gerieten da einmal in eine sehr unangenehme Situation. Wir waren auf dem Heimweg und fuhren gerade durch ein verlassenes Beachresort auf die Hauptstraße zu, die zurück in die Stadt führte. Vor und hinter uns fuhren Autos mit Saudis. Wir merkten irgendwie, dass da etwas im Gange ist, so wie die fuhren und finster dreinschauten. An der Ausfahrt sahen wir dann, dass andere Saudis aneinandergeraten waren, laut stritten und eine junge Frau an den Haaren gepackt hielten. Die Security tat nichts. Unsere erste Reaktion war, dass wir helfen wollten, wir entschieden uns aber dann, uns nicht einzumischen und möglichst unauffällig davonzufahren. Es war offensichtlich ein Streit zwischen zwei Lagern, und es ging wohl um die Frau.

Wir fühlten uns machtlos, wussten aber nicht, was wir hätten tun können. In Europa ruft man die Polizei, wenn man so etwas beobachtet, aber in Saudi-Arabien bei einer illegalen Party – da ist am Ende jeder für sich selbst verantwortlich. Das ist die Schattenseite der illegalen Partys. Wenn etwas passiert, stehlen sich alle davon, um sich zu retten, und keiner will dabei gewesen sein. Dabei sein, wenn alles gut läuft, will man aber schon.

Das wichtigste Ereignis im saudischen Partykalender ist Halloween. Offiziell existiert selbstverständlich kein Halloween, da es kein islamischer Feiertag ist. Daher gibt es keine schaurigen Deko-Artikel zu kaufen, keinen Kürbiskram im Supermarkt und erst recht keine Kostüme. Wer feiern will, muss also noch kreativer sein als sonst, denn zusätzlich zu den üblichen Party-Ingredienzien braucht man noch besondere Deko und eine kreative, selbst gestaltete Verkleidung. Bei Expats in Dschidda ist dies die wildeste Nacht des Jahres: Irgendwer organisiert eine Haus-Party mit Getränken und Musik, die Gäste treffen unauffällig ein und verkleiden sich erst, wenn sie die Party schon erreicht haben. Halloween ist unter Expats in Saudi-Arabien kein Kinderfest wie in Deutschland, es ist eher wie die Halloween-Feten, die in deutschen Irish Pubs veranstaltet werden. Amerikaner, Iren und Briten haben diesen Party-Anlass mit in den Mittleren Osten gebracht. In den Feiermetropolen Dubai und Bahrain sind die Klubs an dem Abend krachvoll, in Dschidda muss man mal wieder wissen, wo etwas los ist.

Wir von der Party-Fraktion nahmen uns 2012 vor, die wildeste Halloween-Party steigen zu lassen, die es in Dschidda je gegeben hatte und von der die Stadt noch jahrelang sprechen würde. Wir wollten die nächste Liga erreichen, und die Messlatte lag ziemlich hoch. 2010 hatte es in einem Prinzenpalast von Dschidda eine Party gegeben, über die die US-Botschaft eine Depesche verfasste, die weltweit Schlagzeilen machte. 150 Gäste seien da gewesen, Männer hätten mit Frauen getanzt, es gab Cocktails mit Schwarzgebranntem und Wodkaflaschen zum Stückpreis von bis zu 400 Dollar, und Prostituierte seien da gewesen und es habe womöglich auch Drogen gegeben. Der US-amerikanische Nachrichtensender CNN zitierte den US-Generalkonsul mit den Worten, dass Partys dieser Art und dieser Größe vermutlich ein sehr neues Phänomen in Dschidda seinen, auch wenn es an sich nicht ungewöhnlich sei, dass Privatanwesen weitläufige Kellerbars, Diskotheken, Klubs und andere Unterhaltungseinrichtungen besäßen.

## Halloween 2012 – die Party, von der die ganze Stadt sprach

Von wegen 150 Leute in einem Keller – wir wollten mit 300 Leuten in einem Gemeindezentrum feiern. Mit noch besseren Getränken, besserer Deko, besserer Licht- und Soundanlage. Genügend Leute kannten wir ja inzwischen, und wir hatten schon so viel Erfahrung mit geheimen Events, dass wir ein eingespieltes Organisationsteam mit klar verteilten Aufgaben waren. Jeder wusste schon, was er zu tun hatte, aber wenn jetzt jeder noch mal mehr gab als bei anderen Partys, dann würde das Ding durch die Decke gehen. Einer aus unserer Gruppe lebte in einem Compound mit einem besonders schicken Veranstaltungshaus, das wir gern nutzen wollten. Der Manager dieses Compounds wusste natürlich sofort, was wir vorhatten, und stellte Bedingungen: Es dürften nur maximal 200 Gäste kommen, Saudis sollten keinen Zutritt zu der Veranstaltung haben, es dürfte keine Werbung für die Party geben, wir sollten eine Veranstaltungsgenehmigung vom Innenministerium beschaffen, einen eigenen Trupp von mehreren Securitys stellen und umgerechnet 5000 Euro Raummiete bezahlen. Wir sagten: »Alles kein Problem. Machen wir so.«

Wir machten es selbstverständlich nicht, wie der Manager wollte, sondern so, wie wir es uns ausgedacht und oft erprobt hatten. Wie immer ließen wir Einladungskarten entwerfen. Designstudenten machten sich Gedanken über die Deko. Wir besorgten Unmengen an Alkohol und eine Licht- und Soundanlage, mit der man auch eine Großraumdisco hätte bespielen können. Da wir das alles nicht mit einem Lastwagen in den Compound liefern konnten, wandten wir das Ameisenstraßenprinzip an. Immer wieder fuhr jemand von uns mit einem kleinen Transporter oder einem Pick-up in den Compound und verräumte dort schon das eine oder andere, was wir für die Party brauchten. Einer, der jemanden kannte, der jemanden kannte, besorgte eine Genehmigung für einen Empfang, die wir dem Manager vorlegten. Auf unserer Gästeliste standen schnell an die 300 Leute, selbstverständlich auch Saudis. Unsere Strategie war: Wir führten einfach zwei Listen, eine für den Manager und die Sicherheitsleute vom Compound und unsere eigene für unsere Sicherheitsleute und Mitarbeiter. Die »offizielle« Liste war deutlich kürzer und enthielt keine Saudis. Die ganze Sache musste ja nur so lange gut gehen, wie die Party dauerte. Tagelang arbeiteten die jungen Designer an der Ausstattung. Der Raum sollte mit Hilfe von LED-Leisten blutrot erstrahlen, ein Videokünstler würde Filmprojektionen live zur Musik gestalten. Edel und stylish, das war unser Konzept, schließlich machten wir keinen Kinderfasching. Von den Gläsern an der Bar bis zum Mitternachts-Catering planten wir alles bis ins letzte glamouröse Detail.

Unsere Gäste kannten das Spiel ja schon: Wir schrieben 21 bis 3 Uhr auf die Einlasskarten und kündigten einen Einlassstopp für 23 Uhr an. Das bedeutete, dass alle Gäste zwischen 21 und 23 Uhr ankommen mussten. Entsprechend lang war dann die Autoschlange an der Einfahrt und Wache zum Compound, und wie in solchen Fällen üblich winkte der Wachmann die Autos einfach durch, um keine Aufmerksamkeit zu erregen. Zeit, die Liste zu prüfen, hatte er keine, und er war froh, als die Schlange sich auflöste und er seine Ruhe hatte. Nur mit Einlasskarte und dem eigenen Namen auf der inoffiziellen Liste unserer Securitymitarbeiter öffnete sich die Tür für die Partygäste. Um die Kosten zu decken, verlangten wir 50 Euro Eintritt pro Paar. Wie immer kannten wir vom Organisationsteam jeden einzelnen der Gäste und wussten, dass sich diese Leute benehmen würden und genau dasselbe wollten wie wir – einfach einen schönen Abend haben.

Schon vor Einlassstopp war der Raum proppenvoll. Es gab die feinsten Cocktails der Stadt, gemixt von einem Barchef und zwei Mitarbeitern. Professionelle Fotografen porträtierten die Gäste und ihre Verkleidungen. Durch die Menge gingen sexy Hostessen und verteilten Zigarillos und Zigaretten, eine Marketingmaßnahme eines großen US-amerikanischen Tabakkonzerns, der sich ein solches Event nicht entgehen lassen wollte. Saudis tanzten mit Europäern, saudische Frauen ohne Kopftuch, sondern verkleidet als Vamp strichen um die Bar, Doktor House prostete mit Morticia Addams.

Gerade, als der Raum am vollsten war, alle tanzten und feierten, tauchte der Manager auf. Über die Musik hörte ich ihn erst nicht, aber sein Gesichtsausdruck sagte eigentlich schon alles. Wir hatten seinen schlimmsten Alptraum wahr gemacht. Draußen vor der Tür tobte er:

»Ihr habt mich verarscht!« Ich beschwichtigte ihn. Führte ihn durch die Party und zeigte ihm: Alle Leute haben Spaß. Alle benehmen sich anständig. Wir nehmen den Laden nicht auseinander, sondern wir haben mit unserem Equipment das Beste aus dem Saal gemacht, das er sein konnte. Um drei Uhr würden alle Gäste gehen, wir würden am nächsten Tag zum Aufräumen kommen, und uns allen bliebe die Erinnerung an diese Nacht.

Der Manager ließ sich tatsächlich auf ein Getränk einladen. Ihm war nicht recht wohl bei der Sache, das sah ich, aber er beschloss, fair zu sein und weder die Polizei noch die Sittenwächter zu alarmieren. Als die letzten Gäste gegen halb vier Uhr den Compound verließen, blickte der Wachmann auf sein Handy und öffnete die Schranke, als wäre nichts gewesen. Es dämmerte noch nicht, da wussten wir schon, dass dies tatsächlich die beste Halloween-Party war, die in Dschidda je gefeiert wurde.

## Das nächste Level: Silvester im Palast

Das sprach sich in der Szene und der Stadt herum. Wir hatten das nächste Level des Eventmanagements erreicht und unser Ruf hallte nun bis in höchste Kreise, in die Herrscherfamilie. Ibrahim, der Sohn eines Ministers, nahm über Partygänger Verbindung mit uns auf. Ob wir denn Lust hätten, in einem der Paläste seines Vaters eine Art kleine Weihnachtsfeier zu veranstalten, nur für seinen engsten Freundeskreis. Ibrahim, so erfuhren wir, lebte ausschließlich im Ausland, feierte im Sommer in St. Tropez oder Miami, jettete zwischen Genf und London hin und her. Die Familie besaß einen für saudische Verhältnisse mittelgroßen Palast im Zentrum von Dschidda, trug man uns zu, mit der üblichen Ausstattung im Keller: ein kleiner Klub, eine Lounge mit Billardtisch, Discokugel und Bar. Außerdem wurde der Swimmingpool im Nebengebäude gerade umgebaut, daher sollte auch dort gefeiert werden. Der Hausherr, der Herr Minister, sei nicht da, hieß es, daher habe man im Palast quasi »sturmfreie Bude« für die engsten Freunde und ein paar andere gute Leute.

Wir Partymacher besichtigten die Location und waren begeistert. Die Familie hatte tiefgestapelt; das Nebengebäude war eine Art Spa-Landschaft, überdacht mit einer Glaskuppel, mit Sauna und

Dampfbad, Böden und Wände frisch saniert und mit edelsten Materialien ausgestattet. Selbstverständlich würden wir dort feiern, jedoch keine Weihnachtsfeier, sondern eine Silvesterparty würde es werden. Das schaffen wir, und das machen wir auch, war unser Entschluss. Und so sicher wie bei der Herrscherfamilie zu Hause konnte man in Dschidda nirgends feiern. Die Aufgaben wurden in bewährter Weise verteilt: Ich war für die Organisation der Barkeeper, das Catering und das dazugehörige Personal zuständig, außerdem für die Logistik und den Aufbau von Bar und VIP-Lounge. Man muss ja alles bestellen: Einmalgläser, Besteck, Geschirr, Kerzen, Cocktailshaker, Eiswürfel ... Meine Freunde kümmerten sich um die Licht- und Tonanlage und darum, dass Promogirls von Zigarettenfirmen anwesend waren. Die Tabak- und Alkoholfirmen schlafen ja nicht, während der Staat das Feiern noch verbietet, sondern sie kämpfen bereits um Marktanteile. Für hochwertige Veranstaltungen kann man Promo-Hostessen bekommen, die gratis Zigaretten verteilen, oder sogar Sponsoring von namhaften internationalen Alkoholika-Konzernen, die in Saudi-Arabien unter anderem ihre Wodkamarken promoten.

Da wir diesmal ein recht üppiges Budget hatten, entschlossen wir uns, im leeren Pool eine Feuershow zu installieren und ein Mitternachtsfeuerwerk zu veranstalten. Auch sonst war Ibrahim nicht geizig: Es würde ausschließlich alkoholische Getränke von Markenfirmen geben, die er besorgen und zur Verfügung stellen würde. Wir mussten nur noch die nichtalkoholischen Mixer, Säfte und Softdrinks liefern, das erleichterte unsere Arbeit. Alle Getränke würde es kostenlos geben, und das bei einer Party ohne Eintrittsgebühr. Das kostet in Saudi-Arabien ein Vermögen, aber wenn der Gastgeber so vermögend ist wie Ibrahims Familie, ist auch »ein Vermögen kosten« eine relative Größe.

Da diese Silvesterparty nur für Ibrahims engste Freunde geplant war, konnten wir nicht ungehemmt alle Leute einladen, die wir als gute Gäste kannten. Ibrahim wollte schon, dass wir auch gute Gäste mitbrachten, die für Stimmung und Internationalität sorgten, aber eben nicht zu viele. Denn jeder von uns Organisatoren wollte seine engsten Freunde dabeihaben, da mussten wir viele aus dem erweiterten Freundes- und Bekanntenkreis vertrösten. Ich selbst lud nur die Leute ein, mit denen ich dieses Silvester auch privat gefeiert hätte – bei einer nicht so spektakulären Party.

Kurz vor Silvester kam die Botschaft von Ibrahim: »Mein Vater ist jetzt doch in der Zeit anwesend. Das macht aber nichts, er würde in einem für ihn und seine Freunde reservierten Bereich gern mitfeiern.« Der Palast, in dem wir schon Tage vorher mit den Vorbereitungen begannen, war der größte, den ich je betreten hatte. Ich ließ mir nichts anmerken, aber auch nach so vielen Jahren in Saudi-Arabien war ich beeindruckt von dem Luxus, den Marmorböden, den vergoldeten Armaturen, dem weitläufigen Garten. Im Poolbereich richteten wir eine Tanzfläche ein und den VIP-Bereich für den Minister und dessen engste Freunde sowie Ibrahim und die Leute, die ihm am wichtigsten waren. Das Hauspersonal der Familie lieferte Dutzende von Sofas und Sesseln, alle aus derselben Möbelhauslinie, teilweise identisch … Ob Ibrahims Familie ein zentrales Party-Ausstattungslager hatte oder die hochwertigen Polstermöbel eigens für dieses Silvester angeschafft worden waren, konnte ich nicht herausfinden.

Den Sitzplatz des Hausherrn stellten wir auf ein Podest, sodass er dort sitzen konnte wie ein König. Daneben musste genug Platz bleiben für die Leibgarde des Ministers. Den Bereich sperrten wir großzügig mit Kordeln ab. Das ist eher ein Symbol für den Hausherrn als eine notwendige Barriere. Denn Saudis halten automatisch Abstand von hohen Adeligen und deren Entourage.

Am Abend selbst waren wir ein wenig nervös, ob wir die Erwartungen des Hausherrn und dessen Sohn erfüllen würden. Die Party sollte arabischer werden als alle, die wir bisher organisiert hatten, und so ganz im Detail waren wir mit diesen Kreisen ja noch nicht vertraut. Bei der Familie wegen einer nicht den Vorstellungen und dem Niveau entsprechenden Party in Ungnade zu fallen war jedenfalls keine Option für uns, daher beschlossen wir einfach, dass es eine einzigartige Nacht werden würde – für uns, aber auch für die Gastgeber.

Schon bei der Ankunft der Gäste gab es Dramen. Ibrahims Freunde standen nicht alle auf der Gästeliste, sondern kamen mit der Begründung »einfach so!« am Tor an und verlangten Einlass. Die Securitys waren überfordert, da sie Gäste von Nichtgästen trennen mussten. Ich erhielt einen Anruf von einer saudischen Bekannten, die klagte, dass sie und ihre Freundinnen am Tor standen und nicht hereingelassen wurden, obwohl sie sicher auf der Liste standen. Mit den Listen war also auch nicht alles in Ordnung. Auf der Straße bildete sich schon ein Menschenauflauf, was gar nicht gut war, wenn man nicht auffallen wollte. Ich musste meine Kopie der Gästeliste aus dem Auto holen und die Security sehr energisch auffordern, die richtigen Leute reinzulassen, sonst wäre die Party vorbei gewesen, bevor überhaupt Gäste da waren. Meine eigenen Freunde manövrierte ich selbst schnell in den sicheren Bereich des Palastes.

Die Party konnte beginnen. Meine Freunde waren als Erste da, dann trudelten nach und nach Ibrahim und seine Leute ein. Niemand beschwerte sich wegen des Chaos an der Tür; Ibrahims Freunde schienen das schon gewohnt zu sein.

Die Herren trugen maßgeschneiderte Anzüge aus feinsten Stoffen, die Jugend die neueste Mode aus Mailand oder New York, durchgestylt bis in die kleinsten Details – Männer wie Frauen. Niemand kam in Sandalen oder mit Kopftuch.

Der Hausherr, etwa Mitte 50, thronte auf seinem roten Sofa und ließ es sich mit seinen Kumpels gut gehen. Neben ihm stand ein uniformierter Soldat der königlichen Leibgarde, die Pistole im Holster, und tat so, als wäre das ein ganz gewöhnlicher Job bei einem ganz gewöhnlichen Termin. Saudische Politiker werden stets von einem solchen persönlichen Leibwächter begleitet. Viele dieser Bodyguards werden auf Lebenszeit verpflichtet und eingeschworen, einem bestimmten Prinzen, Minister oder Scheich nicht von der Seite zu weichen, egal, was passiert. Was diese Bodyguards alles sehen und erleben, wäre einmal ein eigenes Buch wert – falls sich jemals ein Soldat traut, diese Geschichten aus dem Backstagebereich der Macht zu erzählen.

Die Freunde des Ministers waren ohne Leibwächter gekommen, die Fahrer mussten wie üblich draußen am Auto warten und bekamen von dem Event nichts mit. Die Tische im VIP-Bereich standen voller Schnapsflaschen, und die Herren amüsierten sich gut. Hin und wieder winkten sie ein junges Mädel heran, um mit ihr zu tanzen.

Die Party wurde etwas arabischer, als wir uns erhofft hatten. Unsere Clique hielt etwas Abstand zu den saudischen Gästen. Diese feierten noch ausgelassener, als wir es erwartet hatten, und einige waren betrunkener, als wir jemals waren oder sein würden.

Mit dieser Party krönten wir das großartige Jahr 2012: Pyro-Show, ausgelassene Stimmung, richtig gute Musik vor einer atemberaubenden Kulisse, in einem Palast im Herzen von Dschidda. Ein älterer saudischer Gast spendierte sogar eine Flasche Dom Perignon, freute sich mit uns und wünschte alles Gute für das neue Jahr.

Wir feierten weiter bis 4 Uhr morgens, als hätten wir geahnt, dass dies unser letztes gemeinsames, unbeschwertes Fest sein würde. Das Jahr, in da wir hineinfeierten, wurde für uns zum Jahr der großen Veränderungen.

# Immer aus dem Bauch heraus

## Business in Saudi-Arabien

Wer aus Deutschland in der nächsten Zeit nach Saudi-Arabien reist und kein Pilger ist, wird dies mit größter Wahrscheinlichkeit aus geschäftlichen Gründen tun. Die wirtschaftlichen Beziehungen zwischen Deutschland und Saudi-Arabien sind sehr eng und werden von beiden Ländern sehr gefördert, das geht von deutschen Rüstungsexporten über mittelständische Betriebe, Ingenieurbüros und Architekten, die Aufträge von saudischen Partnern haben, bis zum Spezialmonteur für technische Anlagen, der für ein paar Wochen im Land ist. Da gibt es Ärzte und Veterinäre, die in Saudi-Arabien arbeiten, Gastronomen und Hotelfachleute wie mich, Flugbegleiterinnen der Airlines, die dort gelegentlich übernachten, und Mitarbeiter internationaler Projekte. Dazu zählt etwa das Eisenbahnprojekt zwischen Mekka und Medina, das die Deutsche Bahn überwacht, und in der Vergangenheit das Management des internationalen Flughafens von Dschidda durch die Fraport AG. All diese deutschen Businessmenschen erleben in Saudi-Arabien dasselbe: nämlich die sehr eigene und subtile saudische Businesskultur.

Diese vereint alles, was in meinen Augen für Kultur und Mentalität des Landes typisch ist, zu einer spannenden, oft aber auch anstrengenden Mischung. Die kann wie Sprengstoff sein – geht man damit nicht vorsichtig um, fliegt einem alles um die Ohren.

Wasta und Gesichtwahren, Langsamkeit und »Morgenland«-Ausreden, Unzuverlässigkeit und Schlamperei treffen auf eine ungebremste Lust an Bürokratie und Formularen, das Bewusstsein des Reichtums und den Wunsch, international als gleichwertiger und verlässlicher Geschäftspartner wahrgenommen zu werden. Für ein erfolgreiches Business in Saudi-Arabien benötigt man daher viel kulturelle Empathie, Geduld und einen langen Atem.

Es geht schon damit los, dass die Zeiten, die man für Meetings und Besprechungen mit Saudis einplant, gewissermaßen frei pulsierend sind. So funktioniert das ganze Land, daher auch die vielen Ausreden. Von Europäern wird allerdings im Gegenzug erwartet, dass sie pünktlich sind, was dazu führt, dass Europäer oft und lange auf Saudis warten. Umgekehrt, wenn also Europäer so spät kommen, dass sogar Saudis warten müssen, ist das geradezu ein Ding der Unmöglichkeit und wird als respektlos aufgefasst. Das wird aber nicht direkt gezeigt, denn auch der Respektlose soll sein Gesicht wahren können. Der Deal kommt dann eben einfach nicht zustande oder das nächste Treffen wird auf den Sankt-Nimmerleins-Tag verschoben. Diesen Tag gibt es im saudischen Business leider öfter mal.

In Saudi-Arabien versorgt jeder jeden mit Ausreden und der andere akzeptiert diese, weil er selbst ja auch jede Menge Ausreden hat, warum dies oder jenes nicht getan ist. Gearbeitet wird aus europäischer Sicht im Schneckentempo, aus saudischer Sicht gilt eher die Einstellung, dass gut Ding auch ruhig mal etwas Weile haben kann. Abgabetermine sind keine Deadlines, sondern eher Richtwerte, und mit »morgen ist es fertig« verschafft man sich dann noch mal eine Woche Aufschub, den der Geschäftspartner gesichtswahrend gewährt.

Eine Geschichte aus meiner Anfangszeit im Restaurant mag dies verdeutlichen. Ein edles neues Lokal braucht natürlich auch besondere Speisekarten und vor allem hochwertige Speisekarteneinbinder, die zum Corporate Design passen. Unsere Besitzer wollten nicht eine gewöhnliche Speisekarte, sondern eine besonders schöne, in einem individuellen Format, von Hand zugeschnitten und genau für das »Il Villaggio« designt. Diese Einbinder sollte ein guter Freund der Familie gestalten und liefern, den Auftrag bekam er sehr zeitig. Auch für Aufträge gilt, dass Wasta viel hilft. Saudis arbeiten am liebsten mit Leuten, die ihnen empfohlen werden, noch lieber mit Leuten, die sie kennen, und am allerliebsten mit Verwandten, weil das eine gewisse Sicherheit und Zuverlässigkeit garantiert. Nur wenn sie in diesem Personenkreis niemanden finden, suchen sie nach anderen Auftragnehmern.

Wie es eben so ist, wurden die Einbinder nicht zum vertraglich vereinbarten Termin geliefert. In Deutschland hätte ich nun bei der Herstellerfirma angerufen und ordentlich Stress gemacht. In Saudi-Arabien bringt das überhaupt nichts und macht alles nur noch schlimmer. Zum einen war ja der Eigentümer dieser Firma gut mit unserer Besitzerfamilie befreundet. Es ging also nicht, dort anzurufen und mich zu beschweren, sonst hätte der Besitzer direkt mit meinen

Chefs gesprochen und sich wiederum über mich beschwert. An unsere Besitzerfamilie konnte ich mich auch nicht mit dem Problem wenden, dass der Termin nicht eingehalten wurde, denn da hätte ich als Antwort bekommen: »Ach, das stimmt doch gar nicht, ich hab' doch mit ihm gesprochen, der hat das schon längst fertig!« Ich konnte also nur sanft darauf hinweisen, dass es schon ganz gut wäre, wenn die Speisekarten bald fertig würden. »Selbstverständlich«, kam als Antwort, wie immer, wenn man etwas reklamiert. Gesicht wahren: Wer sich beschwert und dabei tobt und schimpft oder gar einen roten Kopf bekommt, gilt als lächerlich und erreicht gar nichts. Wer seinen Termin nicht eingehalten hat, darf nicht zu scharf zurechtgewiesen werden und sich nicht bloßgestellt fühlen, da er dann das Gesicht verliert und gar nicht liefert. In beiden Fällen beschleunigt die Beschwerde die Sache nicht – im Gegenteil. Nur mit Charme, Höflichkeit und Coolness kommt man weiter – wenn überhaupt. Ich gab mein Bestes und bekam Zusagen, dass alles zur Eröffnung fertig würde, und zwar »selbstverständlich und mit dem größten Vergnügen«. Es war zwar nervenzehrend, aber es funktionierte dann tatsächlich auf den letzten Drücker. Das lag aber auch daran, dass die Besitzer des »Il Villaggio« uns monatelang ohne konkreten Eröffnungstermin an Schulungen, Speisekarte, Ausstattung und Service feilen ließen und den Termin dann nur mit Vorlauf von einer Woche setzten und das Team aufforderten, das möglich zu machen. Manches dauert ewig, die guten Dinge und Deals passieren in Saudi-Arabien dann aber spontan, und sie werden wirklich gut, wenn dann alle an einem Strang ziehen.

Langfristige Planung oder Regelmäßigkeit fehlen im saudischen Geschäftsleben, daher muss man sich nicht nur auf kurzfristig angesetzte Aktionen, sondern auch auf Ausfälle einstellen. Wieder ein Beispiel aus dem Restaurant: Die meisten Dinge, die wir regelmäßig brauchten, ließen wir liefern, so etwa die Verbrauchsartikel für die Waschräume: Handseifen, Einmalhandtücher, Toilettenpapier. Dafür hatten wir einen Zulieferer ausgewählt, der uns seriös erschien, der gute Referenzen vorwies und uns ein vernünftiges Angebot vorgelegt hatte. Die erste Lieferung sollte an einem Montag kommen – erhalten haben wir sie an einem Donnerstag zwei Wochen darauf. Mein saudischer Kollege fand das nicht weiter schlimm. Das war keine Ausnahme, sondern noch im normalen Rahmen. Mich hat diese Unzuverlässigkeit auch nach zehn Jahren noch furchtbar genervt, aber ich versuchte, es pragmatisch zu lösen und mich nicht aufzuregen. Was hätte es gebracht, einem Zulieferer zu kündigen oder auch nur einen Auftrag zu stornieren? Mit dem nächsten Lieferanten wäre der ganze Zirkus ja ohnehin wieder von vorne losgegangen.

Wenn ich bei Lieferanten anrief und nachfragte, wann sie denn dachten, dass sie liefern könnten, sagten sie immer: »Bukra – morgen!« Das Wort »bukra« hörte ich sehr, sehr oft von den Lieferanten. Auch, wenn ich kurz vor dem Wochenende anrief, hieß es »bukra«, und wenn ich darauf hinwies: »Aber morgen habt ihr doch zu?«, kam als Antwort: »Ja, schon, aber wir bringen es dir morgen schnell vorbei.«

»Nö, mach ich nicht«, »Das schaffen wir nicht«, »Das geht nicht« oder »Das können wir nicht machen« ist etwas, das im saudischen Geschäftsleben selten ausgesprochen wird. Man versucht einerseits immer, das Unmögliche möglich zu machen (zumindest in der Zukunft), andererseits will man auch nicht eingestehen, dass man von einem Auftrag oder einem Wunsch des Arbeit- oder Geldgebers überfordert ist. Man will auch einmal mehr das Gesicht wahren, das eigene wegen des Unvermögens und das des anderen, der etwas Unmögliches verlangt. Man kennt das aus Asien, wo die Leute nicht klipp und klar »nein« sagen wie die Deutschen, sondern sich, anstatt »nein« zu sagen, irgendwie herauswinden und so etwas wie »schwierig« oder »vielleicht« herausdrucksen. Nein sagen ist eine Konfrontation, die vermeiden Saudis gern. Sie sprechen gerade im Geschäftlichen leise, verbindlich und mit vielen Zwischentönen. Entschieden wird nicht nur nach formalen Kriterien oder dem besten Angebot, sondern auch mit dem Herzen und nach Sympathie und Laune, das ist in Europa etwas aus der Mode gekommen. Familienbetriebe, und das sind in Saudi-Arabien irgendwie alle nichtstaatlichen Betriebe, funktionieren dann oft auch eher auf der Gefühlsebene, wenn man es mit den Besitzern selbst zu tun hat und nicht mit einem aus dem Ausland eingekauften Manager.

Die Besitzerfamilie des »Il Villaggio« etwa steckte eine Menge Geld und Herzblut in ihr Lokal. Es war nicht einfach ein weiteres Objekt im Portfolio, sondern ein Herzensprojekt einer der Töchter des Patriarchen. Die Familie war weit gereist und sehr weltoffen, dennoch führten sie den Betrieb, wie eine reiche arabische Familie eben einen Betrieb führt. Dazu gehört, dass die Wünsche der Familie über allem stehen, dass der Betrieb einen sehr persönlichen Charakter und eine sehr individuelle Struktur bekommt, und dass der wirtschaftliche Gewinn nicht an erster Stelle steht. So war es ja auch in unserem Fall: Monatelang investierte die Familie in eine Immobilie und eine komplette Belegschaft, ohne dass wir ein einziges Essen verkauften. Das liebevolle Engagement zeigte sich auch in vielen Details, etwa in der Sache mit den Tischdecken oder Porzellan, das wir neu kauften und austauschten, manchmal von einem Tag auf den anderen, weil jemand in der Familie seine Meinung geändert hatte.

Da war etwa die Sache mit dem Geschirr. Damals sagte mir einer aus der Familie eines Tages, noch vor der Eröffnung: »Komm, Toni, wir gehen jetzt neues Porzellan kaufen.« Ich war ziemlich verblüfft. Ein Teil des Geschirrs war Geschirr, das wir seit Monaten für Schulungszwecke verwendeten, auch für die Fotos in der Speisekarte und bei verschiedenen Probeessen. Also fuhren die saudische Chefin und ich zu einem Händler für edles Porzellan, wo wir überfreundlich empfangen wurden und der Tea Boy sogleich herbeigeeilt kam. Die Chefin war in dem Laden offensichtlich als Kundin bekannt. So kann es gehen – bei einer privaten Shoppingtour entdeckt man etwas, denkt dann noch an die eigene Firma und entscheidet sich flugs, dass man für die Firma noch etwas braucht. Ich sollte also nun weiteres Porzellan auswählen. Das einzige, das mir einfiel, was wir noch nicht im Überfluss hatten, waren Aschenbecher. Dennoch holte ich die eine oder andere Tasse, ein paar Teller und auch Gläser aus der Auswahl im Showroom hervor. Die Chefin wählte einige Schalen und Platten, und so stand dann eine ganz neue Selektion an Villeroy-&-Boch-Tafelporzellan auf dem Verkaufstisch. Die Chefin entschied, erst einmal eine kleine Menge, etwa für 20 Personen, zu ordern. Sie leistete die Anzahlung mit ihrer privaten Kreditkarte. Ich wusste direkt, dass wir da ein Problem hatten, denn nicht einmal in Saudi-Arabien kann man Privat- und Geschäftskonten einfach mischen. Wirklich nötig waren die Sachen außerdem auch nicht. Ich konnte aber auf keinen Fall gegen die Entscheidung der Chefin argumentieren, daher spielte ich das Spiel mit. Allerdings wusste ich auch in meinem ersten Jahr schon, wie man solche Sachen wieder ausbügelt.

Nachdem die Chefin mich allein gelassen hatte, kehrte ich zum Laden zurück, nahm den Verkäufer zur Seite und fragte, ob er nicht das ganze Porzellan stornieren könnte und nur die Aschenbecher und die Schalen und Platten, die der Chefin gefallen hatten, mit der Anzahlung verrechnen könnte. Er grinste breit und sagte, dass es dann immer noch Guthaben gebe. Wir handelten dann aus, dass wir das Guthaben behalten und etwas nachkaufen konnten, wenn es nötig war. So hatte ich also meine Aschenbecher fürs Lokal, und sehr schöne dazu, aber kein neues Geschirr, das wir gar nicht gebraucht hätten. Die Schalen und Platten ließ ich zur Seite stellen und nur einsetzen, wenn die Chefin mit ihren Freunden zum Essen vorbeikam.

Es ist essenziell wichtig, dass die saudischen Firmeninhaber glücklich sind und alle Beteiligten all ihre Wünsche erfüllen. Saudische Inhaber wollen sich einbezogen fühlen und Wertschätzung für ihre Vorschläge erhalten, aber wo in der Welt ist das nicht so? Dass wir das Service für 20 Personen gar nicht benutzten, sogar nie bekommen hatten, fiel der Chefin gar nicht auf, über die Schalen und Platten freute sie sich jedes Mal.

Unsere Chefin war insofern typisch saudisch, als dass sie sehr emotional handelte. Was man als Angestellter dann daraus machte und wie sich die Sache weiter entwickelte, kümmerte sie dann nicht mehr besonders. Als Eigentümer handelt man immer spontan und in der Situation, als angestellter Expat ist man dazu da, die Entscheidungen umzusetzen, auch wenn das heißt, eine Fehlentscheidung irgendwie wieder auszubügeln. Man muss, ohne dass es jemand merkt, alles wieder so hinbiegen, dass es passt – denn weder man selbst noch die Chefs dürfen ihr Gesicht verlieren.

Es sind diese Emotionalitäten und die Hindernisse des Alltags, die Unternehmen und Unternehmungen bremsen. Man kann Dinge noch so gut planen und organisieren, man ist eben doch immer noch in Saudi-Arabien. Die Firma Fraport, die jahrelang den Flughafen von Dschidda gemanagt hat, kann davon ein sehr langes Lied singen. Deutsches Flughafenmanagement ist zwar nicht in Berlin, aber international sehr angesehen, da es die in Deutschland erprobten Strukturen und Workflows mitbringt. Deren Ruf in der Welt ist legendär, und dafür geben andere Länder viel Geld aus. Diese Strukturen und Workflows dann aber in Saudi-Arabien zu implementieren und umzusetzen, ist extrem schwer, und da kann der saudische Staat noch so viele Millionen in das ausländische Management pumpen, wenn die Mitarbeiter dann sagen: Ach, jetzt trinken wir erstmal Tee, oder? Mit der Methode zerrinnt oft das Geld für ein Projekt, ohne dass man weiß, wo es eigentlich hin ist. Weil Dinge aus emotionalen Gründen noch mal neu gekauft wurden, weil man sich sehr viel Zeit lässt, weil der eine oder andere sich von dem Geld etwas einsteckt oder weil man zwar im Büro sitzt, aber den größten Teil des Tages nicht arbeitet, sondern aufs Handy schaut, die Tuchpracht auf dem Kopf richtet und dann erstmal eine rauchen geht. Ich merke, wie mich das immer noch aufregt. Das war vermutlich der größte Kulturschock, den ich erlebt habe: diese Ineffizienz, die die Saudis für normal halten.

Das Land kann noch so reich sein und noch so viel Geld haben, aber wenn es an der Umsetzung hapert, dann nützt das ganze Geld nichts. Immerhin versucht Saudi-Arabien, Projekte effizient anzugehen und zeigt einen gewissen Aktionismus, was Management angeht. Bei großen Straßenbaustellen etwa gibt es einen Countdown auf elektronischen Schildern, der zeigt, bis wann die Baustelle beendet sein soll. Wenn man regelmäßig vorbeikommt, sieht man, dass der Ticker tatsächlich nach unten zählt. Bei zehn und weniger Tagen, die es noch dauert, darf man misstrauisch werden, wenn die Baustelle noch völlig chaotisch ist und man dort vielleicht auch seit Tagen niemanden hat arbeiten sehen. Irgendwann steht der Zähler dann auf Null, und die Baustelle ist noch da, und irgendwann beginnt der Zähler dann wieder bei einer Zufallszahl von Tagen.

Ein trauriges Beispiel, zu was Schlamperei trotz finanziell guter Ausstattung führen kann, ist der Luxushotelbau an der Großen Moschee in Mekka. Hierfür hat man die besten Ingenieurbüros und Architekten der Welt kommen lassen. Die Herausforderung war ja, so nah wie möglich an die Moschee heranzubauen, ohne aber mit Kränen oder Fahrzeugen die Riten zu stören. Die Bauleitung hatte eine renommierte örtliche Baufirma, die selbst auch international tätig ist – Bin Ladin (genau, die Verwandten von Osama Bin Laden). Auf der Baustelle gearbeitet haben aber dann wieder die an- und ungelernten Kräfte aus Südasien für die Subunternehmer von Subunternehmern. Und die arbeiten, wie sie arbeiten. Beim Aufbau eines besonders hohen Hightechkrans wurde dann geschlampt, der Kran wurde nicht richtig verankert, stürzte in den Hof der Moschee und tötete mehrere Gläubige.

Das Restaurant »Il Villaggio« wurde im Endeffekt ebenfalls Opfer von Missmanagement und Chaoswirtschaft, und zwar von zwei Seiten her. Zum einen beschloss die Stadt Dschidda, die Straße zu sanieren. Das war im Prinzip nicht schlecht, denn Investitionen in die Infrastruktur sind ja etwas Gutes. Das macht Dschidda aber nicht wie in Deutschland, wo es Anwohnerbeteiligung und Bezirksversammlungen zu solchen Projekten gibt und wo die Stadt versucht, den Anliegern entgegenzukommen und Unternehmern ihre Existenzgrundlage nicht zu nehmen. Nein, in Saudi-Arabien wird man kurz vorgewarnt, und dann stehen auch schon die Bagger vor der Tür und reißen die Straße auf, sodass kein Gast mehr dein Grundstück oder Lokal erreichen kann. Kein Bauleiter, kein Mensch kann einem sagen, was das soll und wie lange das dauert. Das »Il Villaggio« musste wegen der Baustelle schließen, da die Gäste es nicht mehr erreichen konnten, selbst, wenn sie gewollt hätten. Es hätte natürlich die Möglichkeit gegeben, sich bei der Behörde für Bauplanung zu beschweren oder zum Bürgermeister zu laufen, um das Anliegen vorzutragen. Das war aber unerwünscht, schon allein wegen der guten privaten Beziehungen der Inhaberfamilie zur Bürgermeistersfamilie. Diese Beziehungen waren wichtiger als ein Straßenbau, der das Geschäft im Restaurant ruinierte.

Das traf uns als Angestellte hart. Ich leitete zu dem Zeitpunkt bereits ein anderes Lokal an der KAUST-Universität, fand diese Art der Infrastrukturpolitik aber schockierend. Die Stadt nimmt in Kauf, Unternehmen und Unternehmerfamilien zu ruinieren, in dem Wissen, dass dann eben der Nächste kommt. Ist es ein Saudi, dem das Unternehmen gehört, hat er wie im Fall unserer Betreiberfamilie ja zumeist noch andere Firmen. Ist es ein Expat, der hart getroffen wird, etwa ein Imbiss oder ein kleiner Bagala, ist es egal – der Expat kann ja wieder nach Hause gehen, wenn er es in Saudi-Arabien nicht schafft.

Die Gastro-Sparte der Firmen meiner Betreiberfamilie hat aber nicht die Baumaßnahme endgültig ruiniert, sondern ein neu eingesetzter Geschäftsführer. Der aus dem subasiatischen Raum stammende Expat war ein enger Freund der Familie und wurde daher auf diesen Posten gesetzt und auch extrem protegiert. Er betrieb jedoch in meinen Augen extreme Misswirtschaft: Diese ergab sich aus seiner vollkommenen Unkenntnis der Gastronomie. Dafür konnte er im Grunde nichts und dies war den Inhabern auch bekannt, sie betrauten ihn aber dennoch mit dem Posten des Geschäftsführers. Er zahlte Löhne nicht pünktlich aus, beherrschte Einkauf und Abrechnung nicht und so weiter. Er vergiftete auch das Klima, denn er benahm sich wie ein kleiner König. Man konnte nichts gegen ihn ausrichten, da er ja der persönliche Protegé der Familie war. Ich versuchte hin und wieder, einen kleinen Hinweis zu geben, dass es mit dem Mann nicht so gut klappte, aber sogar das war schon ein Schritt zu viel. Kritik an Führungskräften und Führungsverhalten ist in Saudi-Arabien noch etwas sehr Neues. Betriebsräte und Beiräte sind verboten, betriebliche Mitgestaltung keine Institution. Quartalsgespräche, Jahresgespräche, Evaluationen, Feedbackrunden – all das findet im Alltagsbusiness nicht regelmäßig statt, sondern wenn überhaupt auf den spontanen Wunsch der Chefs hin. Auch daran liegt es, dass sich das Land nur sehr langsam verändert. Am Wissen liegt es nicht, denn die saudischen Unternehmer und Geschäftsleute studieren ja oft im Ausland und wissen, wie moderne Unternehmen im Westen geführt werden, welche Managementstrategien es gibt und wie moderne Unternehmen Mitarbeiter führen. Es mangelt nicht am Wissen, sondern am Willen, die saudische Langsamkeit und Bedächtigkeit aufzugeben und im Geschäftsleben weniger auf den Bauch, sondern auf die Zahlen zu achten.

# Mit angezogener Handbremse

## Saudi-Arabien im 21. Jahrhundert

Von außen sieht es so aus, als ob Saudi-Arabien geschützt von einer Mauer aus Geld vor sich hinlebt und keine Anstalten macht, sich der Moderne anzupassen. Todesstrafe, Geschlechtertrennung, Zensur und Pfusch scheinen in diesem Referenzrahmen der Modernisierungsverweigerung als Folklore zu gelten. Aber so ist es nicht, finde ich. Saudi-Arabien ist kein rückständiges Land, es ist ein Land, das von Traditionen und politisch-religiöser Strenge geprägt ist und daher umso intensiver seinen Weg in die Zukunft sucht. Denn wenn das System und der Wertekanon nicht zukunftsfähig sind, werden sie in sich zusammenstürzen, und die Kritik aus dem Westen zeigt, dass die Zukunftsfähigkeit eingeschränkt ist.

Auch ist es Saudi-Arabien selbstverständlich aufgefallen, dass es mit dem Öl-Reichtum nicht immer so weitergehen wird, denn sogar die Öl-Vorräte dieses Landes werden eines Tages erschöpft sein. Es gilt nun auch und gerade für das Königshaus, den Reichtum und die bereits vollzogene Entwicklung so umzusetzen, dass es sich selbst, seine Macht und seinen Staat erhält.

Eine Demokratisierung des Landes ist nicht in Sicht, das ist sie in keinem der Länder auf der arabischen Halbinsel. Es gibt auch keine Demokratiebewegung, was natürlich unter anderem daran liegt, dass politisches Engagement verboten ist und streng verfolgt wird. Man denke nur an den Fall des regierungskritischen Bloggers Raif Badawi, der seit 2012 im Gefängnis sitzt und zu zehn Jahren Haft und 1000 Peitschenhieben verurteilt ist.

Dass Frauen nicht mehr unter der Abaya und in den Häusern zu halten sind, haben inzwischen sogar die störrischsten Fundamentalisten eingesehen. Saudische Frauen emanzipieren sich sehr langsam, aber dafür nachhaltig. Sie verbrennen keine BHs, aber sie beginnen, einfach ohne Erlaubnis Auto zu fahren. Sie erlauben sich, einen Freund zu haben oder deutlich später zu heiraten als ihre Mütter. Die Gesellschaft drückt inzwischen sehr viele Augen zu, was die Freiheit von Frauen betrifft.

Eva, eine gute saudische Freundin von mir, ist so ein Paradebeispiel. Sie lebt allein, geht arbeiten, reist, geht aus. Das kann sie tun, weil ihre Eltern es ihr erlauben. Aber je mehr Frauen so leben wie Eva, desto mehr Eltern werden ihren Töchtern mehr Freiheiten lassen, weil sie sehen, dass die Welt nicht untergeht, wenn sie ausgehen und etwas unternehmen.

Eva etwa ging regelmäßig allein mit mir aus. Einmal wollte ich, dass es ein besonderer Abend wird. Ich holte sie an ihrer Wohnung ab, wir fuhren gemeinsam in meinem Auto los.

»Und, wo gehen wir hin?«, fragte Eva.

»Zu Texas Road House, deinen Geburtstag feiern!«, antwortete ich.

»Ich hab doch gar nicht Geburtstag«, erwiderte sie erst, aber dann fiel ihr ein: »Aha, ich weiß schon, was du meinst.«

In diesem Western-Themenlokal gibt es gute Steaks, man sitzt angenehm, das Personal ist nett und es gibt eine ganz besondere Geburtstagsaktion, das wussten wir schon vorher und dafür ist das Texas Road House bekannt. Bisher hatten wir immer anderen beim Feiern zugesehen, an diesem Tag, fand ich, waren wir mal dran.

Los ging's wie immer in meinem Subaru Legend. In Dschidda interessierte es auch auf der Straße niemanden, dass mein Wagen nicht wie eine edle Limousine, ich nicht wie ein Chauffeur aussah und Eva und ich wohl eher nicht verwandt waren und sie daher nicht bei mir im Auto sitzen durfte, vor allem nicht auf dem Beifahrersitz. So ist es ja mit vielem im 21. Jahrhundert: Es ist verboten, aber keiner regt sich mehr auf, wenn man es trotzdem tut.

Wir parkten den Wagen und spazierten zum Lokal. Eva trug ihre moderne Abaya, ohne jegliches Schwarz, sondern in verschiedenen gedeckten Farben, dazu ein buntes Kopftuch. Das Schwarz ist nicht Pflicht, die Modemutigen tragen bunte Umhänge – und erregen damit auch kein Aufsehen. Ein weißer Mann mit einer bunt verschleierten Frau – na und? Wir bekamen ohne Nachfrage einen Tisch, selbstverständlich ohne Raumteiler. Ich verließ kurz unseren Tisch und fing im Gang den Kellner ab, um ihm zuzuraunen, dass meine Freundin heute Geburtstag habe, ob er denn nicht die Geburtstagsüberraschung des Hauses organisieren könne. »Sehr gern«, antwortete der Kellner, ich müsse nur ein Dessert bestellen, dann ginge das klar. Mit dem Dessert kam dann die Überraschung, auch wenn Eva gar nicht Geburtstag hatte: Die als Cowboys verkleideten Kellner brachten »Yee-haw«-singend das mit Kerzen verzierte Dessert und jede Menge Accessoires – unter anderem einen Holzbock mit Sattel und ein Cowboy-Bandana für Eva. Sie stieg in den Sattel, die Kellner sangen ein Western-Geburtstagslied, Eva schwang das bunte Bandana und trieb mit der freien Hand ihr »Pferd« an. Alle im Lokal amüsierten sich, alle applaudierten hinterher, es war ein Moment großer Leichtigkeit und Lebensfreude. Eine Prise Spaß, ein großes Stück Freiheit, eine lebensfrohe, positive Atmosphäre – so könnte es doch immer sein in Saudi-Arabien. Je öfter jemand im Texas Road House Geburtstag oder einen anderen Anlass feiert und andere von solchen Feiern erzählen, desto realer wird dieses Leben.

Die saudischen Frauen gestalten sich ihr Leben gerade selbst, indem sie sich immer mehr Freiräume erobern und erarbeiten. Das ist mühsam, aber nachhaltig, denke ich. In einem Land, in dem Demonstrationen verboten sind, braucht es andere Methoden, um Veränderungen zu bewirken. Die Frauen schaffen das Sandkorn für Sandkorn, Tag für Tag.

Sie knüpfen ihre eigenen Netzwerke und lassen sich von der Kleiderordnung nicht mehr zurückhalten. Die vielen Frauen mit abgeschlossenem Studium drängen auf den Arbeitsmarkt, und das will auch der Staat so, denn wenn der Reichtum versiegt ist und die Hälfte der Bürger nicht arbeitet, wird der Staat ein Problem bekommen. Saudi-Arabien investiert massiv in Hochschulbildung und berufliche Qualifizierung der eigenen Bürger – und das hat Folgen.

## Saudisierung und strengere Regeln für Expats

Das Jahr 2013, das so spektakulär begonnen hatte, sollte zum Schicksalsjahr der Party-Community werden. Uns verging das Feiern nämlich ganz gehörig, und das lag an der Politik. Die Regierung plante und betrieb eine »Saudisierung« der Arbeitswelt. Obwohl Saudi-Arabien ein reiches Land ist, gibt es viele arbeitslose Einheimische und dadurch auch tatsächlich arme Familien. Die saudische Gesellschaft hatte sich über die Jahrzehnte hinweg so daran gewöhnt, dass Ausländer sämtliche Arbeiten übernahmen, dass sie sich selbst aus dem Arbeitsmarkt katapultiert hatten. Wer reich war, der musste ohnehin nur seine Firmen verwalten und sich nicht um seinen Lebensunterhalt sorgen, obwohl gerade die reichen Saudis besonders gut ausgebildet sind. Sie sind es, die private Internate in der Schweiz, Großbritannien oder den USA besuchen und auch an ausländischen Eliteuniversitäten studieren, bevorzugt in den USA, in Großbritannien oder Kanada. Wer nicht aus diesen Kreisen stammt, ist deutlich schlechter ausgebildet. Solange es genug Beamten- und Polizistenstellen gab, mussten sich auch diese Leute keine Sorgen um ihre Zukunft machen. Inzwischen kann aber auch Saudi-Arabien nicht alle Leute einstellen, die gern Beamter werden möchten, daher hat die Regierung eine Kampagne zur Saudisierung des Arbeitsmarktes ins Leben gerufen. Der Entwicklungsplan der Regierung für die Jahre 2010 bis 2015 sah vor, dass in jedem Betrieb bis zu 75 Prozent saudische Bürger beschäftigt werden und es nicht mehr als 5,5 Prozent arbeitslose Saudis geben darf. Dabei ist die Hälfte der Bevölkerung übrigens gar nicht einberechnet – die Frauen.

Firmen, die sich nicht an diese Quoten hielten, wurden drastische Maßnahmen angedroht. Sie sollten etwa keine Aufträge aus der öffentlichen Hand mehr bekommen oder keine Visa für ausländische Arbeitskräfte mehr beantragen können.

Die Realität sah deutlich anders aus. Sogar saudische Medien meldeten, dass der Plan nicht annähernd erfüllt wurde. Es ging nicht ohne die Expats, denn ohne sie würden Stellen unbesetzt bleiben. Daher begann die Regierung im Jahr 2013, ausländische Arbeitskräfte aktiv zu verdrängen. Als Erste traf es die Freiberufler, also all jene, die keinen Sponsor, also offiziellen Arbeitgeber, mehr hatten, der für sie bürgte und als ihr Arbeitgeber das Bindeglied zur Verwaltung bildete. Die saudische Regierung begann, systematisch die Arbeitsverhältnisse und Aufenthaltsgenehmigungen der Expats zu überprüfen, und gab bekannt, dass die Aufenthalts- und Arbeitsgenehmigung nur dann verlängert werde, wenn ein aktueller Sponsor und ein gültiger Arbeitsvertrag nachgewiesen würden. Wer keinen Sponsor nachweisen konnte, sollte bis April das Land verlassen, hieß es. Bisher waren die Freiberufler geduldet gewesen, denn die Behörden hatten wie so oft ein Auge zugedrückt, solange die Leute keinen Ärger machten. Man konnte bis dahin seine Iqama behalten, auch wenn man gar nicht mehr für den jeweiligen Sponsor arbeitete, also keinen Arbeitsvertrag mehr hatte, oder bei einer neuen, anderen Firma arbeitete, dort aber nicht registriert war, weil der neue Arbeitgeber nicht Sponsor sein wollte oder konnte. So konnten einige Arbeitgeber die Saudi-Quote im Betrieb erfüllen, aber dennoch ausländische Arbeitskräfte beschäftigen.

Nun aber war dies und das freie Jobben offiziell verboten und Freiberufler im Land unerwünscht. Das betraf in der Partyszene vor allem Leute aus dem Libanon, Syrien, Marokko, Jordanien und anderen arabischen Ländern, die sich eine freiberufliche Existenz aufgebaut hatten und nun nicht wussten, ob und wann sie das Land verlassen mussten. Die jeweiligen Botschaften informierten ihre Bürger über die neuen Regelungen und über die Gnadenfrist, die bis Juli 2013 gelten sollte. In Feierlaune war aber niemand mehr, denn niemand wusste, wie es mit ihm selbst oder den engsten Freuden weitergehen würde. Die Ersten verloren schon im Frühjahr ihre Arbeitsplätze, weil ihre Arbeitgeber als Sponsoren nicht zur Verfügung standen. Andere hofften, bleiben zu können, suchten aber dennoch neue Arbeit in anderen Ländern. Das wilde Treiben, all die Partys waren mit einem Schlag vorbei. Wir trafen uns nur noch in kleinen Gruppen zu Hauspartys, viel öfter aber feierten wir Abschiede, wenn wieder jemand das Land verließ. So richtig Lust auf ausgelassenes Feiern hatte niemand mehr, während unsere Gruppe zerfiel und jeder seiner Wege ging.

Auch ich überlegte, ob dies vielleicht auch für mich der Zeitpunkt sein könnte, Saudi-Arabien zu verlassen, jetzt, wo sich alles änderte und das Klima rauer wurde. Andererseits blieben Mohammed und Sara definitiv in Dschidda, wie auch andere Freunde entweder einen sicheren Arbeitsplatz hatten oder an der KAUST-Universität forschten – die wichtigsten Menschen, die ich in meinem Alltag dort hatte. Wenn sie gegangen wären, hätte ich das Land wohl auch verlassen, aber solange sie da waren, hatte das Bleiben für mich einen Sinn.

Außerdem bekam ich, entgegen des Trends, das Angebot, das Lokal in der KAUST-Universität zu planen und zu eröffnen, und beschloss, doch noch ein wenig zu bleiben, auch wenn mir der neue Geschäftsführer das Leben schwer machte.

## Essensspenden, Billigbenzin und Müll-App: Nachhaltigkeit und Verschwendung in Dschidda

Das Entwicklungsprogramm *Vision 2030* bezieht sich nicht nur auf den Arbeitsmarkt und die Wirtschaft. Auch mit seinen natürlichen Ressourcen will (und muss) Saudi-Arabien anders wirtschaften. In dem Regierungsprogramm steht zum Thema Nachhaltigkeit, dass man seinen islamischen, menschlichen und moralischen Pflichten nachkomme, wenn man sich darum bemühe, die Umwelt und die natürlichen Ressourcen zu schonen. Angekündigte Maßnahmen zum Umweltschutz sind besseres Abfallmanagement, effektives Recycling, Reduzierung der Umweltverschmutzung und aktive Schritte gegen Desertifikation. Außerdem sparsamerer und effektiverer Einsatz von Trinkwasser sowie Wasseraufbereitung. Ferner Küstenschutz und ökologische Bewahrung der vorgelagerten Inseln und Strände, damit deren Freizeitwert erhalten bleibt.

Noch ist Umweltbewusstsein etwas Neues, Nachhaltigkeit ein Modewort. Was Energiesparen, Recycling, Tierschutz und Gewässerschutz betrifft, sind die kleinen Golfstaaten schon viel weiter als der große Nachbar Saudi-Arabien. Verschwendung ist in jeglicher Hinsicht an der Tagesordnung: Wasserverschwendung durch die vielen üppigen Privatgärten, Treibstoffverschwendung durch die vielen alten Autos, Plastikverschwendung durch die Unmengen an Einwegflaschen und Rascheltüten, Essensverschwendung durch übermäßiges Einkaufen und überreichliches Bestellen im Restaurant. Wer andere einlädt, ob zu sich nach Hause oder in ein Lokal, muss ein Vielfaches dessen auffahren, was die Gruppe essen kann. Das ist ein Erbe der kargen Wüstenzeit, als man fast nie genug hatte und ein Fest sich dadurch auszeichnete, dass alle Jubeljahre zu viel auf den Tisch kam oder ein Reicher seinen Reichtum zelebrierte, indem er üppigste Mahlzeiten auffahren ließ.

Mich ärgerte es sehr, dass wir anfangs im »Il Villaggio« viele Lebensmittel wegwarfen, und das in einem Land, das in der Wüste liegt, wohin alles importiert wird und wo jedes einzelne frische Lebensmittel ein Luxusgut ist. Ich wusste, dass der reich gedeckte Tisch ein Statussymbol war, auf das saudische Gäste nicht verzichten würden, ob sie nur zu zweit kamen, als Familie oder mit Freunden. Wenn der Gastgebende oder das Familienoberhaupt nur zögerlich bestellt, ist das schlecht für seinen Ruf, denn dann gilt er als geizig, unhöflich, als schlechter Gastgeber, als einer, der den anderen nichts gönnt, oder als einer, der sich wohl gar nichts leisten kann, wenn er nicht einmal ordentlich auftischen kann. Seit Lebensmittel im Überfluss zur Verfügung stehen, wird auch im Überfluss aufgetischt, und es ist ein Zeichen des Fortschritts, nicht alles aufzuessen. Die älteren Leute können sich aber durchaus an Zeiten erinnern, als das anders war, erzählte unser saudischer Personaler. Auch bei ihnen zu Hause werde bei privaten Feiern so viel aufgefahren, dass sich die Tafel förmlich bog, aber es werde dennoch nichts weggeworfen, darauf achteten vor allem die älteren Familienmitglieder. Die Reste wurden im Lauf der Woche gegessen, und zwar von allen, die beim Fest dabei gewesen waren, denn jeder bekam etwas eingepackt. Was die Familien nicht selbst verzehrten, gaben sie ihren Angestellten oder spendeten es.

Ich selbst hatte ähnliches beobachtet: In den kleineren Lokalen, wo Leute mit kleinerem Einkommen aßen, war es selbstverständlich, sich Reste einpacken zu lassen. Bei uns kam das anfangs eher selten vor, aber ich beschloss, das zu ändern, weil ich nicht wollte, dass so viel Essen weggeworfen wurde. Ich bestellte Styropor- und Papierboxen und wies Kellner und Küche an, die Reste darin einzupacken, mit der Tischnummer zu versehen und den Gästen beim Verlassen des Lokals mitzugeben.

Das sorgte für allerlei überraschte Gesichter und interessante Gespräche. Mancher nahm die Portionen anstandslos mit, die Mehrheit war aber erstmal verblüfft. »Das habe ich so aber nicht bestellt«, sagten die einen, oder »Könnt ihr das nicht einfach wegwerfen? Ich will das nicht selbst wegwerfen müssen.« Wir erklärten dann immer sehr höflich und dezent, dass wir als Restaurant sehr ungern Essen wegwarfen und dies ja auch nicht im Sinne des Islams sei, denn Lebensmittel zu vergeuden sei Verschwendung und damit auch im Islam nicht rechtens. Wir baten also die Gäste explizit, das Essen mitzunehmen. Hatten sie zu Hause nicht vielleicht einen Fahrer, ein Hausmädchen oder einen Pförtner am Compound, der diese Spezialitäten gern verzehren würde? Manchmal gab es deswegen sogar Diskussionen und Kommentare von wegen: Was interessiert ihr Ausländer euch plötzlich für den Islam? Und was interessiert euch mein Essen – ich habe es bezahlt, ich kann damit machen, was ich will! Unser Argument war dann: »Sehen Sie, wir haben es für Sie aufgehoben, damit Sie damit machen können, was Sie wollen – wir wollten es nicht einfach so wegwerfen, falls es Ihnen wichtig ist, es einem Bedürftigen zu geben.«

Die allermeisten waren spätestens dann zufrieden, die meisten aber schon vorher. Denn es ist in Saudi-Arabien nichts Ungewöhnliches, Essensreste zu spenden, die schon einmal auf anderen Tellern gelegen haben. Es ist ein reiches Land, aber es gibt auch echte Armut, es gibt Bettler und Obdachlose oder Geringverdiener, die sich zu zehnt ein Zimmer teilen. Wer kein saudischer Staatsbürger ist, bekommt keine Grundversorgung und muss sehen, wie er sich durchschlägt – das kann ein arbeitslos gewordener Hausmeister und ein geflohenes Hausmädchen ebenso sein wie ein Flüchtling aus dem Jemen, Irak oder Eritrea.

Für diese Menschen stehen in vielen Stadtvierteln Kühlschränke, in denen Essensspenden abgestellt werden, von zu Hause, aus der Arbeit, von Buffets oder eben die Reste von Restaurantbesuchen. Es gibt auch viele Wasserspender für die Armen. Man sieht sie erst, wenn man öfter und länger in ärmeren Vierteln herumspaziert: Es sind meistens Edelstahlkästen an Hausmauern, an denen mit Ketten ein paar Metallbecher oder -tassen angebunden sind und an denen es einen Hahn gibt. Hier kann jeder, der vorbeikommt, Trinkwasser zapfen und trinken. Für das Auffüllen des Wasserbehälters ist der Besitzer zuständig, meist der Eigentümer des Hauses, an dem die Box angebracht ist. Trinkwasser kommt in Saudi-Arabien nicht aus der zentralen Leitung, es wird eingekauft und meist in großen Wassertanks auf dem Dach gelagert. Nicht jeder kann es sich leisten, den Wassertank regelmäßig auffüllen zu lassen oder gar Wasserflaschen im Supermarkt zu kaufen. Die öffentlichen Wasserspender sind daher für die Armen und Obdachlosen so lebenswichtig wie die Essensspenden in den öffentlichen Kühlschränken.

Als einzelnes Restaurant konnten wir natürlich an der Verschwendungsmentalität der Reichen nichts ändern, aber wir versuchten, zumindest Impulse zu setzen. Mir war auch bewusst, wie viele gute Lebensmittel in anderen Restaurants und vor allem in Hotels in der Mülltonne landeten. Aber wenn man einen Impuls gibt, dann ist zumindest ein Gedanke im Raum, dachte ich mir, und aus einem Gedanken kann eine Aktion werden, und wenn mehr und mehr Leute mitmachen, dann ändert sich vielleicht doch etwas – etwa, wenn auch andere Restaurants es so handhaben wie wir. Wenn niemand anfängt, dachte ich mir, ändert sich nie etwas.

Das Thema Müll ist vor allem eines, das die Stadtverwaltung angeht. Es gibt in Dschidda tatsächlich bereits ein Vier-Tonnen-System für Papier, Glas, Plastik und Restmüll. Die öffentlichen Mülleimer sind auch schon, wie in Deutschland etwa auf Bahnhöfen, in vier Fächer geteilt. Das Problem ist aber die Erziehung der Bürger, der Saudis ebenso wie der vielen Expats, die aus Ländern kommen, in denen es kein Recycling gibt, sondern in denen man Müll auf die Straße oder aufs Hausdach wirft. Je nach Wohnviertel liegt der Müll dann eben auch auf der Straße. Und manchmal muss man seinen Müll auf die Straße werfen, denn das Müllauto kommt auch nur dann, wenn es möchte oder gerade vorbeikommt. Da das Adresssystem nicht funktioniert und der Verkehr chaotisch ist, schaffen es die Müllfahrer nicht, geregelte Touren zu fahren, sondern fahren herum und leeren eben Tonnen aus, bis sie Dienstschluss haben. Das führt dazu, dass sich Müll einfach auch mal länger irgendwo stapelt. Eine neue App der Stadtverwaltung sollte Abhilfe schaffen: Man konnte dort melden, wo überquellende Mülltonnen stehen. Auch konnte man der Stadt melden, in welcher Straße verlassene Autowracks standen, welche Spielplätze und Parks durch Vandalismus beschädigt waren, wo sich illegale Graffiti befanden oder welcher Gully wegen einer Verstopfung am Überlaufen war. Das ist eigentlich ein gutes System, das es auch in manchen deutschen Städten gibt, allerdings mit dem Unterschied, dass dann in München wirklich jemand losfährt und eine neue Birne in die Laterne montiert, wenn man den Schaden über die App an die Stadtverwaltung gemeldet hat. In Dschidda passierte oft gar nichts. In meinem Wohnviertel stellten Leute immer wieder mutwillig Unfallautos ab und ließen sie dort einfach zurück. Die Wracks wurden immer zahlreicher, und obwohl ich sie fotografierte und die Bilder über die App an die Verwaltung schickte, passierte nichts. Bei jeder Meldung muss man auch seine Kontaktdaten hinterlegen. Nach etwa sieben Meldungen innerhalb von zwei Monaten bekam ich dann einen Rückruf. Ich erkannte an der Nummer, dass es eine Nebenstelle der Stadtverwaltung sein musste. Ein Arabisch sprechender Mitarbeiter lederte sofort los: Ob ich denn der Typ sei, der ständig die Meldungen über die vielen kaputten Autos im Viertel Sharafeyah schicke? Ich bejahte und fragte, ob die Stadt denn nun endlich etwas unternehmen würde. In sehr schroffem Ton sagte der Mitarbeiter, meine Meldungen seien angekommen, würden bearbeitet und »morgen« käme jemand, um sich darum zu kümmern.

Aber ich sollte bitte schön keine neuen Meldungen schicken, das Problem sei bekannt und ich hätte hiermit ja auch eine Rückmeldung erhalten. Und was geschah im Viertel? Nichts. Bis zum Tag meiner Abreise rotteten die Autowracks vor sich hin und wurden zu Herbergen für streunende Katzen

## Trinkwasser, die vielleicht kostbarste Ressource des Landes

Wasser ist ein teures Gut in Saudi-Arabien – teuer als Benzin. Das stimmt wirklich. Ein Liter Benzin kostet umgerechnet etwa zehn bis fünfzehn Cent. Das erstaunt die Leute immer, wenn ich das erzähle, aber dafür sind dann andere Dinge teuer. Die Tafel Milka-Schokolade kostet umgerechnet 3,50 Euro. Nach dem Volltanken bekommt man manchmal einen Bonus – dann kann man sich aussuchen, ob man eine Wasserflasche haben will oder eine Box mit Kleenextüchern. Beides ist in Saudi-Arabien lebenswichtig. Boxen mit Tüchlein stehen überall, und Wasserflaschen stehen auch überall. Ein Liter stilles Trinkwasser in der Flasche kommt auf 30 bis 60 Cent. *Eurocent*. Das Wasser aus dem Hahn trinkt niemand, denn das kommt aus der Meerwasserentsalzungsanlage und lagert dann in Tanks auf dem Hausdach oder unterirdischen Tanks im Vorgarten oder unterhalb des Parkdecks. Tatsache, man bestellt sein Wasser beim Wasserhändler, dann kommt ein meist ziemlich verbeulter und klappriger weißer Laster mit bunter Blumenbemalung und bringt es vorbei. In den Neubaugebieten gibt es mittlerweile Wasserleitungen direkt in die Häuser. Aber selbst hier läuft das Wasser nur an bestimmten Tagen zu ganz bestimmten Uhrzeiten. Dann zapft man das Wasser aus der zentralen Leitung und füllt damit seinen Wassertank; abgerechnet wird über einen Zähler. Es kommt durchaus vor, dass diese Zeiten nicht eingehalten werden und das Wasser dann eben nicht läuft, weil gerade Arbeiten an der Leitung vorgenommen werden oder neue Anschlüsse angebracht werden. Die Mieter werden nicht vorgewarnt oder über alternative Zeiten informiert, daher müssen sie in solchen Fällen doch wieder den guten alten Wasserlaster kommen lassen.

Dass Wasser nicht einfach so aus dem Hahn läuft, trägt wenigstens ein wenig dazu bei, dass die Leute es nicht so schlimm verschwenden wie Lebensmittel oder Strom. Denn man bedenke, dass die ganze Stadt 24 Stunden am Tag klimatisiert wird, meistens von ziemlich alten Klimageräten, die außen an der Fassade angebracht sind. Wenn man umzieht, nimmt man seinen Klimakasten einfach mit, was aber die Modernisierung bremst. Ein Hausbesitzer kann nicht einfach auf stromsparende Geräte umstellen, wie er in Deutschland auf Wärmedämmung fürs ganze Haus umstellt. Die älteren Klimageräte und auch die zu klimatisierenden Häuser, und davon gibt es ziemlich viele, sind nicht auf Stromsparen ausgelegt, denn neben Öl gab es auch immer genug günstigen Strom, der daraus erzeugt wurde. Inzwischen setzt das Land zunehmend auf Solarstrom, was bei den freien Wüstenflächen und der Sonne prinzipiell eine gute Idee ist, die sich aber wegen des Ölreichtums noch nicht rechnet. Solaranlagen auf Dächern helfen jedoch bereits im Regionalen, sie liefern auch Strom für Parkautomaten. Das Problem ist allerdings, dass der Wind aus der Wüste sehr viel feinen Staub heranweht, der sich dann auf die Paneele setzt und diese unbrauchbar macht. Ein Bekannter von mir, Roger, erfand und entwickelte ein System, diese Paneele zu reinigen: eine Apparatur mit Bürsten auf Walzen, die über die Paneele rollen und diese von Sand und Feinstaub befreien konnte. Roger, ein Deutsch-Australier, war Physikdozent an einer der Universitäten und hatte nebenher dieses Reinigungssystem ausgetüftelt. Eigentlich hatte es nur Vorteile: Seine Apparatur verwendete kein Wasser, und anders als Besen oder andere grobe Reinigungsgeräte beschädigte es die Solarzellen nicht. Weil Solaranlagen empfindlich sind und Wasser teuer ist, werden die Anlagen in Saudi-Arabien selten gereinigt und verdrecken dann so sehr, dass sie keinen Strom mehr liefern. Roger und auch ich dachten, dass diese Reinigungsmaschine ein Selbstläufer werden würde: Saudis haben Geld, so eine Maschine anzuschaffen, gerade in Zeiten, in denen Nachhaltigkeit schick ist. Außerdem kaufen sie gern technischen Schnickschnack und lieben Projekte und Produkte aus dem eigenen Land. Roger traf aber auf unerwartet viele Hürden, vor allem bei der saudischen Bürokratie. Immer wieder erlebte er Rückschläge, wurde hängen und warten gelassen. Seit fünf Jahren kämpft er darum, mit dem Produkt in die Produktion gehen zu können. Er ist aber ähnlich strukturiert wie ich: Einmal entschlossen, etwas durchzuziehen, lässt sich Roger nicht aufhalten, auch wenn es mühselig ist. Inzwischen hat er ein paar Testobjekte für die Prototypen seiner Maschinen, eines davon sogar in Dubai. Dort ist man an Innovationen gewöhnt und kann Dinge schnell und effektiv umsetzen – Saudi-Arabien ist, gerade was Neuerungen betrifft, sehr träge und bedächtig. Man ist dem Neuen gegenüber skeptisch und will, dass das Neue sich erstmal bewährt, bevor man es sich genauer ansieht. Auch dadurch werden der Fortschritt und die Entwicklung des Landes gebremst. Rogers Maschine ist eines von vielen Beispielen, wie ein gutes und innovatives Projekt aufgrund der saudischen Mentalität nur schleppend und langsam vorankommt und aus diesem Grund zum Scheitern verurteilt ist.

Das lustigste Beispiel für die Macht der Mentalität ist das mit den Fahrrädern, die die Stadtverwaltung Dschidda in Kooperation mit dem örtlichen Fahrradklub und einer Bank als Sponsor den Bürgern Anfang 2015 spendiert hat. Nach dem Vorbild europäischer Städte und Dubais wurden an der Corniche Gratis-Fahrräder aufgestellt, um den Leuten eine Freude zu machen, den Freizeitwert zu erhöhen und die Leute zum Radfahren und damit zu mehr Bewegung zu animieren. Auch das ist Teil des Regierungsprogramms *Vision 2030*: 40 Prozent der Bevölkerung sollen bis dahin mindestens einmal pro Woche Sport treiben.

Die Aktion mit den Fahrrädern stand groß in der Zeitung und kam sogar im Fernsehen, die Leute strömten zur Corniche, um die neuen Sportgeräte auszuprobieren. Am nächsten Tag waren acht Fahrräder weg. In der Zeitung erschienen mahnende Artikel über das Stehlen und moralisierten: »Die Räder wurden von Menschen gestohlen, die die Bedeutung oder das Konzept gemeinschaftlichen Eigentums nicht verstehen, und außerdem den Wert, den diese Räder für die Bevölkerung haben, geringschätzen.« Ich glaube, die Leute sind einfach nach Hause geradelt oder haben das Rad, wenn sie keine Lust mehr hatten, irgendwo unterwegs stehen gelassen. Man kann es ja morgen zurückbringen, oder eben gar nicht, ist ja egal – es kann ja auch ein Expat die Räder wieder einsammeln. Das ist eine lustige Geschichte, sie zeigt aber, wie sich Saudis auch gern mal aus der Verantwortung stehlen und einfach weiter ihr Ding machen, weil ihnen schon jemand anderer hinterherräumen wird. Das oft mangelnde Verantwortungsbewusstsein für Dinge und für Menschen außerhalb der eigenen Familie und des Freundeskreises hemmt im Land eine nachhaltige Entwicklung, die ja nur funktionieren kann, wenn es dazu einen Konsens und auch den Beitrag und Willen der Einzelnen gibt.

# Nachwort

## Arabisches Echo

Mit dem neuen Geschäftsführer und seiner Misswirtschaft machte der Job keinen Spaß mehr. Aber das war nicht das einzige Problem. Es ging mir plötzlich wie denen, deren Fälle ich aus der Zeitung kannte: Missliche Umstände, auf die weder ich noch der Geschäftsführer oder die Besitzer Einfluss hatten, brachten die wirtschaftliche Lage der Firma auf die Kippe. Die Stadtverwaltung erneuerte die einzige Straße, über die man das »Il Villaggio« erreichen konnte. Es kamen keine Gäste mehr und unser Umsatz brach nicht nur ein – wir machten einfach gar keinen Umsatz mehr. Die kleine Filiale in der KAUST-Universität konnte diese Verluste nicht wettmachen, daher begannen drastische Sparmaßnahmen.

Das Gehalt kam nicht mehr pünktlich, es gab endlose Diskussionen, Dauerstress und schlechte Stimmung. Ich sah in Saudi-Arabien keine Zukunft mehr für mich, ich konnte aber auch nicht so einfach abhauen. Daher verkaufte und verschenkte ich Stück für Stück meine Habseligkeiten und nahm das, was ich behalten wollte, bei meinen Reisen nach Hause im Koffer mit. Etwa alle sechs Wochen reiste ich in der Zeit nach Nürnberg, immer mit vollen Koffern hin und mit leeren wieder zurück nach Dschidda. Der Arbeitgeber sollte nicht mitbekommen, dass ich meinen Ausstieg vorbereitete. Ich arbeitete noch darauf hin, meine Lohnzahlungen wenigstens zum Teil zu bekommen, was sich schwierig gestaltete. Die Firma ahnte natürlich schon etwas, als ich wieder einen Urlaubs- und Reiseantrag stellte, und wollte diesen schon gar nicht genehmigen. Ich konnte aber einen Hin- und Rückflug vorweisen und versicherte treuherzig, dass ich mich garantiert nicht absetzen wollte, ich hätte ja noch all meine Sachen in Dschidda, außerdem meine Wohnung und mein schönes Auto. Das hatte ich zu dem Zeitpunkt aber schon verkauft. Ich reiste ab und wusste, dass ich nicht zurückkommen würde. Von den Kollegen konnte ich mich nicht richtig verabschieden, keinen Ausstand geben, aber von meinen engen

Freunden nahm ich Abschied – auf Zeit. Ich wusste schon, bevor ich die Stadt verließ, dass ich sie wiedersehen würde.

Zu gehen fiel mir nicht schwer. Die Zeit in Dschidda habe ich sehr genossen und habe dort gern gelebt und gearbeitet. Ich habe ein sehr fremdes Land und seine Bewohner sehr gut kennengelernt. Heimisch wurde ich aber nie in Dschidda. Ich war dort ansässig, aber nicht zu Hause. Meine Heimat war immer und ist wohl immer Nürnberg. Dort lebe ich seit Herbst 2016 wieder. Neue Wohnung, neue Aufgaben, neuer Lebensabschnitt – und doch bin ich noch nicht zu 100 Prozent wieder in Deutschland angekommen. Ich orientiere mich neu und habe seit meiner Rückkehr das, was mich die Leute fragen, in diesem Buch niedergeschrieben.

Was mich bei Urlauben in Deutschland immer zuerst irritiert hat, war das, woran ich mich am schnellsten wieder gewöhnt habe: die Vielfalt der Menschen. Hier läuft man nicht in schwarzer oder weißer, geradezu uniformierter Kleidung herum, hier gibt es so viele Schnitte, Farben, Frisuren und Kleidungsstücke, wie es Leute gibt. Für uns ist das selbstverständlich, ich finde aber, dass wir das schätzen sollten, denn bereits dort beginnt Freiheit. Ich ertappe mich aber immer noch dabei zu denken: »Mensch, der müsste man aber mal eine Abaya verpassen« oder »Der würde mit einer Thoub gleich viel besser aussehen«, wenn ich irgendwo sitze und den Menschen hinterherschaue, wie wir es in Dschidda gemacht haben.

Ich genieße es, wieder hier zu sein, so schön die zehn Jahre in Saudi-Arabien auch waren. Endlich kann ich wieder gemütlich draußen sitzen, im Schatten von Laubbäumen, im Garten oder auf der Terrasse eines Wirtshauses in der Fränkischen Schweiz. Ein kühles Bier ist keine Herausforderung, sondern eine Selbstverständlichkeit. Die im Ausland so oft belächelte deutsche Küche schätze ich jetzt mehr als je zuvor. Ausländer sagen einem gern, dass sie keine Ahnung haben, was deutsche Küche eigentlich sein soll, aber in den vielen Jahren im Ausland mit Reis und Hühnchen habe ich erkannt, wie vielfältig unsere Küche ist. Ich bin stolz, dass sich, anders als bei meiner Abreise, wieder viele Gastronomen daran erinnern und heimisches Essen zelebrieren und damit Bräuche pflegen und Traditionen wahren.

Nachrichten haben jetzt wieder Bedeutung und sind nicht nur Klatsch und Tratsch oder staatliche Verlautbarungen. Beim Fernsehen muss ich mich wieder umgewöhnen, denn im vergangenen Jahrzehnt habe ich Filme und Serien ausschließlich in englischer Originalfassung gesehen und muss mich nun wieder an die Synchronfassungen gewöhnen, die mir albern vorkommen, tatsächlich aber Luxus sind. Hier ist alles in Landessprache, nicht nur das Fernsehen, auch Produkte. Auf Importware wird, außer in ganz exotischen Fällen, nicht einfach eine deutsche Beschreibung draufgeklebt, sondern die Verpackungen sind bereits in Deutsch bedruckt.

Einigermaßen gewöhnt habe ich mich auch wieder an den deutschen Straßenverkehr mit seiner gemessenen Ordnung. Obwohl ich offen zugeben muss, dass man in Saudi-Arabien trotz der Masse an Autos und der scheinbar immer verstopften Straßen schneller vorankommt als in Deutschland. Wenn hier Stau ist, steht man. Wenn in Saudi-Arabien Stau ist, wartet man nicht, sondern wird kreativ und macht aus einer zweispurigen Straße eine sechsspurige, oder man fährt querfeldein, Hauptsache, es tut sich etwas. Alles ist oder erscheint mir etwas geregelter und organisierter. Organisiert zu sein finde ich wichtig.

Reich geworden bin ich in Saudi-Arabien nicht und habe damit für mich den Traum vieler Expats nicht erfüllt. Trotz guten Verdienstes habe ich nicht viel Geld gespart – mir war das einfach nicht wichtig. Hätte ich gespart wie die anderen Expats, hätte ich mein Leben in Dschidda nicht genießen können. Eine Lehre, die ich von Kollegen vor allem aus ärmeren Ländern der Welt gelernt habe, ist: Gib dein Geld aus! Für was denn sparen? Lebe im Hier und Jetzt, egal wo auf der Welt, denn ins Jenseits kann man sein Geld nicht mitnehmen. Die Freude, die ich an meinem Auto, meinen Reisen oder den vielen schönen Abenden hatte und jetzt mit meiner neuen Einbauküche habe, die kann mir niemand mehr nehmen. Geld, das auf der Bank liegt, verrottet nicht – aber der Mensch, der damit nichts anfängt, schon.

Die Freundschaften, die ich in Saudi-Arabien geschlossen habe, sind welche fürs Leben, da bin ich mir sicher. Einige der Freunde leben nun auch in Deutschland, allerdings in anderen Städten. Man trifft sich ab und zu. Mein engster Freund Mohammed aus dem Libanon hat mich bereits in Nürnberg besucht. Auch er hat Dschidda 2016 den Rücken gekehrt und war während einer Geschäftsreise spontan für zwei Tage in Franken. Wir sind zu einem Open-Air-Festival in Nürnberg gegangen, aber das ist ja nichts Besonderes für jemanden, der aus der Partymetropole Beirut kommt. Dass alles so gut organisiert ist, man an der roten Fußgängerampel wirklich stehen bleibt und es Leute gibt, die sich freiwillig eine U-Bahn-Fahrkarte kaufen, obwohl es an der Haltestelle keine Schranken gibt – das hat Mohammed dann doch überrascht. Das hat ihm sehr imponiert. Mir zeigt seine Reaktion, dass wir hier wirklich sehr gut organisiert sind, das Zusammenleben sehr gut klappt und wir im Alltag sehr viele Details beachten.

Ich habe mich immer in Nürnberg heimisch gefühlt, aber auch in Dschidda, und jetzt merke ich, wie die zehn Jahre in Saudi-Arabien mich geprägt haben: Ich bin wesentlich gelassener geworden. Durch jahrelange Improvisationsarbeit und Last-minute-Entscheidungen kann ich mich schneller als früher neuen Situationen anpassen, ohne unnötig in Stress zu geraten.

Für die Zukunft wünsche ich Saudi-Arabien, dass wirklich alle im Land diese drei Dinge erkennen: Wir leben im Jahr 2017 und nicht im Jahr 1437. Es gibt eine Welt außerhalb der Landesgrenzen. Es kann sich im Leben nicht alles nach der Religion richten. Das sind harte Worte, aber nur, wenn die Ultrakonservativen sich diese drei Punkte zu Herzen nehmen, kann sich das Land wirklich entwickeln. Saudi-Arabien ist ein junges Land, daher braucht die junge Generation dort mehr Verantwortung anstatt Bevormundung. Die junge Generation ist auf einem guten Weg, sie soll aber auf diesem Weg weitergehen und nicht aus Frust aufgeben oder ins Ausland abwandern. Saudi-Arabien soll allen Saudis Heimat sein, auch dem, der nach einem Auslandsstudium dorthin zurückkehrt, und zurückkehren soll er, denn nur so entwickelt sich das Land. Nur, wenn die Bürger diesen Prozess begleiten, geht er weiter, und wer von den Saudis traurig ist, dass das Land noch nicht das Freiheits- und Modernitätslevel von Südostasien, Europa oder den USA hat, täte gut daran, die Entwicklung des Landes mitzutragen und zu Hause dafür zu arbeiten.

Für meine eigene Zukunft wünsche ich mir, dass ich nach einer Orientierungsphase wieder ins Ausland gehe. Meines Erachtens ist es jedem Menschen bestimmt, in seinem Leben mit möglichst vielen anderen Kulturen, Völkern und Kontinenten in Kontakt zu kommen. Sich dafür zu öffnen, zu lernen und auch zu lehren. Wenn jeder mit Scheuklappen durchs Leben rennt, gibt es keine Entwicklung. Es kann noch dauern, bis ich wieder aufbreche, aber das hat ja auch Zeit und ich bin nicht in Eile. Wenn nicht heute, dann eben morgen. *Inshallah bukra*.

# Glossar

**Abaya:** Umhang, den die Frauen tragen. Er verschleiert die Körperform und ist immer bodenlang und langärmelig. Meistens ist er schwarz, aber auch andere Farben sind erlaubt.

**Adschnabi:** Arabisches Wort für »Ausländer«.

**Adhan:** Gebetsruf des Muezzins, der fünfmal am Tag erklingt: 1. vor Sonnenaufgang, 2. am Mittag, 3. am Nachmittag, 4. vor Sonnenuntergang, 5. Nachtgebet.

**Agal:** Meist schwarzer Ring oder Doppelring aus Seil, mit dem Männer ihr Tuch auf dem Kopf fixieren. Wurde traditionell als Fußfessel für Kamele verwendet, damit diese nachts nicht aus den Beduinencamps weglaufen.

**Allah:** Das ist grammatisch kein Name, sondern bedeutet wörtlich übersetzt »Der Gott« (Al-Lah). In arabischen Bibelübersetzungen wird auch der christliche Gott als »Allah« übersetzt, denn die islamische Theologie geht davon aus, dass Christen, Juden und Muslime denselben Gott verehren, nur in unterschiedlicher Art und Weise.

**Allah-hu akbar:** »Gott ist größer«: Mit diesem Ausruf beginnt der Ruf des Muezzins zum Gebet. Saudis verwenden »Allah-hu akbar« auch im Alltag als Ausruf des Erstaunens, ähnlich wie wir »Oh mein Gott!« sagen.

**Bagala:** Kleiner Laden im Tante-Emma-Stil im Erdgeschoss großer Wohnhäuser. Hat alles für den täglichen Bedarf.

**Buttalah:** In Saudi-Arabien versteht man unter Buttalah eine lederne Gesichtsmarke, die manchmal mit Gold belegt ist. Sie wird nur noch von älteren Frauen und in manchen Beduinenstämmen getragen.

**Compound:** Eingezäuntes, modernes Wohnviertel mit Sicherheitswache. Durch Einkaufs- und Freizeiteinrichtungen oft wie eine Stadt in der Stadt. Die meisten westlichen Expats leben in solchen Vierteln.

**Corniche:** Promenade am Meer, die es in jeder saudischen Stadt oder Ortschaft gibt, die am Meer liegt. Überall beliebte Flaniermeile und Treffpunkt.

**Eid al-Fitr:** Dreitägiges Fest des Fastenbrechens nach dem Fastenmonat Ramadan.

**Expat:** In Saudi-Arabien lebender Ausländer, der auf Zeit im Land ist, um zu arbeiten, ebenso dessen nicht arbeitende Partnerin und Kinder.

**Hadith:** Sammlung der Aussprüche und überlieferten Handlungen des Propheten Mohammed, die nicht im Koran stehen.

**Hadsch:** Große Pilgerfahrt nach Mekka, die jeder Muslim als religiöse Pflicht einmal in seinem Leben zu absolvieren hat. Die Hadsch mit ihren Ritualen findet jedes Jahr zu einem bestimmten Termin statt. Wer sie absolviert hat, darf sich »Hadschi« nennen.

**Halal:** Das Adjektiv bezeichnet, dass etwas im religiösen Sinne rein, erlaubt, rechtmäßig und zulässig ist. Am häufigsten wird der Begriff im Zusammenhang mit Lebensmitteln verwendet. Aber auch zinslose Finanzgeschäfte oder Kleidungsstile können »halal« sein.

**Haram:** Als Gegenteil von »halal« kann das Adjektiv »haram« sowohl etwas, das im religiösen Sinne verboten und tabuisiert ist, bezeichnen, aber auch heilig und sakrosankt ist. Schweinefleisch und Ehebruch sind »haram« im Sinne von verboten, der Wohnbereich der Frauen ist »haram« in dem Sinne, dass er für fremde Männer verboten ist und die Frauen dadurch einen geschützten Lebensraum haben – daher das Wort »Harem«. Die Große Moschee von Mekka heißt im Arabischen »Masdschid al-Haram«: Sie ist geheiligt und für Nichtmuslime verboten.

**Hedschab:** Meistens wird »Hedschab« als Synonym für Kopftuch verwendet. Es bezeichnet jedoch alle Arten von Verhüllungen – auch Abaya und Gesichtsschleier sind Teil des Hedschab.

**Iqama:** Aufenthalts- und Arbeitsgenehmigung für Saudi-Arabien. Die Iqama-Karte ist für Expats im Alltag wichtiger als ein ausländischer Pass mit Visum, denn sie wird bei allen Kontrollen verlangt, der Pass hingegen nicht.

**Kaaba:** Antikes Tempel-Bauwerk im Zentrum der Großen Moschee von Mekka. Dort sollen Adam und Eva erstmals den Einen Gott angebetet haben. Alle Muslime weltweit richten sich bei ihren Gebeten in Richtung der Kaaba.

**Koran:** Heilige Schrift des Islam. Der arabische Name »Al-Qur'an« bedeutet »Die Lesung«. Im Koran steht die wörtliche Offenbarung Gottes an den Propheten Mohammed. Der Koran ist nicht in Kapitel, sondern in Suren gegliedert.

**Mahram:** Männlicher Vormund einer Frau, ohne den sie offiziell nicht das Haus verlassen und ohne dessen Zustimmung sie nicht reisen darf.

**Mezze:** Kalte und warme arabische Vorspeisen, die aus der Küchentradition des östlichen Mittelmeerraums kommen.

**Moagib:** Behörden-Beauftragter in einer saudischen Firma.

**Mohammed:** Name des Propheten und häufigster Männervorname in Saudi-Arabien. Die zahlreichen unterschiedlichen Schreibweisen wie Mehmed oder Muhammad ergeben sich aus der arabischen Schrift, in der der Name MHMD geschrieben wird.

**Mutawa:** Die Religionspolizei.

**Niqab:** Gesichtsschleier aus meist schwarzem Stoff. In Deutschland wird der Niqab oft (falsch) als Burka bezeichnet.

**Ramadan:** Islamischer Fastenmonat, der neunte Monat des islamischen Kalenders. Da dieser auf dem Mondkalender basiert, wandern die Monate und damit auch der Ramadan durch die Jahreszeiten.

**Salafismus:** Ultrakonservative bis fundamentalistische Gruppierung des sunnitischen Islam, die sich auf Werte und Auslegungen der Sahabe, der »Gefährten«, beruft, womit die frühesten Anhänger des Propheten Mohammed gemeint sind.

**Schamach:** Typisch saudische Kopfbedeckung der Männer, ein weißes Tuch mit rotem Muster, das man in Schwarz bei uns als »Palästinensertuch« kennt. Modische Saudis tragen es auch in anderen Farben, etwa in Grün-Pink oder Beige-Blau.

**Scharia:** Islamisches Gesetz. Seine Quellen liegen in Koran und den Hadithen. Die Scharia selbst ist kein Buch, sondern die Gesamtheit der islamischen religiösen Gesetze.

**Schawarma:** Der wichtigste Snack Saudi-Arabiens, der an unzähligen Ständen verkauft wird. Gegrilltes Fleisch von einem Drehspieß wird mit Salat, Gemüsestückchen, Pommes und Sesamsauce in einem dünnen Fladenbrot zu einem handlichen Päckchen gepackt, von dem man abbeißt wie von einer Wurstsemmel.

**Scheich:** In Saudi-Arabien ist ein Scheich Stammesoberhaupt, ein Geistlicher Führer oder ein älterer Mann, der als Respektsperson angesehen wird. In den Nachbarländern ist Scheich zudem ein Adelstitel. In Saudi-Arabien heißen die Adeligen hingegen Königliche Hoheit, Prinz oder Prinzessin. Der Begriff »Ölscheich« für einen Reichen ist unbekannt.

**Schiiten:** Zweitgrößte islamische Konfession und in Saudi-Arabien religiöse Minderheit. Der Islam spaltete sich schon im 7. Jahrhundert in Sunniten (siehe unten) und Schiiten, als es um die Frage der rechtmäßigen Nachfolge des Propheten ging. Schiitische Bevölkerungsmehrheiten leben heute im Iran und Irak, in Bahrain, Libanon und Aserbaidschan.

**Schura-Rat:** Die beratende Versammlung des Königreichs Saudi-Arabien. Die Mitglieder werden nicht gewählt, sondern berufen, und haben tatsächlich nur beratende Aufgaben.

**Sid:** Schwarzgebrannte Spirituosen. Sid ist die Abkürzung von »Sadiqi«, das bedeutet »mein Freund«.

**Souq:** Traditioneller arabischer Markt. In Deutschland wird ein solcher Markt auch Basar genannt, aber dies ist ein persisches Wort, das in der arabischen Welt nicht verwendet wird, außer manchmal beim »Frauenbasar«.

**Sunniten:** Weltweit größte Glaubensrichtung des Islam und religiöse Mehrheit in Saudi-Arabien wie auch auf dem Großteil der Arabischen Halbinsel.

**Sure:** Ein Abschnitt des Koran. Eine Sure untergliedert sich in Verse.

**Sponsor:** Arbeitgeber und Bürge eines Expats in Saudi-Arabien. Der Sponsor spendiert kein Geld, aber die Aufenthaltsgenehmigung und den Arbeitsplatz. Ohne einheimischen Sponsor darf kein Expat in Saudi-Arabien leben oder arbeiten.

**Thoub:** Das traditionelle Gewand der Männer. Es ist ein bodenlanges Hemd mit Taschen in der Seite und/oder auf der Brust und ist konservativ weiß, kann aber auch in anderen Farben oder mit modischen Details getragen werden. In anderen Regionen der Arabischen Halbinsel ist die Thoub auch als Khandoura oder Dischdascha bekannt.

**Ulema:** Gesamtheit der islamischen Religionsgelehrten. Die Ulema als Einheit ist in Saudi-Arabien mächtiger als der Schura-Rat, da das Königshaus der Ulema mehr Gehör schenkt.

**Umrah:** Kleine Pilgerfahrt nach Mekka, die das ganze Jahr hindurch unternommen werden kann.

**Wahhabiten:** Sunnitische Muslime, die der Lehre des Muhammad ibn Abd al-Wahhab (1702/03–1792) folgen. Diese besonders konservative Lehrrichtung des Islam ist in Saudi-Arabien Staatsreligion.

**Wasta:** Beziehungen und informeller Einfluss, die das Leben in Saudi-Arabien erleichtern.

**Wudu:** Rituelle islamische Waschung, die vor jedem Gebet zu absolvieren ist.

**Zakat:** Spende, die im Islam eine religiöse Pflicht ist.

# Quellen

*Englmann, Felicia: Arabersaison. Eine Reise hinter den Schleier der Golfstaaten. Scoventa, Bad Vilbel 2011.*

*Kabsasci, Kristin: KulturSchock – Kleine Golfstaaten und Oman. Bielefeld 2002.*

*Kopf, Wilhelm: Erben der Wüste. Saudiarabiens Weg. Hildesheim 1991.*

*Lacy, Robert: Inside the Kingdom. London 2009.*

*Al-Mansour, Haifa: Das Mädchen Wadjda. München 2015.*

*North, Peter; Tripp, Harvey: CultureShock! A Survival Guide to Customs and Etiquette: Saudi Arabia. Tarrytown/NY 2007.*

*Nasr, Vali: Meccanomics. The march of the new Muslim middle class. Oxford 2010.*

*Nomachi, Ali Kazoyushi: Mekka. München 1997.*

*Al-Sanea, Rajaa: Die Girls von Riad. München 2007.*

*Al-Rasheed, Madawi: A History of Saudi Arabia. Cambridge 2010.*

*Rogan, Eugene: The Arabs – A History. London 2009.*

*Steinberg, Gudio: Saudi-Arabien: Politik, Geschichte, Religion. München 2014.*

*Trofimov, Yaroslav: The Siege of Mecca. New York 2008.*

*Walker, Jenny et al.: Lonely Planet – Oman, UAE & Arabian Peninsula. Victoria 2010.*

*Williams, Jeremy: Don't the know it's Friday? Cross-cultural considerations for business and life in the gulf. Dubai 1998.*